ADÈLE
ET
THÉODORE,
OU
LETTRES SUR L'ÉDUCATION;

CONTENANT tous les principes relatifs aux trois différens plans d'éducation des Princes, des jeunes Personnes, & des Hommes.

TOME PREMIER.

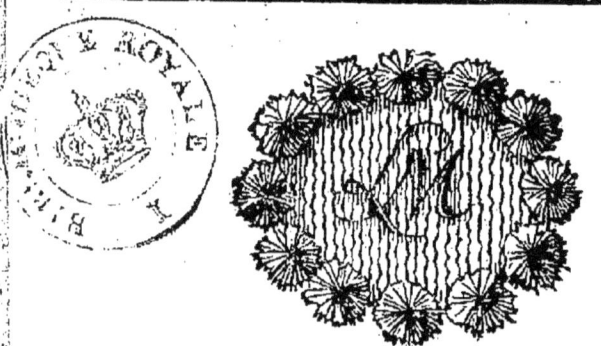

A PARIS,
Chez M. LAMBERT & F. J. BAUDOUIN,
Impr.-Libraires, rue de la Harpe,
près Saint-Côme.

M. DCC. LXXXII.

AVERTISSEMENT.

Ces Lettres renferment un espace de douze ans; il est nécessaire, pour leur intelligence, de supposer qu'on n'a pas toutes celles qui ont été écrites pendant ce temps, & qu'on a supprimé les moins intéressantes; ce qui forme souvent entre deux Lettres des lacunes de plusieurs mois, mais qui n'interrompent jamais le fil des événemens.

ADÈLE ET THÉODORE,

OU

LETTRES SUR L'ÉDUCATION.

LETTRE PREMIÈRE.

Le Baron d'Almane au Vicomte de Limours, ce 2 Février, à trois heures du matin.

Quand vous recevrez ce billet, mon cher Vicomte, je serai déjà à vingt lieues de Paris. Je pars dans l'instant avec ma femme & mes deux enfans, & je pars pour quatre ans. Je n'ai eu ni la force de vous détailler moi-même mes projets, ni celle de vous dire adieu; & craignant les oppositions & les instances de votre amitié, je vous ai soigneusement caché mon secret & mes desseins. Le parti que je prends aujourd'hui, après une longue & mûre réflexion, n'est que le résultat de cette tendresse si vive que vous me connoissez pour mes enfans; j'attends d'eux le bonheur de ma vie, & je me consacre entièrement à leur éducation. J'aurai l'air peut-être, aux yeux du monde, de faire un sacrifice éclatant & pénible; on m'accusera aussi sans doute de singularité & de bizarrerie, & je ne suis que conséquent. Je ne puis dans cette lettre vous développer toutes mes idées; elles ont trop d'abondance & d'étendue; quand je serai arrivé à B...., je vous écrirai avec le détail que vous êtes en droit d'attendre de ma confiance & de ma tendre amitié. Soyez bien sûr, mon cher Vicomte, que je ne perdrai point de vûe le projet si doux que nous avons formé, & qui doit resserrer encore les nœuds qui nous unissent. En dérobant l'enfance de mon fils aux exemples du vice, en devenant son gouverneur & son ami, n'est-ce pas travailler pour vous ainsi que pour moi, puisque la vertu seule peut le rendre digne du bonheur que vous lui destinez? Adieu, mon cher Vicomte, donnez-moi de vos nouvelles, ne vous pressez point de me juger, & surtout ne me condamnez pas avant de connoître toutes les raisons qui peuvent motiver ma conduite.

Ma femme écrit à la vôtre une longue lettre; mais comme elle connoît la Vicomtesse, elle craint sa vivacité, & vous demande en grace d'en modérer les effets autant qu'il vous sera possible; nous ne redoutons que la première réponse, car nous sommes bien sûrs que les réflexions & le temps ne peuvent que nous justifier.

LETTRE II.

La Baronne d'Almane à la Vicomtesse de Limours, ce 7 Février.

Nous sommes arrivés hier à B.... ma chère amie, tous en bonne santé ; mon fils & ma fille ont parfaitement soutenu le voyage ; à sept ans & à six on dort dans une voiture aussi bien que dans son lit : aussi sont-ils beaucoup moins fatigués que je ne le suis moi-même. Cette terre est charmante, je n'en connois encore ni les promenades ni les environs ; mais la vûe délicieuse qu'on découvre du château, suffit pour en donner une idée. Ici tout est simple, j'ai laissé le faste & la magnificence dans cette grande & désagréable maison que j'occupois à Paris, & qui me déplaisoit tant, & je me trouve enfin logée suivant mon goût & mes desirs ; ma petite Adèle est, ainsi que moi, charmée de ce pays & de notre habitation ; elle dit qu'elle aime bien mieux des tableaux instructifs que des tentures de damas, & que *le soleil de Languedoc vaut beaucoup mieux que celui de Paris.* Comme je suppose que ma chère amie est un peu fâchée contre moi, toute réflexion faite, je garde mes détails & mes descriptions pour l'heureux instant du raccommodement. Ah! quand vous aurez lû dans mon cœur, j'ose croire que loin de me condamner, vous m'approuverez sur tous les points. Songez que s'il est permis de bouder son amie, lorsqu'elle peut dans l'espace de dix minutes venir chercher son pardon, on n'a plus ce droit quand on est à deux cent lieues d'elle. D'ailleurs, quel est mon tort? celui de vous avoir caché un secret qui n'étoit pas absolument le mien? M. d'Almane m'avoit positivement ôté la liberté de vous le confier; mais souvenez-vous du dernier souper que nous avons fait ensemble, en vérité vous auriez pu deviner à ma tristesse, à mon attendrissement, ce qu'il m'étoit impossible de vous dire. Adieu, ma chère amie; j'attends de vos nouvelles avec une impatience inexprimable, car je ne puis être heureuse en pensant que peut-être vous êtes mécontente de moi.

J'embrasse Flore & l'aimable petite Constance de toute mon ame, & je prie la première de vous entretenir quelquefois de la meilleure amie que vous ayez au monde.

SUR L'ÉDUCATION.

LETTRE III.

La Comtesse d'Ostalis à la Baronne.

LE jour même de votre départ, ma chère Tante, j'ai été, ainsi que vous me l'aviez ordonné, chez Madame de Limours; elle m'avoit fait fermer sa porte le matin, mais elle me reçut le soir. Je lui trouvai un peu d'humeur & beaucoup de chagrin; elle pleura en me voyant, ensuite se répandit en plaintes contre vous, & me traita avec une froideur dont je pénétrai facilement le motif, & qui ne venoit en effet que d'un mouvement de jalousie causé par l'idée que j'étois depuis long-temps dans la confidence du secret que vous aviez été forcée de lui cacher. J'aurois pu lui dire: *ma Tante, ma bienfaitrice, ma mère, celle à qui je dois mon éducation, mon établissement, mon existence, pourroit-elle avoir quelque réserve avec son enfant, & pouvoit-elle craindre de sa part les objections & les oppositions qu'elle devoit redouter de la vôtre ?* Mais je me suis heureusement rappelé une de vos maximes, qui défend d'employer la raison pour combattre l'humeur, & j'ai pris le parti du silence. J'ai dîné hier chez elle, & je l'ai retrouvée à peu-près dans la même situation : elle avoit assez de monde ; j'ai vu plusieurs personnes chercher à l'aigrir encore contre vous, ma chère tante, en répétant avec affectation qu'il étoit *incroyable*, *inconcevable* que vous ne l'eussiez pas mise dans votre confidence : de manière que, dans cet instant, son amour-propre est trop blessé pour que vos lettres ayent pu produire tout l'effet que vous en attendiez ; mais son cœur est si bon, elle vous aime si véritablement, elle a naturellement tant de franchise, & elle est si légère, qu'il est impossible qu'elle puisse conserver longtemps toutes ces fâcheuses impressions.

M. d'Ostalis n'ira à son Régiment que le premier de Juin ; & moi je partirai le même jour pour le Languedoc. Quel sera mon bonheur, ma chère Tante, de me retrouver dans vos bras, après une absence de quatre mois & demi; de revoir mon Oncle, & l'aimable Théodore, & la charmante petite Adèle; & qu'il me sera cruel de me séparer encore de ces objets si chers à mon cœur! Adieu, ma chère Tante; n'oubliez pas votre fille aînée, votre enfant d'adoption, qui, dans tous les instans de sa vie, pense à vous, & vous chérit autant qu'elle vous respecte & vous admire.

Mes deux petites Jumelles sont toujours en parfaite santé; elles commencent à prononcer quelques mots François & Anglois, & elles me procurent déjà les plaisirs les plus doux que je puisse goûter en votre absence.

LETTRE IV.

La Vicomtesse à la Baronne.

IL ne faut pas, dites-vous, *bouder* son Amie, lorsqu'elle est à deux cent lieues; mais faut-il aussi lui pardonner de manquer à tous les devoirs de l'amitié? Si vous savez une maxime qui prescrive cela, vous auriez bien fait de la citer, car celle-là seule pouvoit appuyer votre raisonnement. Il s'agit bien de *bouder*: je ne vous *boude* pas; mais je suis outrée & blessée jusqu'au fond de l'ame. Vous n'avez point de Parente plus près, pas même Madame d'Ostalis, puisque je suis votre cousine germaine, & qu'elle n'est que votre nièce au millième degré; vous n'aviez point d'amie plus tendre & plus ancienne; &, dans la seule occasion de votre vie où vous pouviez me donner une véritable preuve de confiance, vous me traitez comme une étrangère !...... En effet, il y a bien de quoi *bouder* un peu, il faut en convenir. *Ce n'étoit pas entièrement votre secret*; vous partez pour quatre ans, & c'est le secret d'un autre! Mais, mon Dieu, quelle esclave êtes-vous donc? *M. d'Almane vous avoit ôté le droit de le confier*, c'est-à-dire, défendu. Vous êtes assurément une femme bien soumise, & lui un despote bien impérieux. Pour moi maintenant je puis aussi recevoir les secrets de M. de Limours sans être seulement tentée de vous en faire part; mais dans le temps où j'étois persuadée que vous m'aimiez, j'aurois trahi pour vous tous les maris du monde; enfin, j'avois tort, vous me le prouvez, & je me corrigerai. Vous prétendez que j'aurois dû deviner ce que vous n'osiez me confier, parce que vous aviez été *triste* à souper; comme je ne vous ai jamais vu une gaieté bien remarquable, & que la distraction vous rend assez souvent sérieuse, j'avoue que je n'ai pas été frappée de cette prétendue tristesse; au reste, c'étoit la veille de votre départ; & quand j'aurois pénétré quelques heures plus tôt un projet médité depuis deux ans, en vérité, je n'en aurois pas été plus satisfaite de vous. Je sais que vous attachez très-peu de prix à l'opinion publique dans les choses qui n'intéressent point l'honneur, & c'est un bonheur pour vous dans cette circonstance; car vous êtes universellement blâmée. On trouve qu'il est bizarre d'aller élever ses enfans au fond du Languedoc, sur-tout quand on possède une terre charmante à six lieues de Paris, où vous auriez pu vivre dans la retraite, sans être forcée d'abandonner vos amis, & sans être privée des Maîtres qui vous manqueront où vous êtes : les uns disent que vous n'avez préféré le parti que vous avez pris que par amour-propre, afin d'avoir l'air de faire un sacrifice plus éclatant; d'autres assurent, (& c'est le plus grand nombre) que vous êtes ruinés, & que l'arrangement seul de vos affaires vous a fait quitter Paris : on débite encore beaucoup d'autres conjectures, mais si absurdes qu'elles ne méritent pas d'être rapportées. Que puis-je répondre à tout cela, si ce n'est que *le soleil de Languedoc est plus beau que celui de Paris & de ses environs ;* car voilà jusqu'ici la seule raison que vous m'ayez donnée ; si vous en avez d'autres, je vous demande en grace de m'en instruire ; il sera toujours cruel pour moi d'être forcée à garder le silence quand je vous entendrai accuser d'inconséquence & de bizarrerie. Adieu..... Ce n'est pas *adieu* jusqu'à ce soir, jusqu'à demain, c'est adieu pour quatre ans, pour ma vie peut-être!.... voilà une pensée qui n'est pas gaie!.... Comment une seule idée mélancolique peut-elle ainsi tout-à-coup amollir le cœur?.... mes yeux se remplissent de larmes.... je ne suis presque plus en colère contre vous ; mais je suis triste à mourir. Écrivez-moi, écrivez-moi promptement & avec détail. Vous voyez de quelle rancune je suis capable ; que je suis foible ! Après cet aveu, je puis convenir encore que je vous aime toujours, & qu'il m'est impossible de vivre sans vous le dire & sans vous en voir persuadée.

LETTRE V.

Réponse de la Baronne à la Vicomtesse, ce 22 Février.

Que j'ai d'obligation à cette *idée noire* qui m'a valu quatre lignes si aimables & si tendres ! A présent que vous m'avez pardonné avec tant de graces & de générosité, je me trouve moins sûre de n'avoir point de torts avec vous ; mais enfin, écoutez tout ce qui peut servir à me justifier. Je n'ai jamais aimé le monde ; vous savez avec quelle passion j'ai desiré des enfans, & combien toute ma vie je me suis occupée de tout ce qui pouvoit avoir quelque rapport à l'éducation. Mariée à seize ans, & n'étant pas encore mère à vingt-un, je pensai que je ne jouirois peut-être jamais de ce bonheur que j'avois si vivement souhaité ; & pour m'en dédommager autant qu'il m'étoit possible, j'adoptai, pour ainsi dire, Madame d'Ostalis ;

elle avoit dix ans, un heureux naturel ; je l'élevai avec tout le soin dont j'étois capable alors. Tout le monde applaudit à cette éducation ; mon élève, à quinze ans, étoit citée comme la jeune personne la plus distinguée par ses talens, son instruction & son caractère ; je sentis seule qu'avec les lumières que j'avois acquises, je pourrois faire encore beaucoup mieux. J. J. Rousseau dit : « On voudroit que le Gouverneur eût déjà fait une éducation, c'est trop, un même homme n'en peut faire qu'une. » L'expérience m'a prouvé que Rousseau combat une opinion très-bien fondée ; l'étude la plus approfondie du cœur humain, tous les talens réunis ne pourroient tenir lieu d'un mérite qui paroît frivole, mais qui cependant est absolument nécessaire dans un instituteur : celui d'avoir long-tems étudié les enfans, & de les connoître parfaitement, & cette connoissance ne peut s'acquérir qu'en les élevant. Je ne fis cette découverte qu'avec beaucoup de chagrin, & elle augmenta le desir extrême que j'avois toujours éprouvé d'avoir des enfans, sûre que j'étois en état de leur consacrer des soins véritablement utiles ; je ne pouvois me consoler d'être privée d'un bonheur si doux : le Ciel enfin exauça mes vœux, la naissance de Théodore, & celle d'Adèle, un an après, me rendirent la plus heureuse personne de la terre. J'avois déjà commencé & fini quelques Ouvrages relatifs à l'Éducation. J'y travaillai de nouveau avec une ardeur qui finit par altérer ma santé ; je sentis dès-lors que je ne pourrois suivre mon plan dans toute son étendue, qu'en rompant une partie des liens de société auxquels nous asservit l'usage, & je vis enfin qu'il falloit ou quitter le monde entièrement, ou renoncer aux projets les plus chers à mon cœur. M. d'Almane pensoit comme moi ; nous nous expliquâmes, & il me déclara qu'il étoit décidé à quitter Paris, lorsque Théodore auroit atteint sa septième année. Mais quelle retraite choisirons-nous ? Voulant donner à nos enfans le goût des plaisirs simples, voulant les éloigner de tout ce qui peut leur inspirer celui du faste & de la magnificence, irons-nous habiter une terre qui n'est qu'à six lieues de Paris ? Sera-t-il possible de n'y pas recevoir de fréquentes visites ? Adèle & Théodore n'y entendront-ils pas, chaque jour, parler de l'Opéra, de la Pièce nouvelle ; & pourra-t-on les empêcher de regretter vivement un séjour où l'on s'amuse tant, & dont on conte de si belles choses ? Le résultat de ces réflexions & de beaucoup d'autres, fut qu'on ne peut trouver véritablement *la campagne* & la liberté qu'au fond d'une Province, & c'est ainsi que nous nous décidâmes pour la terre en Languedoc. De ce moment, M. d'Almane commença à en faire arranger le Château suivant ses vûes ; si vous êtes curieuse de savoir de quelle manière, je vous en enverrai une description détaillée dans ma première Lettre. A présent, ma chère amie, mettez-vous un moment à ma place ; jugez-moi, non d'après vous, faite pour la société, & pour vivre & plaire dans le grand monde que vous avez toujours aimé ; mais représentez-vous bien ce que vous m'avez vu constamment être dans tous les temps, aimant l'étude & l'occupation, ne pouvant supporter la contrainte quand elle manque d'un but raisonnable, paresseuse au dernier excès pour toutes les petites choses, & n'ayant d'activité que pour celles que je crois utiles, ne concevant pas comment on peut desirer de plaire aux gens qu'on n'aime point, détestant les grands soupers, la parure & le jeu ; enfin, attendant de mes enfans toute la félicité de ma vie, n'ai-je pas pris le parti qui convenoit le mieux à mon caractère ; & d'après mes goûts & ma façon de penser, pouvez-vous m'accuser *d'inconséquence & de bizarrerie?* Mes enfans, il est vrai, comme vous le remarquez, n'auront point de Maîtres en Languedoc ; mais M. d'Almane & moi, sommes fort en état d'y suppléer, surtout dans leur première enfance : j'ai d'ailleurs avec moi deux personnes remplies de talent, & qui ne me quitteront que lorsque l'éducation sera totalement finie : dans quatre ans j'irai passer tous les hivers à Paris, & j'y donnerai à mes enfans les Maîtres que nous jugerons nécessaires alors pour achever de les perfectionner. A présent, ma chère Amie, convenez que si je vous eusse communiqué ce projet il y a deux ans, vous m'auriez su très-mauvais gré de ne vous faire part que d'un parti décidément pris ; car on n'aime les confidences qu'autant qu'elles ont l'air de *consultations*: la résolution de M. d'Almane étoit inébranlable ; en vous confiant notre dessein, nous nous exposions à des contradictions & des discussions qui n'auroient pu servir qu'à nous aigrir, & peut-être à nous refroidir mutuellement. Voilà, ma chère Amie, une partie de notre justification ; quand vous connoîtrez le plan d'éducation que nous avons formé, vous comprendrez encore mieux combien il étoit indispensable de nous éloigner de Paris. Que le Monde me censure & me blâme, le témoignage de ma conscience me consolera facilement de cette injustice, pourvu que je puisse obtenir le suffrage de mon Amie : la personne qui se sacrifie à ses devoirs peut être sûre que le Public dénaturera les motifs qui rendent son action louable, & qu'il trouvera des causes imaginaires qui en ôteront tout le mérite ; cette injustice n'est pas toujours un calcul de l'envie, & fut souvent commise de bonne-foi ; en effet, le commun des hommes, c'est-à-dire, le grand nombre, ne doit pas croire à la vérité de ce qui lui paroît à peine possible ; & dans ce cas, son incrédulité est plus flatteuse que ne pourroit l'être son approbation. Enfin, ma chère Amie, si vous approuvez ma conduite, & si vous m'aimez toujours, je serai satisfaite & parfaitement heureuse.

LETTRE VI.

Réponse de la Vicomtesse.

Dans toutes nos disputes vous avez toujours fini par avoir raison, & moi par avouer mes torts ; je vois que nous conserverons cette habitude ; oui, ma chère Amie, vous avez encore raison, mais au fond seulement, car je trouve toujours quelque *irrégularité* dans la forme : voilà pour le moment tout ce que je puis vous accorder ; cependant je ne répondrois pas que ce fut-là mon dernier mot. Vous avez agi d'après votre caractère, d'après vos réflexions ; quand votre plan ne seroit pas aussi bon que je le suppose, il est certain que vous êtes conséquente, (mérite bien rare aujourd'hui) ; ainsi il ne m'est plus possible de désapprouver votre conduite. Rien n'est plus ressemblant que le portrait que vous faites de vous-même ; en le lisant, je m'écriois à chaque mot :

cela est vrai ; & puis je me disois, mais comment puis-je aimer autant une personne qui a si peu de rapports avec moi ! En effet, expliquez-moi cela, vous qui savez tant de choses ; il faut apparemment que l'amitié ait ses caprices comme l'amour. Tout-ce que vous me dites au sujet de l'éducation de Madame d'Ostalis, m'a vivement frappée ; je pense bien sincèrement qu'il n'y a point de mère qui ne dût être orgueilleuse de l'avoir pour fille ; cependant je comprends qu'à dispositions égales, Adèle doit la surpasser encore ; cela est pourtant triste pour toutes les filles aînées, puisqu'enfin les cadettes seules doivent être parfaitement élevées. Comment donc remédier à cet inconvénient ? Il en est peut-être quelque moyen, & vous devriez bien vous occuper de le trouver ; pensez-y, je vous en prie. J'ai trente-un ans aujourd'hui, & une fille dans sa quinzième année ; il est temps de renoncer à une partie des choses frivoles qui m'ont occupée jusqu'ici, & trop tard peut-être pour réparer les fautes que j'ai pu commettre dans l'éducation de Flore ;

mais sa sœur n'a que cinq ans, faites-moi part de votre plan pour Adèle, je le suivrai avec constance, autant qu'il me sera possible dans ma position ; j'ai le desir le plus sincère de la rendre digne d'être un jour votre belle-fille ; instruisez-moi, guidez moi, ma chère amie, il me sera doux de vous devoir de nouvelles vertus, & par conséquent une nouvelle source de bonheur : vous m'avez vue bien legère, bien étourdie, mais je vous assure que mes défauts viennent moins de mon caractère, que de l'éducation négligée que j'ai reçue. Quand j'entrai dans le monde, je sortois du Couvent ; & l'on n'en sort qu'avec une seule idée dans la tête, celle de se livrer entièrement à tout ce qui peut amuser, & de se dédommager d'un long & pénible esclavage. On me dit, pour toute instruction, qu'il falloit apprendre à se mettre avec goût, & à bien danser : je ne manquai pas un bal ; à la fin de l'hiver j'eus une fluxion de poitrine dont je pensai mourir ; & le mémoire de ma marchande de modes se montoit à quinze mille francs. Vous voyez que j'avois de la docilité, & qu'on ne pouvoit guères mieux profiter des conseils que j'avois reçus. Cependant, je puis vous assurer, avec vérité, que la dissipation ne m'a jamais charmée qu'en spéculation; & que j'ai toujours rapporté, des plaisirs bruyans & tumultueux, une lassitude & un dégoût qui devoient me prouver qu'ils n'étoient pas faits pour moi, du moins autant que je l'imaginois. Mais je me laissois entraîner de nouveau par habitude, par complaisance, & c'est ainsi que j'ai passé ma vie à me livrer au monde sans l'aimer, & à faire des folies de sang froid. Que me reste t-il de tout cela? Pas un souvenir véritablement agréable, une santé délabrée, & des regrets superflus.... On parle beaucoup de ma gaieté; je crois, moi, qu'elle est factice, malgré le naturel dont on me loue; vous qui paroissez assez sérieuse, vous êtes au fond plus gaie que moi; je ne vous vis jamais une seule *idée noire;* vous ne savez ce que c'est : pour moi j'en suis poursuivie ; tout-à-coup la pensée la plus sombre vient s'offrir à mon imagination, presque toujours à propos de rien, & souvent

vent au moment même où je fais une plaisanterie. Par exemple, dans cet instant je me trouve si triste & si maussade, que je ne veux pas prolonger cette Lettre davantage. Adieu, ma chère amie, envoyez-moi donc & la description de votre Château, & tous les détails que vous m'avez promis. J'ai reçu hier une lettre de mon frère; il me paroît charmé de son jeune Prince, & se félicite tous les jours d'avoir entrepris cette éducation. Il y a sans doute beaucoup de gloire à bien élever un Prince fait pour régner; mais elle aura coûté cher à mon frère, car c'est un cruel sacrifice que celui de s'expatrier pour douze ans. Il me charge de vous dire que le parti que vous avez pris ajoute encore à la profonde estime & à l'attachement que vous lui aviez inspirés, & qu'il écrira au Baron pour lui témoigner lui-même toute l'admiration dont il est pénétré pour vous deux. Il est certain que vous donnez un grand exemple, mais les plus beaux ne sont pas toujours les plus utiles; car s'il est difficile de ne pas vous louer, il l'est encore plus de vous imiter.

LETTRE VII.

Réponse de la Baronne à la Vicomtesse.

Vous me demandez tant de choses, qu'il n'est pas possible qu'une Lettre puisse vous satisfaire sur tout ce que vous desirez savoir ; mais puisque vous aimez les détails, soyez sûre que je ne vous les épargnerai pas. Il m'est si doux de vous rendre compte de tout ce qui m'occupe, & d'être instruite de tout ce qui vous intéresse ! Est-il si nécessaire de se voir pour s'aimer & pour se le prouver ? L'amitié, ce sentiment pur & désintéressé se nourrit & se fortifie par l'absence, dont les privations ne peuvent servir qu'à faire mieux connoître sa force & sa vérité ; le plaisir de s'écrire, ce commerce délicieux de deux ames unies par l'estime & la confiance, est peut-être un de ses plus doux charmes. Alors, n'existent plus toutes ces froides convenances de société qui rapprochent sans réunir ; on n'est plus enchaîné que par le choix de l'esprit & du cœur ; cette intelligence, cette correspondance intime de pensées, est une jouissance toujours aussi nouvelle qu'intéressante. D'ailleurs, on trouve encore dans l'absence d'autres avantages ; les défauts de caractère, l'humeur, l'inégalité disparoissent ; on ne voit dans les Lettres de son amie que son esprit, sa tendresse & ses vertus ; nulle dispute ne peut s'élever, & nulle contrariété ne peut refroidir. Mais ce n'est pas le détail de mes sentimens que vous me demandez, c'est celui de mon plan d'Éducation. Ce ne sera ni dans une Lettre, ni dans l'espace de trois mois que je pourrai vous le faire connoître dans toute son étendue ; car ce n'est qu'en vous citant des exemples, qu'il me sera possible de vous développer la plupart de mes idées ; & l'histoire d'Adèle, pourra seule vous instruire parfaitement de mon systême & de mes opinions. Ainsi, voyez, ma chère amie, si vous aurez le courage de supporter l'ennui des récits minutieux qui ne vous apprendront que les actions d'un enfant de six ans, ses occupations,

B ij

ses progrès, ses fautes, ses questions & nos conversations ? Je dois d'abord vous parler des personnes que nous avons amenées avec nous: je commencerai par Miss Bridget que vous connoissez, & dont vous vous êtes tant moquée, ainsi que tout le monde, quand je la fis venir d'Angleterre pour apprendre l'Anglois à ma fille qui avoit six mois. Je n'ai point oublié toutes les bonnes plaisanteries que vous fîtes alors & sur elle & sur moi, & sur la stupidité de donner une maîtresse à un enfant au maillot ; j'eus beau vous répéter que cette manière d'enseigner aux enfans les Langues vivantes, est universellement établie en Europe, excepté en France ; rien ne put arrêter le cours de vos inépuisables moqueries sur ce sujet ; il est vrai que j'ai tort de vous le reprocher, car assurément vous m'en avez bien dédommagée par l'étonnement & l'admiration profonde que vous causèrent les premiers mots Anglois prononcés par Adèle & Théodore, qui enfin aujourd'hui, toujours à votre grande surprise, parlent aussi facilement cette Langue que le François. Miss Bridget restera donc avec moi tout le temps de l'Éducation ; quoique vous ne *puissiez la souffrir*, quoiqu'elle ait une taille un peu longue & l'habitude à quarante-cinq ans de porter des corps bien baleinés, elle me sera toujours très-utile, car elle a beaucoup de bon sens, un caractère très-sûr, & une parfaite connoissance de la Littérature Angloise. Dainville, un jeune homme dont vous avez vû, je crois, quelques petits tableaux, est aussi avec nous ; il est Italien, dessine parfaitement bien, & vous le trouveriez d'ailleurs plus aimable que Miss Bridget, car il a réellement de l'esprit, & autant de gaieté que de naturel. A l'égard de nos domestiques, comme le nombre que nous en avions à Paris, nous seroit fort incommode ici, nous avons congédié tous les nouveaux, & nous n'avons gardé que ceux dont nous étions sûrs. Vous pensez bien que Mademoiselle Blondin a voulu me suivre ; mais Lucile étoit de trop bon air pour en avoir seulement la pensée ; j'ai pris à sa place une jeune personne qui brode à merveille & qui sait faire d'ailleurs tous les ouvrages imaginables, car je veux qu'Adèle soit adroite, &

que les talens & l'instruction ne lui fassent pas dédaigner un genre d'occupation si agréable. Vous savez qu'à Paris Miss Bridget mangeoit dans sa chambre; mais ici, comme nous ne sommes qu'en famille, elle mange avec nous, ainsi que Dainville; vous connoissez sa fierté, & vous imaginez-bien que cette circonstance lui fait chérir le Languedoc; aussi vante-t-elle sans cesse les charmes de la campagne & le bonheur qu'on trouve dans la solitude. Maintenant, ma chère amie, que vous connoissez notre intérieur, je vais vous rendre compte, à-peu-près, de l'emploi de mes journées. Je me lève à sept heures; ma toilette, le déjeûner, *les soins du ménage*, tout cela me conduit à neuf; alors je vas à la Chapelle entendre la Messe; ensuite, si le temps le permet, nous nous promenons jusqu'à onze heures; je rentre dans ma chambre avec Adèle, je la fais lire, & répéter par cœur des petits contes faits pour elle, & puis nous causons jusqu'à midi, l'instant où tout le monde se rassemble pour dîner; en sortant de table on va dans les jardins passer une heure, où l'on reste dans le sallon à s'amuser, tantôt à regarder des cartes de géographie, des dessins, tantôt à faire de la musique, & quelquefois à causer. A deux heures, chacun rentre dans sa chambre; moi, toujours avec Adèle qui ne me quitte jamais que pour aller se promener; j'écris jusqu'à quatre heures sans interruption, Adèle allant & venant, ou jouant auprès de mon bureau. A cinq heures, Dainville m'amène mon fils qui vient prendre, avec sa sœur, une leçon de dessin d'une heure; pendant ce temps j'écris toujours: on m'apporte *les yeux, les nez, & les profils* qu'on a faits, je blâme ou j'approuve, & Théodore va rejoindre son père. Alors je m'occupe encore d'Adèle, nous comptons avec des jetons & nous faisons la conversation jusqu'à sept heures; ensuite je joue de la harpe ou du clavessin jusqu'à huit & demie, que nous soupons; à neuf heures, les enfans vont se coucher, nous parlons d'eux quelquefois jusqu'à dix, je rentre chez moi, je lis une heure à-peu-près, & je me mets dans mon lit fort satisfaite de l'emploi de mon temps; je puis me dire:

« voilà une journée passée, mais elle » n'est pas perdue ! » Je m'endors en pensant à mes enfans, je ne vois qu'eux dans mes songes, & je me réveille avec le desir de leur consacrer encore des soins si doux. Dans ma première Lettre, ma chère amie, je vous donnerai les autres détails que vous m'avez demandés, mais il est tems de terminer celle-ci. Adieu, parlez-moi donc aussi de vos filles : êtes-vous plus contente de Flore ? Mon aimable petite Constance est-elle toujours aussi douce, aussi sensible ? Ah ! cultivez son charmant naturel ; vous avez tant d'esprit, elle vous est si chère, qu'il vous sera bien facile de l'élever aussi parfaitement que je le desire, s'il est vrai, comme je n'en doute pas, que vous ayez pris la résolution de rester davantage chez vous. Allez moins souvent aux spectacles, renoncez au bal de l'Opéra, ne vous couchez pas si tard, & vous serez la meilleure comme la plus tendre des mères.

LETTRE VIII.

Réponse de la Vicomtesse.

CELA vous est bien aisé à dire: *n'allez plus aux spectacles, renoncez au bal de l'Opéra*, &c. Je n'aime plus tout cela; mais que mettrai-je à la place ? Songez donc que Flore a quatorze ans, qu'elle ne sait rien, n'a de goût pour aucun talent, excepté celui de la danse, & que ce malheur est maintenant sans remède; sa sœur n'a que quatre ans, elle ne peut par conséquent m'occuper toute la journée; l'une est trop âgée pour que mes soins puissent lui être utiles; l'autre, trop jeune pour en avoir besoin encore : que prétendez-vous donc que je fasse de tout le temps que vous voulez me donner?.... Je vois d'ici votre indignation, je vous entends: *lisez, réfléchissez, en attendant que vous puissiez agir.* Fort bien, mais la lecture me fait mal aux yeux, & la réflexion me tue. D'ailleurs, vous avez assez lu, assez réfléchi pour nous deux ; je vous croirai sans examen, vous me dicterez à mesure ce qu'il faudra dire & faire, j'exécuterai ponctuellement ; ne me demandez ni étude ni méditation, j'en suis incapable ; mais je vous promets de la confiance & de la docilité. Plaisanterie à part, je ne puis me décider à un meilleur parti, je me défie de ma raison & je connois la vôtre ; il vaut mieux s'en tenir à un guide déjà bien éprouvé, que d'en prendre un dont on n'a jamais fait qu'un très-léger usage.

J'attends avec impatience ces détails *minutieux* que vous m'annoncez ; bien sûre que tous les résultats en seront intéressans, & que vous saurez en tirer des conséquences utiles & véritablement instructives. J'ai trop peu l'habitude de m'appliquer pour qu'il vous fût possible de fixer mon attention, en ne m'offrant que des préceptes & des maximes ; il me faut des tableaux & des exemples. Mais je desirerois cependant que vous me donnassiez une idée générale de vos principes d'Éducation pour les filles ; apprenez-moi quelles sont les qualités qu'on doit le plus cultiver en elles, & les défauts que vous jugez les plus dangereux ; quel est enfin le genre d'instruction qui leur convient le mieux ? Il est singulier que je ne sois pas parfaitement instruite de toutes vos opinions à cet égard ; vous êtes sans cesse occupée de vos enfans, mais vous n'en parlez jamais, & d'ailleurs je serai bien aise de retrouver encore dans vos Lettres, les détails mêmes que j'ai pu obtenir de vous dans la conversation, parce que l'ordre & l'enchaînement des idées les graveront dans ma tête d'une manière ineffaçable.

Oui, ma chère amie, je suis toujours aussi peu satisfaite de Flore ; elle sera plus étourdie, plus coquette que ne l'a jamais été sa mère : je ne sais si votre élève vous égalera, pour moi je suis certaine d'être surpassée par la mienne ; je plaisante, mais c'est pour m'étourdir ; je vous assure qu'au vrai, je ne suis que trop affectée de ne pas voir en ma fille toutes les qualités qui pourroient assurer le bonheur de ma vie. Il est vrai que dans ma jeunesse j'étois comme elle, vive, inconséquente & légère ; mais du moins j'étois sensible, je ne manquois ni d'élévation ni de générosité ; aussi je n'ai fait que des imprudences ; & si j'ai peut-être donné lieu quelquefois à la malignité de noircir ma réputation, j'ai dû conserver l'estime de tous ceux qui m'ont connue. Si j'étois sûre que Flore eût un bon cœur, je me flatterois encore de pouvoir la corriger de ses défauts ; il y a des momens où je l'espère, & dans d'autres je suis absolument découragée. Pour ma petite Constance, elle fait toujours mes délices, elle est d'une bonté & d'une douceur inaltérables, & jamais enfant ne promit davantage.

Enfin, la prude, la droite, la pédante Miss Bridget mange donc à table avec vous ; je crois en effet qu'elle est bien orgueilleuse ! Dit-elle aussi souvent : *je suis surprise !* avec ce visage froid & composé, sur lequel jamais l'étonnement n'a pu se peindre ! Au reste, je vous prie de lui faire mes complimens, elle sera sûrement *surprise* de mon souvenir ; mais je veux absolument me raccommoder avec elle, car je voudrois être aimée de tout ce qui vous approche.

Je ne puis finir cette Lettre sans vous conter une petite histoire qui vous fournira certainement le sujet de plus d'une réflexion. Le Chevalier D***. & le Comte de C****. il y a environ quinze jours, eurent au jeu une assez légère contestation qui n'eut aucune suite. Je soupai le lendemain chez la belle-mère de Madame d'Ostalis, il y avoit beaucoup de monde, on parla de cette histoire, tous les hommes la trouvèrent fort simple ; mais plusieurs femmes témoignèrent de l'étonnement de ce que le Chevalier D***. ne s'étoit pas battu ; entr'autres, Madame de Senanges, qui, avec cet air capable & cette voix aigre que vous lui connoissez, s'écria que cela étoit *étrange, inoui*, & que si le Chevalier étoit son frère, ou son ami, assurément elle ne lui cacheroit pas son opinion là-dessus. Ce discours s'adressoit au Vicomte de Blezac, qui, n'osant l'approuver ouvertement, se contenta de sourire, en faisant une mine très équivoque. Alors, on se mit à chuchoter, on reprit l'histoire pour la conter à demi-bas, d'une manière toute différente, chacun y ajouta tous les *oui-dire* qu'il avoit pu recueillir; pendant un quart d'heure l'on n'entendit plus dans la chambre que ces exclamations : *cela est incroyable, cela n'a pas de nom,* &c. Enfin, il est décidé que le Chevalier D***. doit se battre, ou qu'il est un poltron. Le lendemain il apprend cet arrêt, il le trouve ce qu'il est, c'est-à-dire atroce & absurde ; mais il n'avoit pas deux partis à prendre, il va trouver le Comte de C****. & part avec lui pour aller se battre sur les frontières : le pauvre Chevalier a reçu trois coups d'épée, dont il a été à la mort ; mais enfin il est hors de danger & revient incessamment : voilà pourtant le fruit du bavardage de trois ou quatre femmes aussi inconsidérées que méchantes ! Elles entendent bien mal leurs intérêts en se permettant de parler aussi légèrement sur la conduite des hommes : car ces derniers peuvent si facilement s'en venger ! Il est bien plus aisé d'accuser avec vraisemblance une femme honnête d'avoir un amant, qu'il ne l'est de faire passer un homme brave, pour un poltron ; & en vérité nous ne devons pas nous étonner d'être aussi souvent calomniées par les hommes, quand nous les traitons nous-mêmes avec si peu de ménagement. Adieu, ma chère amie, il y a déjà deux grands mois que nous sommes séparées ; vous dites de fort jolies choses sur l'absence, mais pour moi je ne puis la trouver qu'insupportable, lorsqu'elle me prive de vous. — Envoyez-moi donc la description de votre Château.

LETTRE IX.

Réponse de la Baronne.

Vos réflexions sur l'aventure du Chevalier, sont très-justes ; ce n'est pas la première de ce genre dont j'aie entendu parler ; &, comme vous le dites, les femmes qui se permettent de déchirer la réputation des hommes & qui les accusent de manquer de courage, ou de délicatesse au jeu, méritent bien le peu d'égards qu'elles en obtiennent.

Vous voulez donc, ma chère amie, que je vous donne une idée générale de mon plan d'Éducation. Mon premier principe est qu'il faut employer tous ses soins à préserver son élève d'un défaut commun presque à toutes les femmes, & qui en entraîne tant d'autres ; la coquetterie. Vous dites, ma chère amie, que vous avez été coquette, & c'est une prétention fort mal fondée ; les personnes avec lesquelles vous avez vécu, le mauvais exemple, la mode ont pu vous en donner l'apparence, mais vous ne l'étiez que par caprice & par accès, & point par caractère, puisque vous avez conservé un esprit juste & un bon cœur. Ce vice odieux rétrécit l'esprit, le rend susceptible des misères les plus ridicules, il éteint la sensibilité & conduit aux plus affreux égaremens. Une coquette n'a ni principes, ni vertus ; elle se fait un jeu cruel d'inspirer des sentimens qu'elle est décidée à ne partager jamais : troubler l'union fortunée de deux cœurs tendres & paisibles, n'est qu'une de ses moins coupables fantaisies ; livrée tour-à-tour au dépit, à la jalousie la plus basse, elle veut tout subjuguer, & sacrifie sans remords à cette prétention absurde les bienséances & l'honnêteté. Cette passion factice, produite par le desséchement du cœur & le déréglement de l'imagination, quand elle est poussée au dernier excès, n'a point de frein qui puisse l'arrêter. Avec de l'adresse on conduira toujours une coquette au-delà des bornes qu'elle s'est prescrites ; il ne s'agit que de piquer, d'irriter son orgueil,

& d'être à la mode : froide & stérile victoire qui ne vaut pas les soins qu'elle coûte ! Il y a des vices pour lesquels il faut inspirer de l'horreur, il y en a d'autres sur lesquels il ne faut que jeter du ridicule, c'est le moyen le plus certain de préserver de ceux que la corruption générale & l'usage ont rendu communs. La coquetterie est de ce nombre ; persuadez à votre élève qu'on s'amuse d'une coquette, qu'on s'en moque, qu'on la méprise en la louant, & vous aurez tout gagné. Qu'elle ne soit point éblouie des succès apparens du rôle, & elle sentira facilement combien il est odieux. Sur-tout empêchez-la de croire que le premier de tous les avantages est d'être belle ; gardez-vous bien d'établir cette vérité par des maximes qui l'ennuiroient sans la convaincre, mais ne vantez jamais avec chaleur devant elle que les charmes de l'esprit & du caractère, & vous la rendrez honnête par système & par penchant. L'éducation des hommes & celle des femmes a cette ressemblance, qu'il est essentiel de tourner leur vanité sur des objets solides ; mais elle diffère d'ailleurs sur presque tous les autres points : on doit éviter avec soin d'enflammer l'imagination des femmes & d'exalter leurs têtes ; elles sont nées pour une vie monotone & dépendante. Il leur faut de la raison, de la douceur, de la sensibilité, des ressources contre le désœuvrement & l'ennui, des goûts modérés & point de passions. Le génie est pour elles un don inutile & dangereux ; il les sort de leur état, ou ne peut servir qu'à leur en faire connoître les désagrémens. L'amour les égare, l'ambition ne les conduit qu'à l'intrigue. Le goût des sciences les singularise, les arrache à la simplicité de leurs devoirs domestiques, & à la société dont elles sont l'ornement. Faites pour conduire une maison, pour élever des enfans, pour dépendre d'un maître qui demandera tour-à-tour des conseils & de l'obéissance, il faut donc qu'elles ayent de l'ordre, de la patience, de la prudence, un esprit juste & sain, qu'elles ne soient étrangères à aucun genre de connoissances, afin qu'elles puissent se mêler avec agrément à toute espèce de conversation, qu'elles possèdent tous les talens agréables, qu'elles ayent du goût pour la lecture, qu'elles réfléchissent sans disserter, & sachent aimer sans emportement.

Rousseau veut qu'on ne corrige pas *l'esprit de ruse naturel aux femmes*, parce qu'elles en auront besoin pour captiver les hommes dont elles dépendent. On en pourroit dire autant de beaucoup d'autres défauts, par exemple, de la dissimulation si odieuse par elle-même, & si nécessaire quelquefois ; le mensonge même n'a t-il pas souvent son utilité ? Mais pour une occasion où le vice pourroit servir, dans combien d'autres est-il nuisible ! il n'y a de sûr que l'usage constant de la vertu. D'ailleurs, les vices produits par les passions ne doivent pas inspirer autant de mépris que ceux auxquels nous nous livrons volontairement par une basse combinaison sur nos intérêts personnels ; & ces derniers prouvent trop la corruption de l'esprit & l'avilissement de l'âme pour qu'on les puisse excuser. Enfin, une femme artificieuse saura gouverner un mari foible & borné, dont elle auroit même pu, sans ce défaut, obtenir la confiance d'une manière plus solide; mais jamais elle ne jouira de l'attachement & de l'estime d'un homme de mérite.

Vous me demandez la description de mon Château, je suis sûre qu'en vous la faisant, je vais m'exposer à toutes *vos moqueries*; mais n'importe, vous le voulez, il faut vous satisfaire. Montaigne dit :
« Comme les pas que nous employons à
» nous promener dans une galerie, quoi-
» qu'il y en ait trois fois autant, ne nous
» lassent pas comme ceux que nous met-
» tons à quelque chemin désigné ; aussi
» notre leçon se passant, comme par ren-
» contre, sans obligation de tems & de
» lieu, & se mêlant à toutes nos actions,
» se coulera sans se faire sentir [1] .... &c. »

---

[1] « On peut dire généralement que les lumières des » enfans étant toujours très-dépendantes des sens, il » faut, autant qu'il est possible, attacher aux sens les » instructions qu'on leur donne, & les faire entrer » non-seulement par l'ouïe, mais aussi par la vûe ; n'y » ayant point de sens qui fasse une plus vive impression » sur l'esprit, & qui forme des idées plus nettes & plus » distinctes. » *Éducation d'un Prince, seconde Partie*. Par *Chanteresne*. On parlera ailleurs de cet Ouvrage avec détail.

Souvenez-vous de ce passage en lisant ma description. Nous habitons le rez-de-chaussée : on entre d'abord dans un vestibule qui conduit à une salle à manger éclairée par le plafond, & dont les peintures à fresque représentent les métamorphoses d'Ovide. Après cette pièce on trouve un très-beau sallon de forme carrée donnant sur le jardin ; ce sallon a pour tapisserie la Chronologie de l'Histoire Romaine peinte à l'huile sur de grandes toiles montées sur des chassis ; on y voit d'abord les médaillons des sept Rois de Rome, ensuite les plus grands hommes qui ayent illustré la République, & tous les Empereurs jusqu'à Constantin. Le côté qui fait face à celui-ci, contient les Dames Romaines les plus célèbres du temps des Rois & de la République, Lucrèce, Clélie, Cornélie, Porcie, &c. & toutes les Impératrices jusqu'à Constantin. Les deux autres façades du sallon représentent quelques traits choisis de l'Histoire Romaine. Le fond de la tapisserie est peint en bleu, les médaillons le sont en grisaille imitant le bas-relief ; ce qui produit à la vûe l'effet le plus agréable : on ne voit de chaque figure que le profil; presque tous ont la ressemblance de l'Empereur ou de l'Impératrice qu'ils représentent, car ils ont été dessinés d'après les médailles qui nous restent d'eux; autour de chaque profil est écrit en grosses lettres le nom du personnage & l'année dans laquelle il mourut. Vous conviendrez que cette tapisserie est plus instructive que du damas, & j'ajouterai avec vérité qu'elle est cent fois plus agréable, qu'elle ne coûte pas plus cher & qu'elle durera éternellement [1] : les dessus de portes représentent aussi des sujets tirés de l'Histoire Romaine. A droite & à gauche de ce sallon se trouvent deux aîles qui forment l'appartement de M. d'Almane & le mien; j'occupe la droite : en sortant de ce sallon, on entre dans une longue galerie dont la tapisserie, peinte comme celle de la pièce précédente, représente

---

[1] Cette tapisserie, telle qu'on vient de la décrire, parfaitement bien exécutée & dessinée en grande partie d'après les médailles antiques, n'a coûté que neuf cent francs.

toujours, suivant l'ordre chronologique, les plus grands hommes de l'Histoire des Grecs, & quelques traits choisis de la même histoire. Au bout de cette galerie se trouve ma chambre à coucher; une partie de l'Histoire Sainte y est peinte de la même manière. La chambre de ma fille est à côté de la mienne; elle est tapissée d'un papier bleu anglois, orné de cent vingt petits tableaux peints à la Gouache, qui représentent des sujets tirés de l'Histoire de France; ces tableaux peuvent se décrocher, & j'ai moi-même écrit derrière l'explication de ce qu'ils contiennent[1]; j'ai, outre tout cela, des bains & un cabinet d'étude, dont une moitié en bibliothèque contient à-peu-près quatre cent volumes, & l'autre occupée par des armoires, offre quelques minéraux, quelques madrepores, &

---

[1] Quand on voudra faire faire une grande quantité de ces gouaches coloriées, on trouvera des Artistes qui, à leurs momens perdus, les exécuteront parfaitement (si on leur donne du tems) pour dix-huit francs pièce, avec les verres & tout encadrés. Si l'on ne desire pas qu'ils soient très-finis, il est fort possible de les avoir encore à meilleur marché.

une très-jolie collection de coquilles. Ce cabinet donne sur un petit jardin de plantes usuelles classées avec ordre, ayant toutes leurs étiquettes, & dont j'ai seule la clef. L'appartement de M. d'Almane est abolument distribué comme le mien, ainsi je ne vous parlerai que de ses tapisseries; celles de sa galerie représentent tous les Rois & toutes les Reines de France, & plusieurs grands hommes. Chaque Ministre auquel la France a dû quelques années de gloire, & sur-tout de bonheur, est placé dans le médaillon de son Roi; cette association honore également l'un & l'autre: Henri IV en paroît plus grand, quand il est à côté de Sully; car le mérite d'avoir su choisir un tel Ministre, suffiroit seul pour immortaliser un Prince. La chambre de M. d'Almane & celle de mon fils, sont décorées & remplies par différens objets relatifs à l'art militaire, des dessins de fortifications, des plans en reliefs, &c. Un cabinet contenant des livres, des globes, des sphères, est la dernière pièce de cet appartement. Quand nous voulons faire parcourir à nos enfans tous ces ta-

Tome I. C

bleaux historiques, suivant un ordre chronologique, nous partons de ma chambre à coucher qui représente l'Histoire Sainte (la première de toutes, puisqu'elle commence à la création du monde); de-là nous entrons dans ma galerie, où nous trouvons l'Histoire Ancienne; nous arrivons dans le sallon qui contient l'Histoire Romaine, & nous finissons par la galerie de M. d'Almane, où vous avez vu l'Histoire de France. A l'égard de la mythologie, nous la trouvons dans la salle à manger, & elle fait ordinairement le sujet de la conversation pendant tout le dîner. L'étage au-dessus de celui-ci consiste en cinq ou six petits appartemens à donner, & au dernier étage sont logés la plupart de nos gens. Les murs de l'escalier qui conduit à tout cela, sont entièrement recouverts de grandes cartes de géographie, ainsi que ceux des corridors, ce qui forme un atlas complet; nous supposons le midi au rez-de-chaussée, & le nord au dernier étage, & nous avons posé les cartes en conséquence; petite attention qui ne peut que mieux placer dans la tête des enfans l'idée des positions. Tous les meubles de ma maison sont en toile, toutes les sculptures simples & en blanc de doreur, les lambris de l'escalier & le corridor du premier étage sont revêtus en marbre blanc, & lavés tous les jours ainsi que les marches de l'escalier, & toutes les cheminées qui sont de marbre. Sur la porte d'entrée du vestibule ces mots sont écrits : « *True happiness is of a retired nature, and an ennemy to pomp and noise.* [1] » Outre toutes les tapisseries historiques dont je viens de vous parler, j'ai encore dans un garde-meuble six grands paravents peints aussi, & qui donnent une idée de la chronologie des Histoires d'Angleterre, d'Espagne, de Portugal, d'Allemagne, de Malthe & des Turcs. J'ai d'ailleurs une très-grande provision de petits écrans de main, tous géographiques, de cartes anciennes & modernes, & sur le revers desquels j'ai fait écrire en Anglois ou en Ita-

---

[1] Le vrai bonheur ne se trouve que dans la solitude, il fuit la pompe & le bruit. *Le Spectateur*, premier volume.

lien une claire & courte description historique des pays représentés sur la carte. A l'égard des jardins, ils sont aussi de la plus grande simplicité; nous avons conservé un petit bois & deux grandes allées de marronniers qui forment un majestueux ombrage à cent pas du château; & d'ailleurs toutes les charmilles ont été arrachées, entr'autres, un labyrinthe qui faisoit depuis trente ans l'admiration de la province : de grands tapis de gazon, & de jeunes plantations d'arbres étrangers, n'obtiennent pas autant d'éloges de nos voisins, mais offrent des promenades infiniment plus agréables. Vous m'avez souvent entendu critiquer les montagnes dans les jardins, je les trouve toujours fort désagréables à la vûe quand elles ne sont pas imposantes par la prodigieuse élévation qui peut seule leur donner cette majesté qui frappe l'imagination ; cependant j'en ai trois petites dans mon parc, non pour le plaisir de mes yeux, mais pour les faire gravir à mes enfans, car cette espèce d'exercice les amuse, les fortifie & est excellent pour eux.

Je ne vous ai point encore parlé de mes voisins: je ne suis liée particulièrement qu'avec Madame la Comtesse de Valmont, qui demeure à deux lieues de B.... elle n'a qu'un fils âgé de 12 ans, qu'elle aime avec une tendresse qui, dès le premier moment, m'a prévenue en sa faveur; elle est d'ailleurs belle & jeune encore, & elle a dans son maintien & dans sa manière de s'exprimer, une noblesse & en même-tems une simplicité & une négligence qui donnent à ses moindres actions de la grace & de l'intérêt. Elle a de l'esprit & de l'instruction; elle parle peu, non par timidité, mais par indolence; & elle n'a jamais le desir de briller ou de fixer l'attention. Elle est sœur de Madame d'Olcy, que vous avez sûrement rencontrée dans le monde, & qui donnoit tant de bals il y a dix ans: elle a encore une autre sœur religieuse. Son père, M. d'Aimery, est un savant, à ce que dit M. d'Almane. Depuis la mort d'un fils unique qu'il adoroit, il s'est retiré dans cette province; il loge chez Madame de Valmont, celle de ses filles qu'il aime le mieux; il est fort triste & fort distrait, mais sa conversation, toujours sérieuse, est souvent instructive & quelquefois très-agréable. M. de Valmont n'a ni l'esprit & les graces de sa femme, ni le mérite de son beau-père; il joue parfaitement au battoir, au billard & au volant; il tire supérieurement & aime la chasse avec passion; il a une gaieté un peu bruyante, mais il a un visage si épanoui & si frais & auquel le rire va si bien, il a l'air si content de tout, il a tant de franchise, de naturel & de bonhommie, qu'il est impossible de le trouver importun & de n'avoir pas pour lui de la bienveillance. Mais je m'apperçois, ma chère amie, trop tard pour vous peut-être, que je viens d'écrire un volume. Adieu; si vous ne me faites pas une réponse de quatre pages au moins, je n'oserai plus vous envoyer des lettres aussi démesurément longues; & sur-tout point de ce petit papier que vous aimez tant : gardez-le pour vos amies de Paris; pour moi je suis fort mécontente quand je reconnois votre écriture sur ces jolies petites enveloppes toutes faites, dont votre écritoire est remplie.

SUR L'ÉDUCATION.

Je vous prie de me parler un peu de Madame d'Ostalis ; mandez-moi si vous la voyez souvent, & si mon absence ne lui fait pas négliger ses talens.

LETTRE X.

Réponse de la Vicomtesse.

OH quelle peinture vous faites de la coquetterie ! elle me guérit de mes prétentions à cet égard. Non, je ne me vanterai plus d'avoir été coquette, & je me repentirai toute ma vie d'en avoir eu quelquefois l'apparence. Vous m'avez réellement fait une profonde impression ; mais pourquoi ne me disiez-vous pas tout cela quand j'avois vingt ans ? Ma conversion alors vous auroit fait beaucoup plus d'honneur, & m'eût épargné bien des peines. Enfin, je n'étois coquette qu'à demi, vous me le dites, & je l'ai toujours pensé ; mais en êtes-vous bien sûre ? En vérité vous avez troublé ma conscience : de grace ne me parlez jamais de coquetterie, oh la vilaine chose !.... Si vous saviez dans quelle disposition j'étois lorsque j'ai reçu votre Lettre !.... Si vous saviez ce qui m'arrive!.... j'étois peut-être sur le bord d'*un précipice*, & vous m'en avez arrachée. Je vois d'ici votre étonnement, je ne puis rien vous cacher, vous ne l'ignorez pas..... Mais quelle confidence !.... N'importe, vous êtes si indulgente ! supérieure aux foiblesses de votre sexe, vous savez les excuser toutes : écoutez-moi donc, & jugez, par l'aveu que je vais vous faire, du service que vous m'avez rendu. Je ne vous parlerai point de mes principes, vous les connoissez, & vous êtes bien sûre que si j'ai quelques étourderies à me reprocher, du moins mon cœur est pur; j'ai fait assez de fausses démarches pour qu'on ait pu dire quelquefois que j'avois un amant ; mais jamais on ne l'a pensé, & depuis plusieurs années, il est généralement reçu que le fond de ma conduite a toujours été irréprochable; car le monde, juge léger & pourtant impartial, se rétracte avec autant de bonne foi qu'il condamne facilement. Eh bien ! ma chère amie, puisqu'enfin il faut venir au fait, eh bien, je croyois à trente un ans n'avoir plus rien à craindre, ni de la calomnie, ni de la coquetterie, ni des hommes ; je respirois, je me disois : j'ai conservé ma réputation, cela est bienheureux !.... J'ai passé l'âge où elle peut recevoir des atteintes dangereuses, & c'est une bonne chose à retrouver quand on n'est plus de la première jeunesse : me voilà au port, j'en suis charmée.... Point du tout ; c'est que M. de Merville, que vous avez laissé si occupé de Madame de C***, M. de Merville tout d'un coup, je ne sais comment, s'avise de devenir amoureux de moi. Je n'ai jamais pu supporter sa tournure ; mais il est jeune, à la mode, il me sacrifie une femme de vingt-trois ans..... Mon cœur reste entièrement libre ; cependant je souffre ses soins, je le reçois chez moi, & je me promets de mettre tout en œuvre pour achever de lui tourner la tête. Ce projet à peine étoit formé, lorsque votre dernière Lettre arrive ; ma surprise ne peut se peindre, chaque trait du tableau que vous tracez d'une coquette, sembloit fait pour moi, chaque mot me parut un reproche, cette phrase sur-tout : *troubler l'union fortunée de deux cœurs tendres & paisibles*, n'est qu'une de ses moins coupables fantaisies. M. de Merville est libre, Madame de C*** est veuve! Je me représente cette dernière au désespoir, je vois un mariage rompu, ma réputation détruite.... Enfin, je me trouve un monstre. Je me hais, je déteste M. de Merville, je m'attendris sur le sort de cette pauvre Madame de C***, & je n'aime plus dans le monde qu'elle & vous. Il faut vous dire que M. de Merville ne m'avoit point encore ouvertement parlé de ses sentimens; les déclarations sont passées de mode; elles sont si inutiles, on s'entend & l'on se répond si bien sans cela ! Il devoit le soir même souper chez moi, ainsi que Madame de C***; il arrive, comme vous le croyez bien, avant tout le monde ; j'étois seule : il veut saisir cette occasion favorable, & s'explique enfin de la manière la plus positive; alors, j'affecte une surprise extrême, c'est un mouvement que nous savons si bien imiter, qu'il n'y a pas un homme qui n'en soit la dupe; & pour achever de convaincre M. de Merville de ma bonne-foi, je lui parle de ses engagemens avec Madame de C***, je fais d'elle le plus pompeux éloge, je crois même que dans mon enthousiasme je vantai son esprit : il falloit pour cela bien de la bonne volonté, vous en conviendrez; mais j'avois tant à réparer! M. de Merville véritablement étonné, confondu, en perdant l'espérance, perd au même instant cette prétendue passion qu'il venoit de me dépeindre si vive : nous nous faisons beaucoup de protestations d'estime; quelques personnes arrivent & terminent heureusement un entretien qui commençoit à devenir aussi languissant que froid. Raccommodée enfin avec moi-même, j'éprouvois une satisfaction intérieure, bien préférable à tout ce fol enivrement que peuvent causer les succès qui ne flattent que l'amour-propre. J'ai eu d'autant plus de mérite dans cette occasion, que jamais, je vous l'avouerai, je n'ai eu d'*accès* de coquetterie aussi vif & aussi marqué que celui-ci; expliquez-moi cela, si vous pouvez, car pour moi je ne puis le concevoir. Ce qu'il y a de certain, c'est que je sens trop à présent les conséquences de ce vice affreux, pour y retomber jamais; ainsi du moins n'ayez plus d'inquiétudes pour l'avenir, & soyez bien sûre que je suis corrigée pour toujours.

La description de votre Château m'a fait grand plaisir; celle que vous faites des coquettes m'a ôté, pour long-tems, *cette humeur moqueuse* que vous semblez craindre; ainsi, pour cette fois, vous ne recevrez que des éloges; d'ailleurs, en vérité, je crois que je ne critiquerai jamais une invention si utile, & qui épargnera à vos enfans l'ennui mortel d'apprendre par cœur, dans des Livres, une foule de dates toutes oubliées à vingt ans. Je comprends que cette méthode doit graver la chronologie dans leurs têtes d'une manière sûre; car l'ordre dans lequel ces médaillons sont placés, & qu'ils ont éternellement devant les yeux, ne doit jamais s'effacer de leur mémoire. Avec plus de dépense il seroit possible de perfectionner encore cette invention, en rendant tous les meubles utiles; les fauteuils & les tapis faits aux Gobelins, pourroient représenter aussi des choses instructives; enfin, quand une tapisserie seroit sue par cœur, on pourroit la faire disparoître pour quelque tems, & la remplacer par une nouvelle: il y a beaucoup de particuliers en état de faire cette dépense; mais cette idée devroit être adoptée par tous les Princes, & sûrement j'enverrai votre description à mon frère, je suis bien certaine qu'il en fera usage pour son élève. J'ai quelques doutes à vous proposer sur l'article de votre Lettre qui concerne les femmes : il me semble que vous les jugez trop d'après vous, & que vous en exigez une réunion de qualités, d'agrémens & de talens, qui ne peut jamais être le partage que d'un très-petit nombre. Vous voulez qu'une femme ait une raison solide, toutes les vertus essentielles, un esprit orné, une teinture superficielle mais générale des Sciences, tous les talens agréables, qu'elle sache plusieurs Langues, qu'elle n'ait ni pédanterie ni prétentions, & qu'enfin elle conduise sa maison comme une *bonne ménagère* qui n'auroit pas d'autre mérite. Je crois bien que si votre élève est née avec un esprit supérieur, vous en pourrez faire cet être accompli; mais l'espérez-vous, si elle n'a qu'un esprit commun & une mémoire ordinaire ? Il me semble qu'un plan d'Éducation ne doit être fait ni pour les prodiges, ni pour les monstres : la stupidité & l'attrocité sont aussi rares que l'héroïsme & le génie ; mais c'est pour la médiocrité qu'il faut travailler, car c'est sur elle qu'il faut compter. A l'égard des talens, n'est-il pas nécessaire que des dispositions naturelles secondent vos soins ? J'ai eu des Maîtres dans tous les genres, j'ai appris dix ans l'arithmétique, la géographie, l'histoire, la musique, j'ai joué du clavessin, j'ai dessiné, & je n'ai jamais sû un mot de tout cela. J'avois de la disposition pour la danse, & six mois de leçons m'ont rendue une des meilleures danseuses de la société. D'ailleurs, j'ai peine à croire que le tems prodigieux qu'on est forcé de donner à cette espèce d'étude, ne nuise pas infiniment au développement de qualités plus essentielles ; je sais bien qu'on peut vous citer comme un exemple du contraire ; mais je ne parle qu'en général : vous voulez surtout cultiver l'esprit & former le cœur de votre fille, comment le pourrez-vous si elle apprend à broder, à dessiner, à danser, à chanter & à jouer de plusieurs instrumens ? Enfin, vous avez le projet de lui apprendre tant de choses que j'en suis effrayée pour sa santé, & je ne puis me persuader qu'une telle application ne soit pas très-dangereuse pour un enfant.

Vous desirez que je vous parle de Madame d'Ostalis, je n'ai que du bien à vous en dire; elle se conduit toujours avec autant de prudence que si elle étoit sous vos yeux, & elle est aussi distinguée par sa réputation que par sa figure & ses agrémens. Elle a une égalité & une douceur inaltérables, un naturel charmant, & une certaine *sérénité* qui fait plaisir à contempler, parce qu'on sent qu'elle vient du calme parfait de ses passions & de la pureté de son ame. Toutes les femmes lui pardonnent ses talens & sa beauté en faveur de sa simplicité & de sa modestie; & les hommes, malgré sa jeunesse, la respectent véritablement, parce qu'elle n'a ni pruderie, ni la moindre apparence de coquetterie. Elle passe sa vie chez moi, sur-tout pour parler de vous; elle vous aime avec une tendresse qui me la rendroit chère, quand elle n'auroit pas d'autre mérite. Hier nous avons soupé en famille; il y eut une grave partie de réversi; les joueurs étoient Madame d'Ostalis, son mari, la Marquise Amélie, & ma fille. La partie, comme vous le croyez bien, a été un peu bruyante; les quinolas forcés ont causé des cris, un train dont vous ne pouvez vous former une idée; Madame d'Ostalis, malgré sa tranquillité, a été toute aussi mauvaise joueuse que les autres, & elle a quitté le jeu avec un enrouement qui a duré toute la soirée. Elle est gaie bien franchement & d'une manière bien aimable. Elle est fort inquiète dans ce moment, on croit qu'elle est grosse : il faudroit alors qu'elle renonçât au voyage de Languedoc, ce qui la mettroit au désespoir. M. d'Ostalis qui desire passionnément un garçon, ne partage point du tout son chagrin à cet égard, & cette diversité de sentimens a déjà causé plus d'une querelle; mais vous imaginez bien que l'aigreur ne s'y mêle jamais.

Adieu, ma chère amie; j'espère que vous ne vous plaindrez pas de mon petit papier, & que vous trouverez celui-ci suffisamment grand; vous n'aurez plus de ces petites enveloppes toutes faites, qui vous déplaisent; je sais en effet où les placer mieux: je voulois l'autre jour faire une réponse à une femme dont je ne me soucie point, qui ne m'aime pas, & je n'avois à lui dire que de ces phrases d'usage que tout le monde sait par cœur: par distraction je cachetai une de ces enveloppes sans rien écrire dedans, & je la lui envoyai; quand j'ai su cette étourderie, j'ai pensé que mon billet valoit au moins le sien, & j'ai desiré qu'on établît l'usage d'envoyer ainsi des billets blancs, comme on se fait écrire, au lieu de rendre soi-même la visite.

Il y a tant de billets qui ne disent pas plus de choses que le nom qu'on trouve sur sa liste ! Il est vrai qu'il existe quelques femmes qui ont de rares talens pour ce genre d'écrire, & qui possèdent au suprême degré *l'éloquence du billet*: Madame de F...., par exemple, est persuadée que les siens passeront tous à la postérité; cela seroit juste, car ils lui donnent assez de peines pour mériter cet honneur : le sujet le plus simple devient brillant entre ses mains ; elle m'a écrit il y a huit jours des choses charmantes pour s'excuser de souper chez moi, parce qu'elle étoit enrhumée ; mais hier j'ai reçu encore un billet d'elle, qui surpasse tous les autres ; il s'agissoit de me demander ma loge à la Comédie Italienne : ce fond ne paroît pas devoir fournir des idées bien neuves & bien saillantes ; eh bien, graces, gaieté, sentiment, délicatesse, elle avoit mis de tout cela dans un billet de huit lignes ! Je me suis sentie piquée d'une noble émulation, j'ai voulu m'essayer dans ce genre ; mais, à ma confusion, j'ai eu beau méditer, beau rêver, il ne m'est jamais venu dans la tête que le fait, c'est-à-dire : « que j'étois bien » fâchée d'avoir rendu ma loge, puis- » qu'elle la desiroit » Et j'ai envoyé, en soupirant, cette platte réponse qui m'a certainement perdue dans son esprit. Adieu donc, ma chère amie, embrassez pour moi bien tendrement la charmante petite Adèle ; Constance, qui parle de vous sans cesse, m'a priée *de vous écrire un baiser de sa part* ; elle devient tous les jours plus aimable & plus jolie ; elle a été un peu malade, mais elle se porte à merveille à présent : à propos de cela, je vous demande en grace de me communiquer vos idées sur l'éducation physique des enfans ; je ne suis pas contente de la santé de ma fille aînée, je crois qu'elle a été élevée trop délicatement, & trop purgée dans son enfance : quel régime suivez-vous pour Adèle, & que pensez-vous de la méthode de J. J. Rousseau ?

LETTRE XI.

Réponse de la Baronne.

M. de Merville, vous inspirer le mouvement de coquetterie le plus vif que vous ayez jamais éprouvé ! Cela peut en effet paroître surprenant. Vous me demandez toujours les raisons de tous vos caprices, c'est me donner, ma chère amie, un peu d'occupation ; mais puisque vous l'exigez, voici les réflexions que votre aventure m'a fait faire. Je crois qu'il y a une époque très-dangereuse pour les femmes qui ne sont pas entièrement exemptes de coquetterie ; c'est l'instant où, toujours belles, mais n'ayant plus ni l'éclat, ni la fraîcheur de la jeunesse, elles ont cessé d'être citées pour la figure, & ne produisent plus d'effet marqué. Enfin, le moment où l'on dit d'une femme : *elle est encore bien jolie !* cet *encore* gâte bien l'éloge ; il commence à votre âge, & finit à trente-cinq ou trente-six ans ; car alors on n'est plus regardée, & souvent même ce malheur arrive beaucoup plus tôt. Il me paroît donc assez naturel qu'une femme de trente ans, qui n'est plus suivie de la foule empressée dont elle étoit environnée quelques années auparavant, attache un plus grand prix aux hommages dont elle est encore l'objet : jadis elle trouvoit tout simple qu'on fût amoureux d'elle, maintenant elle en est presque reconnoissante ; elle sait que ce n'est plus par air qu'elle est recherchée ; cet empire brillant que lui donnoit la mode, est anéanti sans retour : c'est une Reine détrônée qui n'a plus de courtisans, & qui n'en est que plus touchée des sentimens qu'on lui témoigne ; elle a renoncé à la gloire de tourner vingt têtes à la fois, mais il lui reste l'espoir d'inspirer encore une passion violente ; elle ne manquera pas de supposer cette passion au premier homme qui s'avisera de paroître occupé d'elle. Quel que soit cet amant, il flattera plus son amour-propre que tous ceux de sa jeunesse. Combien le rend précieux l'idée fâcheuse qu'il est peut-être le dernier qu'on enchaînera ! quels ménagemens on lui doit ! C'est alors que la coquetterie met en œuvre tout ce qu'elle a d'artifice & d'adresse ; c'est alors qu'on ne sauroit s'empêcher de vouloir jouir de son triomphe, & qu'on brûle de l'étaler à tous les yeux ; & c'est alors enfin, que cet amant, s'il n'est pas un imbécile, peut, sans être aimé, ravir à cette femme & sa réputation & tout le repos de sa vie. Ce tableau offre à peu-près l'histoire de Madame de ****, que nous avons vue si jolie, si à la mode, si dédaigneuse pour les amans qu'elle avoit l'art d'attirer sans paroître s'en soucier, & qui, ayant conservé long-tems une assez bonne réputation pour une coquette, la perdit tout-à-coup à trente-deux ans, pour l'homme du monde qui pouvoit le moins justifier un semblable égarement. Voilà, ma chère amie, une partie de mes idées sur ce sujet ; comme je ne parle point par expérience, je puis me tromper ; jugez-en, vous êtes si bien en état de décider si mes conjectures sont vraies ou fausses, que je m'en rapporte entièrement à vous. Je ne suis pas surprise que vous ayez éprouvé mille fois plus de satisfaction à rendre M. de Merville à cette pauvre Madame de C***, que vous n'en aviez trouvé à le lui enlever ; les jouissances de l'amour-propre, aussi passagères que vaines, ne sauroient laisser de profondes traces ; elles ne sont produites que par l'imagination, dont tout le feu s'éteint, si l'attrait de la nouveauté ne le rallume. Les plaisirs du cœur, moins tumultueux, mais plus doux & plus durables, peuvent seuls assurer notre félicité. Tout ce qui n'a point touché notre ame, ne nous laisse qu'un foible souvenir, qui même, loin de nous charmer, souvent nous importune ; croyez-vous qu'une vieille coquette, en se retraçant les plus brillans succès de sa jeunesse, n'éprouve pas plus de regrets que de plaisirs. Regrets d'autant plus amers qu'ils sont honteux & qu'il faut les dissimuler, tandis que le souvenir d'une action vertueuse est à jamais pour nous une source inépuisable de satisfaction !

A présent, ma chère amie, je vais tâcher de répondre aux objections que vous me
faites

faites sur mes principes d'éducation ; vous ne pouvez concevoir comment il me sera possible de cultiver l'esprit de mon élève, de former son cœur, & en même-tems de lui donner tous les talens agréables ; en effet, si vous supposez que mon espérance soit de voir Adèle à douze ans excellente Musicienne, jouant de plusieurs instrumens, sachant l'histoire, la géographie, la mythologie, connoissant une partie de nos meilleurs Ouvrages, &c ; si vous imaginez cela, vos réflexions sont parfaitement justes : mais si tel étoit mon plan, je n'aurois fait qu'adopter celui qui est généralement suivi, & dont le peu de succès a si bien prouvé, jusqu'ici, qu'il en falloit chercher un autre. Le principal défaut de tous les Instituteurs, est, comme l'observe Rousseau, de s'attacher moins à former leurs élèves, qu'à les faire briller ; de leur donner, dans cette intention, des connoissances qui ne peuvent convenir à leur âge ; enfin, de surcharger leur mémoire, non de choses solides, mais de mots qui n'ont pour la plupart aucun sens pour eux. Adèle, à douze ans, bien loin d'être

Tome I. D

un prodige, paroîtra peut-être, à de certaines gens, infiniment moins instruite que beaucoup d'autres enfans de son âge ; elle ne connoîtra pas un seul des Livres que toutes les jeunes personnes savent par cœur ; elle n'aura jamais lu les Fables de la Fontaine, Télémaque, les Lettres de Madame de Sévigné, & les Théâtres de Corneille, de Racine, de Crébillon & de Voltaire, &c. N'est-il pas absurde de mettre tous ces chef-d'œuvres entre les mains d'un enfant qui n'y peut rien comprendre, & de le priver par-là du plaisir de les lire un jour avec sa raison, pour la première fois ? Adèle, à douze ans, ne sera en état ni de bien faire un extrait, ni d'écrire une jolie Lettre, ni de m'aider à faire les honneurs de ma maison. Elle aura peu d'idées, mais n'en aura pas une fausse ; elle déchifrera bien la musique, jouera de plusieurs instrumens & dessinera d'une manière surprenante pour son âge, sans supercherie, & sans que son Maître, en retouchant ses ouvrages, lui apprenne à mentir au lieu de lui montrer à dessiner. Elle ne saura d'histoire, de mythologie & de géographie que ce qu'elle en aura pu apprendre par nos tapisseries, la conversation & d'autres moyens encore dont je vous parlerai par la suite; & je crois, qu'à cet égard, elle sera plus instruite que les enfans ne le sont communément. Elle aura beaucoup d'autres connoissances qu'on ne lui découvrira qu'en vivant avec elle, & qu'elle n'aura acquises qu'en s'amusant. Pour que vous puissiez vous en former une idée, il est nécessaire que j'entre dans quelques détails qui pourront en même-tems vous donner l'intelligence de toute ma méthode. Tous les enfans, en général, sont nés avec assez de mémoire pour retenir une prodigieuse quantité de choses utiles, si jamais on ne leur en apprenoit de superflues, & si toujours on fixoit leur attention: je ne connois que deux moyens pour arriver à ce but; de ne leur dire que ce qu'ils peuvent comprendre, & de ne jamais négliger une occasion de leur donner un genre d'instruction à leur portée, quel qu'il soit. Par exemple, il est si facile de rendre presque tous les jeux utiles! L'idée de mes tapisseries m'a donné celle de lanternes magiques historiques ; j'ai fait faire environ quatre ou cinq cent verres qui représentent des sujets tirés de l'histoire ; nous avons la récréation de la lanterne magique quatre fois par semaine ; je me charge de la montrer, ce que je fais presque toujours en Anglois: je donne ainsi, sans qu'on s'en doute, deux leçons à la fois ; & comme les tableaux changent souvent, je vous assure qu'Adèle & Théodore se divertissent infiniment davantage de ma lanterne magique, que les enfans qui ne voyent jamais que *M. le Soleil*, *Madame la Lune*; l'*enfant prodigue* se ruinant avec des filles ; une *Servante* buvant le vin qu'elle a tiré, & *le Mitron* arrachant la queue du diable. J'ai substitué aussi à l'amusement favori des enfans, celui de faire des châteaux de cartes, un jeu qui leur donne une idée de l'architecture : j'ai fait faire en petit & en carton, deux maisons & deux palais qui se démontent; tous les ornemens possibles d'architecture s'y trouvent, toutes les pièces sont numérotées, & l'on a écrit sur chacune le nom de l'objet qu'elles représentent ; mon fils a d'ailleurs plusieurs châteaux fortifiés ; Adèle même s'en amuse quelquefois, ainsi que d'un petit vaisseau charmant, dont M. d'Almane nous explique toutes les parties au moins une fois par semaine.

A la promenade, nos enfans ne s'exercent encore qu'à sauter, à courir ; dans un an nous les accoutumerons, ainsi que Rousseau le conseille, à mesurer des yeux un espace quelconque, combien telle allée peut avoir d'arbres, combien telle terrasse a de pots de fleurs, &c. C'est aussi là qu'ils apprendront ce que c'est qu'un pied, une toise, un arpent, & qu'ils acquéreront quelques notions d'agriculture ; Mathurin, mon jardinier, sera leur premier maître ; il a même déjà commencé ses leçons, il nous suit presque toujours dans nos promenades, & nous apprend tous les jours quelque chose de nouveau. Adèle & Théodore ont chacun un petit jardin, & Mathurin veut bien les former dans l'art de les cultiver ; dès-à-présent, nous faisons usage pour eux des jeux de nuit recommandés par Rousseau, afin, en les accoutumant aux ténèbres & à l'obscurité, de les préserver à jamais de ces noires idées qui ont tant de pouvoir sur l'imagination. Adèle & Théodore, comme tous les enfans, aiment particulièrement à jouer *à la Madame*; ce jeu, par mes soins, est devenu un vrai cours de morale; j'invente les plans, & vous imaginez bien que les petits sujets que je leur donne, ne peuvent développer que des sentimens honnêtes, & qu'une bonne action en forme toujours le dénouement. Le fils de Madame de Valmont se mêle à ces jeux, & très-souvent on m'y donne à moi-même un rôle que je joue, je vous assure, aussi bien qu'il m'est possible. La poupée même d'Adèle ne m'est pas inutile; Adèle lui répète les leçons qu'elle reçoit de moi, j'ai toujours une oreille attentive à ces dialogues; si Adèle gronde injustement, je me mêle de la conversation, & je lui prouve qu'elle a tort; cet amusement sert encore à la rendre adroite; si elle a besoin pour sa poupée d'un tablier, d'un bonnet, d'un ajustement, Mademoiselle Victoire, une de mes femmes, arrive avec des chiffons, & travaille avec Adèle pour la poupée; de même si mon fils brise un charriot, un tambour, &c. on lui donne du carton, les petits outils nécessaires, & avec l'aide de Brunel, un laquais de M. d'Almane, dont vous connoissez l'adresse, il fait lui-même les choses qu'il desire ; ce qui le rend à la fois industrieux & patient. Ainsi, vous voyez que loin de les appliquer, de les fatiguer par des leçons, je ne suis occupée qu'à leur procurer des amusemens & des joujoux ; le mot *étude* n'est presque jamais prononcé, cependant il n'y a pas un instant de la journée qui ne leur soit profitable, & certainement il n'existe point d'enfans plus parfaitement heureux. Adèle commence à lire la musique, je lui ai déjà posé les mains sur une petite harpe ; ces différentes études, avec celles de la lecture & du dessin, lui prennent à peu-près une heure & demie de la journée, & ne se font jamais de suite : j'ai une méthode pour montrer à jouer des instrumens à deux parties, que l'expérience m'a démontrée être la plus facile & la plus sûre. La perfection sur la harpe & le clavessin consiste dans l'égalité des mains ; la gauche est toujours inférieure, ce qui ne tient qu'à la manière dont tous les maîtres enseignent: avant de faire mettre *un air ensemble*, il faudroit exercer les mains séparément pendant un an, quand l'éleve est dans la première enfance, & pendant six mois pour une jeune personne : il faudroit faire exécuter à chaque main, tour-à-tour, tous les agrémens, les roulades & les passages les plus difficiles qui peuvent se rencontrer dans les pièces, en ayant l'attention d'exercer toujours davantage la main gauche, qui, en effet, est naturellement plus lourde & moins forte que la droite ; cette première étude, si utile, ne demande de la part de l'enfant, qu'un si léger degré d'attention, qu'elle ne peut la fatiguer ; au lieu que d'exiger d'elle qu'elle apprenne à la fois à déchifrer la musique, la position de la main, le doigté, & à mettre ensemble un dessus & une basse, est une chose aussi appliquante que difficile & ennuyeuse ; d'ailleurs, elle est arrêtée par chaque cadence, chaque agrément ; elle barbouille, rompt la mesure, se gâte l'oreille & le goût, & prend bien justement en aversion une étude si désagréable & si fatigante. Pas un maître n'adoptera ma méthode, parce qu'ils ne pourroient, en la suivant, produire, au bout de cinq ou six mois, une écolière jouant de routine plusieurs pièces, & qu'il faut convenir aussi que la plupart des parens seroient fort peu satisfaits de voir leur fille, pendant un an, ne répéter que des passages; mais après cet exercice, faites apprendre des pièces à cette même enfant, &, en moins de trois mois, elle surpassera celle qui apprend depuis trois ans par la méthode ordinaire. Rien n'est plus absurde aussi que d'enseigner les règles de l'accompagnement à un enfant de dix ans; cette étude est par elle-même très-abstraite, & ne peut convenir qu'à quinze ou seize ans. Toute instruction qu'on ne sauroit acquérir à un âge raisonnable qu'avec une grande application, n'est pas faite pour l'enfance; c'est une vérité si frappante, qu'il seroit superflu de chercher à l'établir par des raisonnemens; & cependant dans toutes les Educations on la perd continuellement de vue : tous les malheureux enfans ne sont-ils pas accablés, dès l'âge de six ans, de leçons de grammaire, de géométrie, d'astronomie? &c. On prend bien de la peine pour leur enseigner ce qu'ils ne peuvent comprendre, & l'on ne parvient qu'à détruire leur santé, & à leur donner un invincible dégoût pour l'étude. Peut-on rien voir de plus triste, & en même-temps de plus ridicule, qu'un enfant gravement assis devant un bureau, obligé de résoudre un problême, ou d'expliquer le systême du monde?.... Dans ce cas, tout ce qu'on peut desirer de mieux pour lui, c'est l'effet opposé au but que l'instituteur se propose ; c'est-à-dire, qu'il ne reste à ce pauvre enfant, de toutes ses occupations, que de l'ignorance & de l'ennui : car s'il comprenoit ce qu'on lui fait dire, il en mourroit ; sa foible constitution ne pourroit résister à une telle application, & ce développement prématuré le conduiroit bientôt au tombeau. Mais revenons à mon Adèle, dont ces réflexions m'ont éloignée trop long-tems ; elle apprend aussi à dessiner : je desire sur-tout qu'elle possède supérieurement ce talent charmant qui convient à tous les âges, & qui offre tant de ressources contre l'ennui. Rousseau

veut qu'Émile apprenne à dessiner sans Maître : « je me garderai bien, dit-il, de lu-
" donner un Maître à dessiner qui ne lui
" donneroit à imiter que des imitations,
" & ne le feroit dessiner que sur des
" dessins ». Rousseau parle ici d'une chose qu'il n'entend point ; il est absolument impossible d'apprendre à bien dessiner non-seulement sans Maître, mais sans un Maître excellent : car tout dépend des premiers principes : il ne suffit même pas que le Maître en ait de bons, il faut encore qu'il ait un dessin très-pur ; car ce n'est qu'en dessinant avec son elève, & non en le conseillant, qu'il peut lui faire faire de rapides progrès ; il est nécessaire de commencer par copier ; il est vrai qu'il ne faut pas trop prolonger ce premier apprentissage, ce seroit perdre son tems ; mais au bout d'un an, un bon Maître fait toujours dessiner ses élèves d'après la bosse & d'après nature. Voilà, ma chère amie, une partie de mes idées sur la manière dont on doit enseigner les enfans : à l'égard des dispositions naturelles, particulièrement pour les instrumens, je crois que nous en avons

tous d'égales, quand la conformation des mains n'a rien d'extraordinaire : il est certain qu'une main très-petite & très-grasse, jouera difficilement des instrumens qui demandent de la force & de l'extension, tels que la harpe, le luth & le théorbe, encore avec un peu plus d'étude on pourroit surmonter cet obstacle. Pourquoi donc, me direz-vous, les talens sont-ils si rares ? C'est que les enfans sont mal montrés, c'est que les mères ne dirigent point les Maîtres, & qu'elles ne donnent à leurs filles que l'exemple de la paresse. Comment voulez-vous qu'une jeune personne prenne le goût de l'occupation & desire acquérir des talens agréables, quand elle voit sa mère passer la moitié de sa vie à sa toilette & aux spectacles, & l'autre à parfiler, jouer & recevoir des visites ? Vous n'avez pu apprendre, dites-vous, ni le dessin, ni la musique, ni la géographie, &c. Mais avez-vous jamais souhaité sincèrement savoir une de ces choses ? Non, sûrement : on ne vous avoit inspiré que le desir de briller dans un bal, & vous avez su parfaitement danser en six mois : qu'on eût tourné votre amour-propre sur des objets plus solides, vous auriez réussi de même. Le résumé de tout ce que j'ai dit, est donc : que le grand point dans l'Éducation, est de ne point se presser, de n'apprendre aux enfans que ce qu'ils peuvent comprendre ; en même-temps, de ne négliger aucune occasion de leur enseigner tout ce qui est à leur portée, & de ne leur donner pour premières leçons de morale, que des exemples, & non des préceptes : je ne vous ai jusqu'ici parlé que de l'enfance, ainsi vous ne connoissez encore de mon plan d'Éducation, que la partie la moins intéressante ; mais lorsqu'Adèle aura douze ans, mes Lettres, peut-être, vous paroîtront moins minutieuses & moins insipides.

Il me reste encore à répondre aux questions que vous me faites sur l'Éducation physique des enfans : Rousseau, dans tous les soins qu'il prescrit à cet égard, n'a fait que suivre exactement le systême de Locke ; il est vrai qu'il ne le cite pas, mais il le copie littéralement. Le sage Locke proscrit les maillots, recommande de ne point vêtir les enfans chaudement, de les accoutumer au grand air & à se laver souvent les pieds dans l'eau froide, &c. Cet Ouvrage, inspiré par l'amour de l'humanité, & d'autant plus estimable que l'Auteur, avec un mérite supérieur, n'y montre jamais le desir de briller, & ne paroît occupé que de celui d'être utile; ce Livre, traduit dans toutes les Langues, quand Emile parut, étoit entré les mains de tout le monde, & n'avoit opéré aucune révolution : la sagesse persuade moins que l'enthousiasme, parce qu'elle est toujours simple dans ses expressions, & qu'elle ne prend presque jamais le ton imposant de l'autorité. Le Philosophe Anglois sembloit ne donner que des avis, personne en France n'adopta sa méthode; Rousseau répéta les mêmes choses, mais il ne conseilla point, il ordonna, & fut obéi. Voici le régime que j'ai observé pour Adèle, depuis le moment de sa naissance jusqu'à l'âge de trois ans : laver de la tête aux pieds avec de l'eau à peine tiède en hiver, & naturelle en été, en observant de frotter avec une éponge; coucher dans un lit assez dur, sans rideaux, n'ayant qu'un béguin de toile, une petite camisole, une seule couverture en hiver & un drap en été; les fenêtres de la chambre presque toujours ouvertes durant le jour, excepté dans les tems humides; un feu très-modéré pendant le jour, & la nuit entièrement éteint; continuellement au grand air; ne point se presser de faire marcher; attendre que les jambes soient assez fortes pour porter le corps sans peine; une extrême attention à préserver de l'humidité, & sur-tout à en garantir les pieds; dès l'instant du sevrage, de l'eau pour toute boisson; jamais de crême ni de bouillie; quelquefois du lait froid, des œufs, des légumes, de la soupe grasse, du fruit, &c. Point de confitures, de bonbons ni de pâtisserie; point de corps baleinés jusqu'à quatre ans; à cet âge, Adèle a commencé à en porter de très-minces & très-larges, excepté dans l'été, car alors elle n'a pour tout vêtement que sa chemise & un lévite de gaze ou de mousseline, & elle ne met des bas & des souliers pendant les grandes chaleurs, que pour se promener. On a beaucoup blâmé les corps; ils sont en effet pernicieux lorsqu'ils gênent; mais quand ils sont bien faits, loin d'être nuisibles, l'usage d'en porter est également commode & sain; en plaçant bien les épaules, ils ouvrent la poitrine, soutiennent les reins, maintiennent l'estomach dans une situation qui facilite la digestion, & rendent les chûtes moins dangereuses; & ils sont si peu gênans, que tout enfant qui n'est pas trop serré dans son corps, se trouve infiniment plus à son aise que dans un corset. Il n'y a que l'excès du chaud qui puisse les leur rendre incommodes, & alors c'est une vraie barbarie que de les contraindre à en porter. Adieu, ma chère amie, je ne vous parle point de mes sentimens, je crois que la longueur immodérée de mes Lettres vous prouve assez, & ma confiance & ma tendre & vive amitié.

LETTRE XII.

La même à la Comtesse d'Ostalis.

JE ne vous écris aujourd'hui, ma chère enfant, que pour vous gronder; j'espère que ce début ne vous effrayera pas, vous savez que mes réprimandes sont aussi douces que vos fautes sont légères. Madame de Limours m'a mandé que vous aviez soupé chez elle en famille, & le détail qu'elle me fait d'une certaine partie de reversi, m'a un peu déplu, je vous l'avoue. Je ne puis me représenter ma charmante *fille aînée*, naturellement si douce, si noble, si simple, se livrant à toutes ces exagérations d'une fausse gaieté, défigurant son beau visage par des ris aussi forcés que bruyans, & faisant tous les petits cris aigus de Madame de Cerny & de Mademoiselle de Limours. Pourquoi tout ce train ? Étiez-vous réellement au désespoir d'avoir un quinola forcé ? Si vous éprouviez un semblable mouvement, il n'en est point que vous dussiez cacher avec plus de soin, car il est honteux & bas d'en être capable, & absurde de le montrer; mais vous n'êtes point avare, vous ne jouiez d'ailleurs que le plus petit jeu possible; il vous étoit absolument indifférent de perdre ou de gagner; ces cris redoublés, ce dépit apparent n'étoient donc que de l'affectation? Il n'est cependant guères tentant de renoncer aux charmes du naturel, pour n'y gagner que la réputation d'être mauvaise joueuse & de manquer d'esprit. Je suis bien sûre que vous n'avez eu cet instant de mauvais goût que par complaisance pour les personnes avec lesquelles vous étiez; mais si vous vous laissiez aller à cette foiblesse, elle vous conduiroit plus loin que vous ne pouvez penser. Quand on adopte, par facilité ou par air, des ridicules, on ne tarde guères à se laisser entraîner par des exemples plus dangereux encore, & souvent plus séduisans. Je connois la pureté de votre cœur, votre docilité & votre confiance en moi; je sais qu'un avis de votre mère ne peut être négligé par vous, & suis sans inquiétude pour l'avenir. Soyez donc, mon enfant, toujours indulgente pour les femmes qui ont toutes ces petitesses; dans aucun moment de votre vie n'ayez l'air de les trouver ridicules & de les censurer, mais ne les imitez jamais.

J'ai encore à vous parler d'un petit tort : il me faut du courage pour vous le reprocher, puisqu'il ne vient que de votre affection pour moi; au reste, ne savez-vous pas que mon intérêt ne m'est rien quand il s'agit du vôtre? Vous croyez être grosse & vous en paroissez affligée, parce que cet événement vous empêcheroit de me voir cette année; mais vous n'ignorez pas à quel point votre mari desire un garçon. A quoi bon lui montrer un chagrin qui le désoblige? Quand la plainte est inutile, elle ne montre que de la foiblesse; quand elle peut nuire elle est absurde. L'humeur que vous témoignez déplaît justement à votre mari, mécontente sa famille, ne vous empêchera pas de rester à Paris, ne peut rien ajouter à l'idée que j'avois de votre tendresse, & affoiblit l'opinion que vous m'aviez donnée de votre raison. Ainsi, mon enfant, réparez donc cette imprudence & n'y retombez plus. Adieu, ma chère fille, écrivez-moi toujours avec la même exactitude & le même détail, & croyez que j'attends, avec autant d'impatience que vous pouvez en éprouver, l'instant qui doit nous réunir.

LETTRE XIII.
Réponse de la Vicomtesse à la Baronne.

Vous avez parfaitement éclairci la plus grande partie de mes doutes, toutes vos intentions me paroissent excellentes, & votre manière d'enseigner me semble préférable à toutes les méthodes reçues; mais il est nécessaire à votre plan que les mères soient en état de diriger les maîtres : où les trouverez-vous ces mères ? Quelle est la femme qui, comme vous, a passé sa vie à cultiver ses talens, à s'instruire afin de pouvoir être utile à ses enfans ? D'ailleurs, si toutes les mères pensoient comme vous, il n'y auroit plus de société; renfermées dans leurs cabinets avec des maîtres, ou fuyant dans leurs terres, elles seroient perdues pour le monde, & Paris deviendroit désert ; je m'intéresse fort à votre gloire, mais je ne vous desire pas celle de réussir à opérer cette réforme : plaisanterie à part, j'ai une véritable observation à vous faire; vous retranchez de la première éducation, c'est-à-dire, jusqu'à treize ans, les fables de la Fontaine, Télémaque & tous les bons ouvrages; cependant vous voulez inspirer à vos enfans le goût de la lecture, quels livres leur donnerez-vous donc ? Que mettrez-vous à la place de ce que vous leur ôtez ? N'auront-ils jusqu'à quinze ans que des Contes de Fées & les Mille & une nuits ? Ne leur ferez-vous rien apprendre par cœur ? Je vous ai souvent entendu dire qu'on ne pouvoit jamais sentir la mesure & l'harmonie des vers, si l'oreille n'y étoit accoutumée dès l'enfance. De grâce, répondez-moi là-dessus ; je vous écris à la hâte, car je pars dans l'instant pour la campagne ; on m'attend, on me presse. Adieu, ma chère amie. La grossesse de Madame d'Ostalis n'est plus douteuse ; j'ai vu hier son mari qui m'a dit qu'elle prenoit enfin son parti de la meilleure grâce du monde : il en est d'autant plus satisfait, qu'il ne s'y attendoit pas. Adieu, mon cœur, vous qui ne faites plus de voyages, ne m'écrivez jamais une vilaine petite lettre aussi courte que celle-ci.

LETTRE XIV.

Réponse de la Baronne.

JE ne donnerai à mes enfans, ni des Contes de Fées, ni les Mille & une nuits; les Contes même que Madame d'Aunoy fit pour cet âge, ne leur conviennent pas. Il n'y en a presque pas un dont le sujet soit véritablement moral; l'amour en forme toujours tout l'intérêt; par-tout on y trouve une Princesse aimée & persécutée, parce qu'elle est belle; un Prince *beau comme le jour* qui meurt d'amour pour elle, & une rivale bien laide & bien méchante, consumée d'envie & de jalousie. D'ailleurs, quand la morale de ces petits ouvrages seroit bonne, les enfans n'en pourroient profiter, & seulement frappés du merveilleux, ils ne garderoient le souvenir que des jardins enchantés & des palais de diamans; toutes ces imaginations fantastiques ne peuvent donner à des enfans que des idées fausses, retarder les progrès de leur raison, & leur inspirer du dégoût pour des lectures véritablement instructives. Locke se plaint de ce qu'il n'existe pas un seul ouvrage fait pour l'enfance, je n'en connois pas non plus en françois, cependant cet ouvrage seroit bien utile, car notre caractère & la tournure de notre esprit dépendent en grande partie des premières idées & des premières impressions que nous avons reçues dans notre enfance. Il faudroit donc que ce livre, écrit avec une extrême simplicité, fût également touchant, instructif & varié ; la forme de petits contes détachés est la seule qui me paroisse convenable, & je crois, si les sujets étoient bien choisis, que les charmes du naturel & de la naïveté suffiroient pour donner à cet ouvrage un degré d'intérêt dont vous n'avez peut-être pas d'idée. Je vous entends d'ici, ma chère amie ; je suis sûre que je vous impatiente, & que vous avez répété dix fois : *mais où est-il cet ouvrage si naif, si utile ? où le prendre ?* Eh bien, je vous le donnerai quand vous voudrez,

voudrez, & comme il ne falloit point d'esprit pour le faire, mais seulement du naturel & de la sensibilité, je vous dirai sans détour que j'en suis l'auteur, & qu'il a pour titre, *les Veillées du Château*, en voici le sujet : Une bonne mère retirée dans un vieux château avec ses trois enfans, dont l'aîné n'a que sept ans, & qui, tous les soirs, lorsque les enfans ont été *bien sages*, conte une petite histoire : ces récits sont souvent interrompus par les questions des enfans qui ne laissent jamais passer un mot au-dessus de l'intelligence de cinq ans, sans en demander l'explication ; vous sentez quelle clarté cette forme doit donner à l'ouvrage qui n'est qu'en un volume, mais d'environ 500 pages. L'effet qu'il a déjà produit sur mes enfans est tel que je puis le desirer : à chaque conte ils ne manquent jamais de me demander : *cette histoire est-elle arrivée ?* & quand j'affirme qu'elle est vraie, je remarque un redoublement singulier d'attention & d'intérêt, avantage très-précieux qu'on ne pourroit retirer du Conte de Fées le plus moral ; aussi je me promets bien, si jamais

Tome I. E

je me décide à faire imprimer ce petit ouvrage, d'assurer mes jeunes Lecteurs, dans un avertissement fait uniquement pour eux, que l'Auteur n'a rien inventé, & qu'il n'est qu'un Historien scrupuleusement exact & fidèle; & avec cette précaution, je suis bien certaine que tous mes Contes seront lus avec avidité, & qu'ils feront une profonde impression. A l'égard de la poésie, j'ai fait un choix dans différens Auteurs, la plupart à peine connus de nom, & j'ai formé de ces divers extraits trois volumes à l'usage de mes enfans, jusqu'à ce qu'ils ayent atteint l'âge de quatorze ou quinze ans ; cette petite collection est véritablement fort agréable, & la plus grande partie des pièces qui la composent est extrêmement morale. Pour en revenir à la prose, Adèle, pour toute lecture, n'aura, jusqu'à sept ans, que mes contes; ensuite je lui donnerai *les Conversations d'Émilie*, ouvrage charmant que vous m'avez entendu louer tant de fois, & qui l'occupera jusqu'à huit ans; quand j'en serai à cette époque, je vous ferai connoître le reste de mon plan. Vous prétendez, ma chère amie, que si toutes les mères suivoient mon exemple, Paris deviendroit désert: premièrement, je ne l'ai quitté qu'à trente-deux ans, & je compte y retourner dans quatre; d'ailleurs on pourroit, sans abandonner le monde un instant, faire pour ses enfans tout ce que j'ai fait de plus utile pour les miens. Quoi que vous en disiez, loin de passer ma vie dans mon cabinet, j'ai été quinze ans dans le monde, & je serois même très-fâchée de n'y avoir pas vécu, car toute personne qui n'aura pas une connoissance approfondie du monde, ne pourra donner à ses enfans qu'une éducation imparfaite: c'est dans le monde que j'ai conçu le Plan d'Éducation que je mets en exécution maintenant; c'est dans le monde que j'ai fait tous les ouvrages qui y sont relatifs; & si ce travail est utile, si l'on adopte ma méthode, j'aurai du moins épargné à tous ceux qui la suivront, les réflexions, l'étude & les peines qu'elle m'a coûtées pendant douze ans.

Je ne puis terminer cette Lettre sans vous conter une petite aventure assez jolie, qui, j'en suis sûre, vous intéressera, car Adèle en est l'héroïne. Elle me demanda avant-hier la permission d'aller se promener dans les champs avec Miss Bridget; j'y consentis, & elles partirent à huit heures du matin, avec ordre de revenir à dix. Cependant elles ne rentrèrent qu'à onze heures & demie, & j'allois gronder, lorsqu'Adèle, bien rouge & bien essouflée, supplia Miss Bridget de lui laisser conter la *charmante histoire*, & me fit le récit suivant : A une demi-lieue de B.... elles rencontrèrent une jeune paysanne assise sur l'herbe & tenant un petit enfant dans ses bras; frappées de la pâleur & de la jolie figure de cette femme, elles s'approchèrent & en apprirent qu'elle venoit d'un village voisin où elle avoit été acheter quelques provisions, & que la fatigue l'avoit contrainte à s'arrêter ; elle ajouta, d'un *air touchant*, poursuivit Adèle, que ce qui lui faisoit le plus de peine, c'est que sa pauvre mère étoit bien malade, & seroit inquiète de son retard, & en disant cela, *la jeune femme pleura & baisa son petit enfant qui crioit*. Adèle alors, sans hésiter, conjure Miss Bridget de faire monter dans la voiture qui les suivoit, & la paysanne & l'enfant, & de les conduire chez eux ; Miss Bridget y consent, la paysanne indique le chemin, & en moins d'une demi-heure on arrive *à la plus jolie chaumière, la plus jolie !.... on y trouve les deux plus charmantes petites filles qui se jettent au cou de la jeune femme !.... & puis une grand'mère si vieille, si bonne !.... Enfin, Maman, il faut que vous voyez cela.....* Miss Bridget ajouta encore beaucoup de détails à ce récit, tous à la loüange de la sensibilité d'Adèle. Le soir même, le mari de la jeune paysanne vint au château pour remercier Adèle, & le lendemain nous avons tous été voir ces bonnes gens, qui sont véritablement intéressans par l'extrême union qui règne entr'eux ; ils sont pauvres mais laborieux, & paroissent satisfaits de leur sort. Après avoir pris toutes les informations possibles sur leur famille, leur conduite & leurs mœurs, nous avons décidé ce matin que nous achetterions pour eux un petit champ de six arpens, voisin de leur chaumière, & qui est à vendre, & que nous leur donnerions en outre des vaches, des poules, des habits, du linge & des meubles.

Vous ne pouvez vous former une idée de la joie & des transports d'Adèle à cette décision ; j'ai fait venir ce soir deux couturières pour faire les habits de la jeune paysanne & de ses enfans, Adèle veut y travailler aussi ; la poupée, les joujoux, tout est oublié, & je vois, avec une satisfaction inexprimable, que dans un cœur que rien n'a pu corrompre encore, le plaisir préféré à tous les autres, est celui de faire du bien & de contribuer à une bonne action.

Adieu, ma chère amie, j'espère que votre première lettre me dédommagera de la *précision* de la dernière, qui, en effet, étoit bien courte.

LETTRE XV.

De la même à la même.

Nous avons fait hier une promenade charmante, nous avons porté chez Nicole (cette jeune paysanne dont je vous ai déjà parlé) tous les meubles & tous les habits que nous lui destinions. Adèle s'étoit chargée du paquet des enfans, & malgré un chaud excessif, elle s'est obstinée à le tenir toujours sur ses genoux tout le tems que nous avons été en voiture. Elle est arrivée en nâge à la chaumière ; son cœur battoit d'une si étrange force, qu'on en voyoit tous les mouvemens, ses joues étoient colorées d'un rouge éclatant, & la joie la plus vive & la plus pure étinceloit dans ses yeux. Age heureux & charmant, où chaque geste, chaque action, est une expression aussi fidèle que naïve des sentimens de l'ame ! A mesure que nous perdons de cette aimable innocence, le muet & touchant langage du regard & de la physionomie devient moins intelligible; mais il ne devient trompeur que lorsqu'on est parvenu au dernier degré de la corruption, car il y a une fausseté bien plus profonde & bien plus criminelle à tromper par les expressions de son visage que par des discours étudiés : celui qui ne peut faire un mensonge qu'en rougissant, n'est point encore menteur, & tant que nous conservons quelques traces de ce caractère d'ingénuité, nous ne sommes point encore pervertis. Mais pour revenir à mon Adèle, en descendant de voiture elle nous quitte tous en courant & traînant derrière elle, dans la poussière, son gros paquet qu'elle n'avoit pas la force de porter ; en entrant dans la chaumière, nous la trouvons déshabillant déjà une des petites filles pour lui mettre une robe neuve ; & tout en essayant cette robe, elle répétoit à chaque instant, *c'est moi qui ai fait cet ourlet, c'est moi qui ai cousu ce ruban, attaché cette agraffe,* &c. Si ce petit tableau vous eût intéressé, vous auriez éprouvé plus de plaisir encore en voyant la satisfaction de la jeune fermière & de sa famille ; je n'ai jusqu'ici trouvé que dans cette classe obscure, l'espèce de reconnoissance qui seule peut honorer la nature humaine ; moins corrompus que nous ne le sommes, un bienfait les touche, mais ne les surprend point, tandis que l'extrême étonnement que nous marquons d'une bonne action, est un aveu tacite que nous serions incapables de la faire. Adieu, ma chère amie, je vous quitte pour lire avec Adèle, qui dans ce moment grimpe sur mon fauteuil, & me presse de lui donner sa leçon.

Ma petite Adèle vient de faire une si jolie action, que je ne puis m'empêcher de vous la conter, & je r'ouvre ma lettre tout exprès. Après sa leçon de lecture, nous avons été promener, & dans l'allée de marronniers nous rencontrons un petit oiseau qui commençoit à voler ; nous le prenons, & Adèle, transportée de joie, le rapporte dans ma chambre & le met dans une cage, ensuite elle l'en retire à chaque instant, l'étouffe de caresses, &

E v

trois ou quatre fois le pleure comme mort. Ici commence notre dialogue, que voici mot pour mot.

ADÈLE.

Maman, mon oiseau a faim !

MOI, *écrivant à mon bureau.*

Donnez-lui à manger, vous avez ce qu'il vous faut.

ADÈLE.

Maman, il ne veut pas manger.....

MOI.

C'est qu'il est triste....

ADÈLE.

Pourquoi donc ?

MOI.

Parce qu'il est malheureux.....

ADÈLE.

Malheureux ! ô Ciel ! mon charmant petit oiseau, mon doux oiseau !.... Et pourquoi donc est-il malheureux ?

MOI.

Parce que vous ne savez pas lui donner à manger, ni le soigner, & puis parce qu'il est en prison……

ADÈLE.

En prison !……

MOI.

Mais vraiment oui. Écoutez-moi, Adèle, si je vous enfermois dans une petite, petite chambre, sans vous laisser jamais la permission d'en sortir, seriez-vous heureuse ?……

ADÈLE, *le cœur gros.*

Ah ! mon pauvre petit oiseau !……

MOI.

Vous le rendez malheureux.

ADÈLE, *avec effroi.*

Je le rends malheureux !……

MOI.

Mais je vous le demande ? ce petit oiseau étoit dans les champs, dans un beau jardin, en pleine liberté, & vous l'enfermez

dans une petite cage où il ne peut voler...
Tenez, voyez comme il se débat ; s'il pouvoit pleurer, il pleureroit, j'en suis sûre.

ADÈLE, *le tirant de sa cage.*

Pauvre petit !... Maman, je vais lui donner la liberté, la fenêtre est ouverte....
N'est-ce pas ?....

MOI.

Comme vous voudrez, ma chère enfant ; pour moi, je n'ai jamais voulu avoir d'oiseaux, car je desire que tout ce qui m'entoure, tout ce qui m'approche, soit heureux....

ADÈLE.

Je veux être aussi bonne que ma chère Maman..... Je vais le mettre sur le balcon.... n'est-ce pas ?

MOI, *écrivant toujours.*

Comme vous voudrez, mon petit cœur.

ADÈLE.

Auparavant je vais lui donner à manger..... Ah ! Maman, ma chère Maman, il mange, il mange !....

SUR L'ÉDUCATION.

M O I.

J'en suis bien aise, puisque cela vous fait plaisir.

ADÈLE.

Il mange !... Je sais lui donner à manger !... Doux oiseau, charmante petite créature !... *Elle le baise*, qu'il est joli !.... Ah, il me baise !.... Ah, que je l'aime !.... (*Elle le remet vîte dans sa cage, & puis elle rêve, elle soupire, après un grand silence, l'oiseau se débat.*)

M O I, *regardant l'oiseau d'un œil de compassion.*

Pauvre petit infortuné !....

ADÈLE, *les larmes aux yeux.*

O ! Maman !.... (*elle le tire de la cage*) je vais le mettre en liberté, n'est-ce pas Maman ?....

M O I, *sans la regarder.*

Comme il vous plaira, Adèle.

ADÈLE, *s'approchant du balcon.*

Cher petit !.... (*Elle revient en pleurant*) Maman, je ne puis !....

MOI.

Eh bien, mon enfant, gardez-le. Cet oiseau, comme tous les animaux, n'a point de raison ; il ne réfléchit pas sur l'espèce de cruauté que vous avez de le priver de son bonheur, pour vous procurer un très-médiocre amusement ; il ne vous hait pas, mais il souffre, & il seroit heureux s'il étoit en liberté ! Moi, je ne voudrois pas faire le plus léger mal au plus petit insecte, à moins qu'il ne fût malfaisant....

ADÈLE.

Allons, allons, je vais le poser sur le balcon....

MOI.

Vous êtes la maîtresse, ma chère amie, d'en faire tout ce que vous voudrez. Mais ne m'interrompez plus, laissez-moi travailler.

ADÈLE *me baisant, & puis se rapprochant de la cage.*

Cher, cher oiseau !... (*Elle pleure,*

SUR L'ÉDUCATION.

& après un peu de réflexion, elle va sur le balcon, elle revient avec précipitation, très-rouge, les larmes aux yeux, & dit:) Maman, c'est fait, je lui ai rendu la liberté......

MOI, *la prenant dans mes bras.*

Ma charmante Adèle, vous avez fait une bonne action, je vous en aime mille fois davantage.

ADÈLE.

Oh! j'en suis donc bien récompensée!

MOI.

Vous le serez toujours, toutes les fois que vous aurez le courage de faire un sacrifice honnête; d'ailleurs les sacrifices de cette espèce ne sont pénibles qu'en imagination; dès qu'ils sont faits, ils nous rendent si estimables, qu'ils ne laissent au fond de notre cœur que de la satisfaction & de la joie. Par exemple, vous pleuriez en prenant la résolution de mettre votre oiseau en liberté, mais à présent le regrettez-vous?....

Adèle.

Oh non, Maman, au contraire, je suis charmée de l'avoir rendu heureux, & surtout d'avoir fait une *bonne action*.

Moi.

Eh bien, mon enfant, n'oubliez jamais cela ; & quand vous aurez quelque peine à vous décider à faire *une bonne action*, souvenez-vous de l'histoire du petit oiseau ; & dites-vous qu'il n'est point de sacrifices dont l'estime & la tendresse de ce que nous aimons, ne puissent nous dédommager.

LETTRE XVI.
Le Baron au Vicomte.

Non, mon cher Vicomte, je ne me repentirai point du parti que j'ai pris; je ne regretterai, dans aucun moment, ni les plaisirs de Paris, ni les intrigues de la Cour: si vous saviez, à la distance où je suis, de quel œil on voit tout cela! Comme les choses qui charmoient & qui occupoient vivement, considérées de sang froid, paroissent frivoles & minutieuses! Je suis bien loin de penser, cependant, que le bonheur ne puisse se trouver que dans une solitude; incompatible avec le crime & le vice, il est d'ailleurs produit par diverses causes contraires: la sagesse & l'enthousiasme le procurent également; & la raison & la vertu auront à jamais le beau droit de le créer dans tous les lieux, dans toutes les situations, au milieu du tumulte des Cours, au fond d'un désert & d'un cloître: vieillards, solitaires, hommes du monde, soyez justes, soyez bons, & vous jouirez de ce bien si desiré, que les intrigans & les méchans ne connoîtront jamais. Croyez, mon ami, que les passions ne peuvent le donner; j'ai senti leur ivresse, j'ai connu toutes les illusions de l'amour; mais dans cet état tumultueux, l'âme est agitée au de-là de sa force; il semble alors qu'elle soit plus épuisée que satisfaite par ce qu'elle éprouve; cette félicité, ces transports qui nous arrachent à nous-mêmes, forment, sans doute, une situation trop active & trop violente pour notre foiblesse; elle devient pénible par son excès.

Quand vous ne m'auriez pas dit mille fois, mon cher Vicomte, que vous aviez passé votre vie à embrasser différentes opinions, sans jamais en adopter décidément une, votre dernière Lettre auroit pu me le prouver; vous y détaillez parfaitement bien tous les avantages d'une excellente éducation; vous démontrez à merveille qu'on n'a point encore ni assez réfléchi, ni assez médité sur cet important sujet; vous louez mon projet, mes intentions, &c. & puis tout-à-coup vous finissez par cette question : *mais, au vrai, croyez-vous que l'éducation puisse déraciner nos vices, nous donner des vertus..... & qu'enfin, elle soit réellement bonne à quelque chose ?* J'ai témoigné en effet que je le croyois, par tous les sacrifices que j'ai faits pour élever mes enfans ; mais d'ailleurs lisez l'histoire, elle vous prouvera que non-seulement l'Éducation peut perfectionner les vertus, mais qu'elle sait encore, sans en trouver le germe dans les cœurs, inspirer à son gré les passions les plus violentes. C'est l'Éducation qui fit, des Lacédémoniens, des hommes si extraordinaires ; c'est elle, dont le pouvoir impérieux parvint à déraciner de leurs âmes les sentimens les plus doux, pour y substituer les passions les moins naturelles ; & c'est elle seule enfin, qui peut rendre la Patrie plus chère qu'une épouse & que des enfans. Songez à la profondeur des traces que laissent dans notre imagination les impressions que nous recevons dans notre enfance & dans notre première jeunesse : si la raison & le développement entier de l'esprit ne peuvent, par la suite, détruire parfaitement les préjugés les plus absurdes donnés par l'Éducation, combien seront solides des principes fondés sur la vérité, & que chaque réflexion doit affermir encore ! Le point essentiel est donc de savoir bien positivement quels sont les premiers principes qu'il est le plus important de graver d'abord dans la tête des enfans ; & je crois qu'il faut commencer par leur inspirer un profond mépris pour toute personne qui n'a pas le courage d'exécuter une résolution sérieusement prise ; enseignez-leur que non-seulement il faut être, avec les autres, religieux observateur de sa parole, mais aussi qu'il est presque également honteux de manquer aux engagemens qu'on a pris avec soi-même. La foiblesse a mille fois plus d'inconvéniens que l'entêtement ; on peut estimer l'homme opiniâtre, il est impossible de ne pas mépriser l'homme foible. Si vous ne donnez à votre élève de la force, de l'empire sur lui-même, tout ce que vous ferez d'ailleurs sera superflu, & les premiers six mois qu'il passera loin de vous, peut-être vous enlèveront, sans retour, tout le fruit que vous attendiez de dix-huit ans de soins & de travaux. Mais, me direz-vous, *la force* peut-elle se donner ? Oui, sans doute, & plus facilement que toute autre vertu ; car elle ne tient qu'à l'habitude. Accoutumez votre élève à ne jamais rien promettre légèrement, mais à tenir scrupuleusement le moindre engagement ; présentez-lui quelques tentations dont peu-à-peu vous augmenterez l'attrait à mesure qu'il se perfectionnera : s'il y succombe & manque à sa parole, montrez autant de surprise que d'indignation ; rappelez-lui bien que, s'il n'étoit pas un enfant, il seroit déshonoré ; faites-lui sentir tout le poids du mépris, & ajoutez toujours à ces humiliations des punitions que chaque récidive doit rendre plus graves. Donnez-lui l'exemple de ce que vous exigez, que votre plus légère promesse soit inviolable & sacrée ; enfin, lorsqu'il vous prouve qu'il a réellement de l'empire sur lui-même, louez-le, mais modérément ; car rien n'est plus dangereux que de trop exalter une action prescrite par le devoir ; en témoigner de l'admiration, c'est presque en dispenser pour une autre occasion. Quand Théodore me montre de la fermeté, j'ai l'air de la plus grande satisfaction; pour toutes les autres vertus qu'il annonce, je parois l'aimer davantage; pour celle-ci seulement, j'affecte de croire qu'il ne mérite plus d'être regardé comme un enfant, je le récompense en égards, en considération; je lui confie quelque secret; je l'accoutume à sentir tout le prix de l'estime, & je lui fais comprendre que les droits qu'elle assure sont plus puissans encore que ceux de l'amitié même. Théodore, comme tous les enfans, est naturellement très-gourmand. Madame d'Almane donna il y a quelques jours à sa fille une bonbonnière; Théodore aussi-tôt en desira une. Je lui représentai qu'il n'avoit pas la sobriété de sa sœur, & que je ne pouvois, par cette raison, lui faire le même présent, parce que tous les bonbons seroient mangés en un quart-d'heure. — Mais si je promettois, ainsi qu'Adèle, de les garder plusieurs jours ?..... — Réflechissez mûrement avant de faire cette promesse; & quand vous m'assurerez, après y avoir bien pensé, que vous êtes capable de cet effort, je vous croirai & je vous donnerai la bonbonnière. Le jour même de ce dialogue, Théodore, à dîner, demanda la permission de prendre une praline, un des bonbons qu'il aime le mieux, & au lieu de la manger, il l'enveloppa très-gravement dans du papier & la mit dans sa poche; le soir, après souper, il s'approcha de moi, & avec un orgueil inexprimable me présenta sa praline, en me disant : *elle est bien entière !* Au même instant, j'ai été chercher une jolie bonbonnière dans laquelle j'ai mis douze pastilles, & je l'ai donnée à Théodore, en exigeant sa parole de n'en manger que trois par jour, ce qui a été exécuté avec la plus exacte fidélité. Ce seul exemple vous donnera une idée de la manière qu'on peut prendre pour mettre les enfans aux prises avec leurs passions, & leur apprendre à en triompher : le succès de ces expériences, souvent répétées, est absolument infaillible.

Vous me demandez si j'enseignerai le

Latin à mon fils ; je crois cette connoissance très-utile, mais non pas indispensable, comme elle l'étoit il y a cent cinquante ans : on ne pouvoit alors avoir une idée du *beau* dans tous les genres, qu'en apprenant les langues Grecque & Latine; & aujourd'hui, celui qui sait parfaitement le François, l'Anglois & l'Italien, a certainement la connoissance d'une quantité d'Ouvrages supérieurs, au moins égale à celle que l'antiquité peut offrir. Milton, le Tasse & l'Arioste réunis, valent peutêtre Homère & Virgile ; mais sûrement Corneille, Racine, Voltaire, Crebillon, Shakespear, &c. ont produit autant de Chef-d'œuvres que Sophocle & Euripide; & Molière a surpassé Plaute & Térence. Les Fables de Phèdre sont-elles meilleures que celles de la Fontaine ? Les Poésies de Boileau, de Jean-Baptiste Rousseau, de Gresset, de Voltaire, de Madame Deshoulières, de Pope, de Swit, de Prior, de Tompson, sont-elles inférieures à celles d'Horace, de Tibulle, de Catulle & d'Ovide ? Les Ouvrages Philosophiques de Cicéron, de Sénèque, de Marc-Aurèle, d'Epictecte, d'Epictète, contiennent en général des principes d'une sublimité qu'on ne sauroit trop admirer ; mais les Écrits de Fénélon, de Montesquieu, d'Adisson, &c, sont-ils moins éloquens, ont-ils moins de profondeur ? A l'égard des Ouvrages de Sciences, la comparaison seroit encore plus avantageuse aux Modernes ; je pourrois parler de plusieurs Auteurs vivans, aussi illustres que ceux que j'ai cités ; mais cette dissertation n'est déjà que trop longue, & pour en revenir à mon fils, mon intention est assurément de lui apprendre le Latin. Il est vrai que je ne commencerai à le lui enseigner que lorsqu'il aura douze ou treize ans ; d'ici là, cette étude ne pourroit servir qu'à l'ennuyer ; & quand sa raison sera un peu développée, il saura facilement & sans chagrin, en dix-huit mois, ce qu'on n'auroit pu lui apprendre plus tôt en six ans, qu'à force de menaces & de punitions. Pour le présent, je me borne à lui enseigner, par l'usage seulement, les langues vivantes ; il parle déjà parfaitement l'Anglois, & sait demander en Allemand toutes les choses nécessaires.

Il a un Laquais Saxon qui ne lui parle jamais François ; ainsi, il saura de l'Allemand tout ce qu'il en faut pour un Militaire. La Littérature Allemande n'est véritablement intéressante que depuis quarante ans : les Auteurs modernes, Klopstok, Haller, Gesner, Geller, &c. l'ont enrichie d'Ouvrages immortels ; mais comme elle a peu d'étendue, & qu'il n'est guères possible de savoir parfaitement plus de deux ou trois langues outre la sienne, j'ai donné la préférence à l'Anglois, & à l'Italien, que mes enfans commenceront à apprendre dans six mois ; & dans cinq ans, ils pourront lire les ouvrages de ces deux langues avec autant de facilité que le François.

Adieu, mon cher Vicomte ; vous voulez que je vous rende compte de mes occupations ; faites-moi part aussi de vos plaisirs & de tout ce qui vous intéresse, & mandez-moi si votre brouillerie avec Madame de Gerville est bien *solide* ; vous savez que je n'en serois pas fâché, car je ne lui pardonnerai jamais le chagrin qu'elle a causé à votre femme.

LETTRE XVII.

Réponse du Vicomte.

JE vous le répète, mon cher Baron, votre Plan d'Éducation me paroît excellent; & malgré la légèreté que vous me reprochez, je crois que je persisterai dans cette opinion : d'après les détails que vous me faites dans vos premières Lettres, je suis bien persuadé que si votre fils a de l'esprit & du génie, vous en ferez un grand homme; cependant, permettez-moi de vous dire que j'ai cru remarquer quelques contrariétés dans vos principes : vous êtes convaincu que le bonheur consiste dans la paix de l'ame, & que des passions vives, même satisfaites, ne peuvent y conduire ; & malgré cette opinion, tous vos soins ne tendent qu'à élever l'ame de votre disciple, qu'à l'échauffer, à exalter sa tête & enflammer son imagination ; vous voulez attiser vous-même ce feu qui mène à l'héroïsme, vous y parviendrez ; mais ne vaut-il pas mieux faire un homme heureux, qu'un grand homme ? Seroit-ce la vanité qui vous feroit préférer pour lui des qualités éclatantes & dangereuses, à des vertus obscures & douces, qui assureroient le repos & la félicité de sa vie ? Je ne le crois pas, & sans doute vous m'expliquerez ce que j'ai mal compris, ou ce que vous ne m'avez point assez détaillé. Votre premier devoir, votre seul but doit être de travailler au bonheur de votre enfant : il a déjà reçu de la nature & de la fortune tous les avantages qu'elles peuvent donner; que vos soins & vos réflexions y ajoutent encore tout ce qu'il a droit d'attendre d'un père qui s'est sacrifié pour lui.

Vous voulez donc savoir si je suis *bien solidement* brouillé avec Madame de Gerville ; mais.... je l'espère ; cependant je n'en répondrois pas. Elle m'étoit insupportable; depuis long-temps nous ne nous aimions ni l'un ni l'autre, & nous avions même découvert que nous ne nous étions jamais aimé; mais ses talens pour l'intrigue m'étoient utiles quelquefois, & comme notre rupture a produit un mauvais effet pour elle, & lui a fait perdre l'espèce de considération qu'elle avoit, j'imagine qu'elle desire déjà une réconciliation ; & dans ce cas, je sens bien que je ne pourrai me défendre de lui en accorder du moins l'apparence. Je l'ai rencontrée il y a deux jours dans une maison ; elle a joué *l'émotion* en me voyant, d'une si parfaite manière, que tout le monde en a été la dupe, excepté moi ; mais vous conviendrez qu'il faudra bien se rendre à ces avances indirectes, si elle les réitère. Une seule chose cependant me fera balancer; c'est la certitude de causer à Madame de Limours une peine très-vive, si j'en juge par la joie que lui a fait éprouver la nouvelle de cette brouillerie, qu'elle n'a sue qu'avant-hier. Au reste, pourquoi s'avise-t-elle d'être jalouse ? en a-t-elle le droit, d'après la manière dont nous avons vécu ensemble ? Je suis, ainsi que vous, convaincu de la parfaite honnêteté de Madame de Limours ; mais vous savez avec quelle indifférence elle m'a toujours traité : je n'ignore pas que les femmes n'ont pas besoin d'un sentiment bien vif pour se livrer à la jalousie; mais aussi, il nous est permis de ne pas leur passer ce petit caprice.

Adieu, mon cher Baron; écrivez-moi le plus souvent que vous pourrez; & soyez bien sûr que tous les plaisirs que vous avez sacrifiés, & qui me restent, ne valent pas pour moi celui de m'entretenir avec vous.

LETTRE XVIII.

Réponse du Baron.

Oui, mon Ami, le bonheur de mon fils est *mon premier devoir & mon seul but*; cet intérêt cher & sacré est le seul qui m'anime; je vais satisfaire votre amitié, & je me flatte d'éclaircir vos doutes. Je suis persuadé qu'un homme froid ou borné n'est jamais parfaitement heureux; il n'est pas à plaindre, puisqu'il n'a pas d'idée d'un bonheur plus grand; mais il n'en est pas moins vrai que son état n'est qu'une végétation ennuyeuse, uniforme, & privée de ces jouissances vives & multipliées, réservées à l'homme que son âme & son esprit lui rendent supérieur. Ce sont bien moins nos sensations qui nous rendent heureux, que nos idées & nos réflexions: durant le sommeil, les songes ont le pouvoir de nous affecter physiquement, autant & souvent davantage que ne le pourroit faire la réalité ; mais remarquez que c'est particulièrement la terreur qui, dans les rêves, produit les plus fortes impressions, parce que la stupidité rend sur-tout susceptible de ce mouvement, tandis que les choses agréables ne l'affectent que médiocrement. Des songes vous ont sûrement représenté mille fois des palais enchantés, des trésors trouvés, &c. toutes ces choses vous ont-elles ravi ; ou vous ont-elles seulement causé le plaisir que vous éprouvez à la première représentation d'un opéra ? Non, sûrement ; pourquoi ? c'est que, dans votre sommeil, votre imagination étoit sans activité, & que vous n'aviez ni votre esprit ni la faculté de réfléchir. On dit tous les jours : *Le bonheur est dans l'opinion, ainsi celui qui se croit heureux l'est donc en effet.* Le Sauvage, réduit à vivre dans un désert, sans société, sans plaisirs, sans idées, est donc aussi heureux que le Sage éclairé, dont la vie est enchantée par l'amitié, la bienfaisance & l'étude ? Il seroit absurde de le croire & de le soutenir. Le bonheur, comme je l'ai déjà dit, est offert à toute créature honnête & raisonnable ; mais il n'est réservé, aussi parfait qu'il peut l'être, qu'à une très-petite classe d'hommes ; & pour cette classe même, il est encore difficile à trouver ; c'est qu'un seul chemin y conduit, & que la diversité d'opinions, les préjugés & les faux systêmes font presque toujours prendre la route opposée. Sans chaleur, sans activité, point de bonheur ; le philosophe dans sa retraite, détrompé, désabusé de tout, n'est heureux que par ces deux principes ; il réfléchit profondément, il est occupé d'une manière forte ; la sagesse a tempéré ses passions, & n'a point affoibli sa sensibilité : mais s'il n'avoit point éprouvé ces passions qu'il a su vaincre, ou si son ame eût été privée de l'énergie qui peut en rendre susceptible, il n'auroit qu'une connoissance imparfaite du cœur humain ; il ne goûteroit pas la plus douce de toutes les jouissances, celle que nous offrent la paix & le repos, après un combat glorieux & opiniâtre ; enfin, il ne seroit ni philosophe, ni sage, ni parfaitement heureux. Le voilà donc, cet état de bonheur que je conçois, lorsqu'après une jeunesse impétueuse, après avoir connu tous les transports que peuvent inspirer la gloire, l'ambition & l'amour, l'âge & le tems, modérant enfin cette ivresse & cet enthousiasme d'un cœur neuf, ardent & sensible, on goûte avec délices la tranquillité qui succède à tant d'agitations. C'est ainsi que le voyageur, emporté loin de sa patrie par l'intérêt & la curiosité, à travers les écueils & les dangers, se fatigue, s'amuse & s'instruit, fortifie son courage & parcourt avec plaisir tant de pays nouveaux pour lui ; enfin, de retour au port, il bénit le jour qui l'y ramène ; il trouve un charme inexprimable à conter ses longs voyages, il en garde un souvenir agréable ; mais il ne voudroit pas les recommencer. Il faut une ame vertueuse pour trouver, après le calme des passions, cette paix si précieuse & si chère : celui qui s'est laissé entraîner à de véritables égaremens ne doit point l'attendre ; son ame épuisée & flétrie ne connoîtra que le remords : inaccessible aux émotions douces, aux tendres sentimens de l'humanité, il gémira vainement de la perte de ses jouissances : rien ne pourra les remplacer, il deviendra misanthrope; sa haine & son fiel s'étendront sur la nature entière, & consumé de regrets, de dégoûts & de désespoir, peut-être avancera-t-il lui-même le terme de sa vie déplorable ? Mais, me direz-vous, vous voulez des passions vives, & vous voulez qu'elles n'égarent jamais, cela est-il possible ?..... Oui, sans doute ; & voilà l'ouvrage d'une excellente éducation, ouvrage qui consiste à savoir donner à son élève de l'empire sur lui-même, & à lui inspirer le desir de se distinguer & l'amour de la gloire. Ces idées, fortement gravées dans une tête jeune & vive, formeront la base de toute sa conduite; l'amour, loin de l'avilir, ne pourra qu'élever encore son ame & ajouter à sa délicatesse ; l'ambition ne lui fera jamais faire de bassesses : brûlant d'illustrer son nom, il regardera le monde entier comme son juge, il sacrifiera facilement, s'il le faut, ses penchans, ses plaisirs, à ce desir dominant de mériter & d'obtenir une réputation éclatante : peut-être ne sera-t-il d'abord vertueux que par systême & par vanité; mais il le deviendra dans la suite par habitude & par inclination. On confond aujourd'hui toutes les idées : n'avez-vous pas vu, à la Cour, donner le nom d'ambitieux à des gens qui n'étoient sûrement conduits que par l'intérêt le plus bas & le plus vil ? L'avarice & la cupidité, voilà le mobile secret & honteux d'une partie des Courtisans de notre siècle. La véritable ambition fait les héros & les grands hommes; elle méprise l'argent, & dédaigne même les honneurs s'ils ne sont pas la récompense des actions & du mérite; elle travaille pour la gloire, pour la postérité; & dans l'âge où l'on n'aime pas encore la vertu pour elle-même, elle conduit à ces sacrifices étonnans, à ces actions inouies, dont l'histoire consacre à jamais la mémoire. Ainsi donc, si vous voulez faire de votre élève un homme distingué, *exaltez sa tête, échauffez son imagination;* mais s'il est absolument borné, ou s'il est né sombre, farouche, s'il annonce de la bizarrerie, de la férocité, gardez-vous bien de suivre cette méthode; vous ne feriez qu'un extravagant ou qu'un monstre. Par exemple, l'éducation du dernier Czar, qui ne tendoit qu'à lui inspirer des idées militaires, eût pu faire un conquérant d'un souverain né avec du courage & de l'esprit, & ne servit qu'à rendre ce Prince plus ridicule & plus insensé. Il falloit à ce fameux Roi de Suède, Charles XII, dont la valeur a rendu les folies si brillantes, une tête moins ardente, ou plus de génie : s'il eût eu moins d'enthousiasme, son nom ne seroit pas aussi célèbre, mais seroit beaucoup plus solidement grand. Il faut donc (si l'on peut parler ainsi) *assortir l'éducation* au caractère & à l'esprit de son élève ; ne songer qu'à adoucir ses mœurs & à refroidir sa tête, s'il est absolument borné, & n'enflammer son imagination qu'en proportion du mérite & des talens qu'on peut lui prévoir ; voilà le point délicat & difficile, & qui demande véritablement du discernement & une observation continuelle. Au reste, on peut devenir un grand homme sans être doué d'un esprit & d'un génie supérieur, pourvu qu'on ait du courage, de l'élévation, un jugement sain & une tête bien organisée. Comme cette Lettre n'est déjà que trop longue, je vous expliquerai dans une autre la manière dont je crois qu'on doit étudier un enfant, & à quel âge on peut commencer à juger de ce qu'il sera par la suite. Je vois avec peine, mon cher Vicomte, que vous allez renouer avec Madame de Gerville; vous savez que votre femme sera véritablement affligée de ce racommodement, & vous ne pouvez lui sacrifier une liaison déjà rompue & qui est si peu nécessaire au bonheur de votre vie!.... Ainsi, l'habitude a sur vous autant d'empire qu'en pourroit avoir la passion la plus violente! Combien il est donc important de n'en prendre que de bonnes! Adieu, mon cher Vicomte, je ne veux pas là-dessus me permettre plus de réflexions, car je sens qu'elles seroient toutes à vos dépens.

LETTRE XIX.
Du même au même.

Votre dernière Lettre détruit si bien les craintes que je pouvois avoir de vous ennuyer quelquefois par des détails toujours relatifs à l'Éducation, que je ne vous ferai plus d'apologie à cet égard. Je vous ai déjà montré de quelle importance il étoit d'avoir une parfaite connoissance du caractère, des inclinations, & de l'étendue de l'esprit de son élève, afin de corriger les défauts qu'il a reçus de la nature, & afin d'être en état de prévoir, au moins à-peu-près, jusqu'à quel point de mérite il peut parvenir. A présent je vais vous détailler les moyens par lesquels on peut acquérir cette connoissance : il est nécessaire d'abord d'étudier l'enfant aussi tôt qu'il commence à parler ; s'il ne témoignoit aucun attachement aux gens qui le soignent, s'il étoit taciturne, indolent, il offriroit bien peu de motifs d'espérance ;

mais on doit beaucoup attendre d'un enfant qui montre de la sensibilité, & un goût vif pour les amusemens qu'on lui procure : suivez-le dans ses jeux ; s'il y porte de l'ardeur, de la constance, s'il ne s'en dégoûte pas facilement, soyez sûr, si vous vous y prenez bien, que vous lui trouverez un jour de l'application, & que vous lui inspirerez aisément le goût de l'étude : quand il aura cinq ans, faites-le causer souvent, non pour l'instruire, mais pour le connoître ; faites-lui des questions, gardez-vous bien qu'il puisse soupçonner votre intention, car il ne vous répondroit pas naïvement ; ayez l'air de ne songer qu'à faire la conversation, écoutez négligemment en apparence ce qu'il vous dira, & à travers de tout son enfantillage vous découvrirez sans peine s'il a quelque suite dans les idées, & s'il doit avoir de la justesse dans l'esprit ; enfin, comme dit Montaigne, en parlant d'un instituteur :

« Je ne veux pas qu'il invente & parle
» seul, je veux qu'il écoute son disciple
» parler à son tour..... Il est bon qu'il le

„ fasse trotter devant lui, pour juger de
„ son train. „

Je n'ai guères vu d'enfant né avec de l'esprit, qui ne se plût à comparer les choses nouvelles qui le frappent à celles qu'il connoissoit déjà ; quelque minutieuses que puissent être ces comparaisons, si elles sont justes, elles annoncent infailliblement de l'imagination & de l'esprit. Presque tous les enfans sont naturellement bavards ; ce défaut, suivant la manière dont il se manifeste, prouve également ou qu'ils auront de l'esprit ou qu'ils en manqueront ; un enfant que la timidité même ne peut empêcher de parler, qui s'entretient sans choix avec tout le monde, & qui n'écoute jamais, sera vraisemblablement un jour aussi médiocre qu'il est importun ; mais celui qui n'aime à parler qu'avec les personnes qui ont sa confiance, celui qui se tait devant les étrangers, qui ne bavarde qu'avec ses parens & ses compagnons, & qui trouve en même-temps un grand plaisir à écouter les autres, cet enfant aura certainement beaucoup d'esprit ; & enfin, je crois qu'après avoir fait toutes ces différentes observations, si l'on n'a jamais quitté son élève, & si le développement de la raison de l'enfant n'a pas été retardé par des maladies, ou par la foiblesse de sa constitution, on peut, lorsqu'il a six ou sept ans, commencer à porter un jugement presque certain sur l'esprit & le caractère qu'il aura. Rousseau a dit fort éloquemment que l'homme naît essentiellement bon, & qu'entièrement livré à lui-même, il le seroit toujours, &c. Je crois cette idée fausse; l'homme, *livré à lui-même*, seroit nécessairement vindicatif, & par conséquent il n'auroit ni grandeur d'ame, ni générosité; Montaigne est d'un sentiment bien opposé à celui de Rousseau, lorsqu'il dit : " Nature a, " ce crains-je, elle-même attaché à l'hom- " me quelque instinct à l'inhumanité ; nul " ne prend son ébat à voir des bêtes s'en- " tre-jouer & caresser, & nul ne faut de " le prendre à les voir s'entre-déchirer & " démembrer. " Ce n'est point, parce que l'homme est cruel, c'est au contraire parce qu'il est pitoyable; il veut être ému, & pour échapper à l'ennui, il recherche des agitations violentes. Voilà ce qui conduit le peuple aux exécutions publiques, & ce qui nous guide à la tragédie; si nous étions insensibles, nous n'irions pas. L'homme naît avec des défauts & des vices, mais il naît sensible; si la nature forme rarement un cœur tendre & passionné, du moins jamais elle n'en produit d'absolument impitoyable; il n'y a point d'exemple qu'un enfant, auquel on a donné une nouvelle nourrice, n'ait pas vivement regretté & pleuré la première; ainsi, dès que ce germe de sensibilité se trouve dans tous les hommes, celui qui, sans avoir un vice particulier d'organisation ou la tête dérangée, devient dur & cruel, cet infortuné est évidemment corrompu par l'éducation. Enfin une réflexion bien consolante pour les instituteurs, c'est que tout ce que les enfans annoncent de mauvaises qualités peut n'être d'aucune conséquence pour l'avenir, parce qu'une bonne éducation peut les rectifier, tandis qu'au contraire, par la même raison, on doit entièrement compter sur toutes les vertus qu'ils promettent.

LETTRE XX.

Du même au même.

Vous me demandez, mon cher Vicomte, comment je m'y prendrai pour donner à mon fils un vrai courage, qualité si nécessaire à tous les hommes, & surtout à un Militaire ! L'habitude familiarise avec les choses les plus effrayantes & les plus dangereuses ; si l'usage du feu nous étoit inconnu, si nous en voyions pour la première fois, à quel point ne serions nous pas épouvantés de ses qualités destructives, en apprenant qu'une seule étincelle suffit pour embrâser & détruire une ville entière; quelles précautions nous prendrions pour en conserver dans nos maisons ! & quelle terreur nous causeroit un tison enflammé roulant sur un plancher, ou une bougie allumée sur une table de bois couverte de papiers ! Tout cela cependant n'inspire de frayeur à personne, parce que l'usage en est trop habituel, tandis que nous en éprouvons de très-vives pour mille autres choses infiniment moins dangereuses. Par exemple, presque toutes les femmes ont une horreur invincible pour les araignées, les crapauds, les couleuvres, &c. & la vûe de ces insectes ne fait nulle impression sur la paysanne la plus timide, parce qu'elle est accoutumée à les rencontrer souvent. Les pays où l'on a le moins de peur du tonnerre, sont présisément ceux où il cause le plus d'accidens. Je me souviens qu'en allant de Rome à Naples, je couchai dans un Couvent où le tonnerre tombe presque régulièrement deux ou trois fois par an ; le soir même il y eut un orage affreux, & je remarquai que tous ces Moines ne paroissoient pas y faire plus d'attention que s'ils eussent été totalement sourds. J'ai vu tous les environs du Vésuve dépouillés de verdure & couverts de lave, traces effrayantes & mémorables du plus terrible des fléaux ; eh bien, sur cette même lave, j'ai vu une infinité de maisons exactement au pied du Vésuve, & touchant cette montagne formidable qui porte la mort dans son sein ! Les propriétaires de ces terres foulent aux pieds les cendres des malheureux habitans de Pompeya, ils ont sous les yeux les tristes débris de leur ville détruite & ensevelie, & cependant ils sont encore eux-mêmes plus près du Vésuve !.... D'après toutes ces réflexions, j'ai donc tâché, autant qu'il est possible, de familiariser mes enfans avec toutes les choses qui peuvent naturellement inspirer du dégoût & de la frayeur. Dans leur première enfance on les accoutumoit à voir & même à toucher des grenouilles, des araignées & des souris; il ne falloit pour cela que leur en donner l'exemple, aussi-tôt ils vouloient en avoir, en élever, & j'ai vu Adèle pleurer la mort de sa grenouille favorite avec autant d'amertume que si elle eût perdu le plus charmant serin du monde. Lorsqu'il tonnoit, tout le monde, autour d'eux, s'écrioit en regardant les nuages & les éclairs : *ah ! le beau spectacle !* & les enfans alloient s'asseoir devant les fenêtres pour contempler le beau spectacle, & s'en amusoient véritablement. Depuis que je suis ici, j'ai fait placer dans un corridor, qu'Adèle & Théodore traversent sans cesse, une grande armoire vitrée à travers laquelle on voit un squelette & quelques pièces d'anatomie : mais je n'ai pas voulu que mes enfans vissent cet objet sans quelques préparations que j'ai jugées nécessaires pour empêcher qu'ils n'en fussent frappés, car une première impression fâcheuse est toujours difficile à détruire ; voici donc comment je m'y suis pris : un jour à dîner j'ai dit tout haut que j'avois mis en ordre les différentes pièces d'anatomie qu'on m'avoit envoyées de Paris ; là-dessus M. d'Aimeri, auquel nous avions fait sa leçon, prit la parole pour dire que l'étude de l'anatomie étoit bien intéressante & bien curieuse ; il ajouta qu'il avoit eu pour cette science une telle passion, que, pendant deux ans, sa *chambre à coucher avoit été entièrement remplie de squelettes* : alors les enfans demandèrent ce que c'étoit que l'anatomie & des squelettes ; après une courte explication, Adèle dit qu'un squelette devoit être une bien vilaine chose : « Pas plus laide, reprit Madame

» d'Almane, que mille autres; par exem-
» ple que le magot de la Chine que vous
» avez dans votre cabinet. » Alors sans
s'appesantir davantage là-dessus, on changea de conversation. Après le dîner on me
demanda à voir mon armoire ; nous fûmes
dans le corridor ; mes enfans y vinrent
aussi d'eux-mêmes, & ne témoignèrent,
en voyant le squelette, ni surprise, ni dégoût. Depuis ce moment, ils passent continuellement dans ce corridor sans imaginer seulement qu'on puisse avoir la moindre frayeur d'un squelette. Très-souvent,
devant eux, je conte des histoires de voya-
geurs, pour lesquelles les enfans ont un
goût particulier ; je fais de superbes descriptions de tempêtes, de manière à exciter beaucoup plus la curiosité que la crainte,
j'ajoute que les naufrages mêmes ne sont
jamais véritablement dangereux pour ceux
qui savent nager, & Théodore dit qu'il
veut apprendre à nager, & qu'il seroit bien
fâché, quand il fera un voyage sur mer,
s'il ne voyoit pas une tempête. Il n'est pas
possible de cacher aux enfans les dangers
qui environnent l'homme presque à chaque

que pas de sa carrière; le mensonge ne peut jamais être utile, & si votre élève découvre que vous lui avez déguisé la vérité dans une seule occasion, vous perdrez sa confiance sans retour. Je veux donc que mon fils sache qu'on peut se noyer sur mer, qu'on est tué à la guerre, &c. Mais je desire du moins qu'il n'envisage aucune sorte de danger avec l'exagération que donne la crainte & une imagination frappée; quand on ne voit jamais le péril plus grand qu'il ne l'est en effet, on trouve en soi toutes les ressources qui peuvent en tirer. Tout homme, que l'éducation n'aura pas gâté, aura cette espèce de courage qu'il reçut avec la vie, comme un instinct nécessaire à sa conservation; le lâche qui perd la tête & la raison dans le danger, n'est qu'un être dégradé & corrompu; la nature donna donc à votre élève tout le courage & toute la présence d'esprit dont il aura besoin pour se défendre si on l'attaque; eh bien, vous, donnez-lui de la générosité & il défendra son semblable; donnez-lui de l'honneur & il défendra sa patrie. Locke a dit, & Rousseau

Tome I. G

après lui, qu'il ne faut en aucune manière plaindre les enfans quand ils tombent ou se blessent : cette méthode, suivant moi, n'est bonne que jusqu'à trois ou quatre ans ; à cette époque elle demande des adoucissemens, sans quoi l'on risqueroit d'endurcir le cœur des enfans & de le fermer pour jamais à la pitié. Ainsi je pense que lorsqu'ils souffrent on doit les plaindre, s'ils ne se plaignent pas, en louant le courage qu'ils témoignent ; mais s'ils crient ou s'ils pleurent, paroissez sans pitié & persuadez-leur que le mépris étouffe en vous la compassion. Comme dans tout le reste, il faut à cet égard que la leçon soit appuyée par votre exemple ; si vous ne pouvez supporter une migraine ou un accès de fièvre sans parler de votre souffrance vingt fois par jour, tout ce que vous direz sur le courage fera peu d'impression sur votre élève. Madame d'Almane a donné à ses enfans, il y a quatre jours, une leçon sur ce sujet, qui vaut mieux mille fois que tous les sermons du monde. Vous aimez Madame d'Almane & tous les détails qui peignent sa tendresse passionnée pour ses enfans ; ainsi dans mon récit, je n'omettrai aucune des circonstances de cette scène qui fut véritablement aussi effrayante que touchante. M. d'Aimeri, Madame de Valmont & son fils étoient chez moi depuis quelques jours, après le dîner nous étions tous dans le salon ; Madame d'Almane assise à côté de Madame de Valmont sur un canapé, tenoit Adèle sur ses genoux, lorsque Théodore voulant avoir sa part des caresses de sa mère, se glisse doucement derrière elle, & lui saisit brusquement un bras qu'il tire à lui : au même moment un jet de sang, élancé du bras de Madame d'Almane, couvre le visage & la robe d'Adèle, qui, à cette vûe, pousse un cri affreux & tombe évanouie sur le sein de sa mère. Le pauvre Théodore, baigné de larmes, se précipite à genoux ; nous courons tous à Madame d'Almane, qui s'écrioit : *Adèle, Adèle, c'est Adèle qu'il faut secourir*, & elle refusoit de me donner son bras, en répétant toujours, d'un air égaré, *Adèle, Adèle !* Le fait est, que sans en rien dire à personne, elle s'étoit fait saigner le matin,

& que Théodore en lui saisissant & lui étendant le bras, avoit dénoué la ligature & causé cet accident ; cependant Madame de Valmont s'empara d'Adèle, & M. d'Aimeri & moi nous rattachâmes la bande du bras de Madame d'Almane, non sans peine, car elle avoit perdu la tête ; pâle & tremblante, agitée des mouvemens convulsifs les plus effrayans, les yeux fixement attachés sur sa fille, elle ne remarquoit ni les soins que nous lui rendions, ni même Théodore toujours sanglottant à ses pieds & serrant étroitement ses genoux ; enfin Adèle recouvre l'usage de ses sens, ouvre les yeux & appelle sa mère, qui aussi-tôt vole vers elle, la reprend dans ses bras & l'embrasse mille fois en versant un déluge de pleurs ; nous entourons tous la mère & l'enfant & nous écoutions leur entretien avec autant d'attendrissement que de plaisir, lorsque tout-à-coup remarquant que Théodore n'étoit point dans notre grouppe, je tourne la tête & je le vois seul à la place que sa mère venoit de quitter, non plus à genoux & en pleurs, mais debout, immobile, les yeux secs, & avec

un visage sur lequel l'embarras, la tristesse & le dépit se peignoient également ; son cœur, jusqu'alors si pur & si paisible, recevoit dans cet instant les premières & funestes impressions de la jalousie & de l'envie ! Ce n'est déjà plus cet enfant plein d'innocence & de candeur, si doux, si ouvert, si sensible ; l'injustice, la dissimulation, (la haine peut-être !) viennent d'entrer à la fois dans son âme, & si elles n'en sont promptement bannies, elles y prendront de profondes racines ! ....
Sans perdre un moment, je me penchai vers l'oreille de Madame d'Almane, & je lui fis comprendre aisément, en deux mots, le sujet de mes craintes ; aussi-tôt elle pria toute la compagnie de la laisser seule, & lorsque tout le monde fut retiré, elle s'approcha de Théodore, & sans paroître remarquer son trouble & sa confusion, elle l'embrassa tendrement & le fit asseoir à côté d'elle ; alors mettant les mains de ses deux enfans dans les siennes & s'adressant à moi : n'est-il pas vrai, mon ami, dit-elle, que je suis une heureuse mère, & bien véritablement aimée ! .....

Mon pauvre Théodore, tout ce qu'il a souffert!...... mais reprends ta gaieté, cher enfant, ajouta-t-elle en le baisant, ta mère & ta sœur se portent bien maintenant! A ces mots Théodore, triste encore, mais attendri, se penche sur l'épaule de sa mère, & regarde sa sœur avec des yeux remplis de larmes, qu'il baisse aussi-tôt en soupirant.... Et toi, ma fille, continue Madame d'Almane, j'espère que lorsque tu seras moins enfant, dans un an par exemple, tu sauras, comme ton frère, réunir le courage à la sensibilité..... Ici Théodore lève la tête, & d'un air surpris regarde sa mère, comme cherchant à pénétrer si elle parle sérieusement, ensuite il l'embrasse avec transport, & ses pleurs redoublent..... Il est vrai, ajoutai-je en riant, qu'on reproche depuis long-temps aux femmes cette facilité qu'elles ont de s'évanouir, & non sans raison, car c'est une preuve de foiblesse..... Mais, Papa, reprit Adèle d'un ton chagrin, c'est parce que j'aime Maman..... Et moi, interrompis-je, j'aime votre Maman tout autant que vous pouvez l'aimer, Théodore la

SUR L'ÉDUCATION. 151

chérit ainsi que vous, & cependant nous ne nous sommes évanouis ni l'un ni l'autre. Comme j'achevois ces paroles, Théodore se jeta au col de sa sœur, en s'écriant : *O Papa, vous la chagrinez!* Dans cet instant, Madame d'Almane me regarda en me tendant une main que je baignai des plus douces larmes que j'aie jamais répandues de ma vie..... Après que nous eûmes consolé Adèle que j'avois véritablement affligée, les enfans demandèrent à Madame d'Almane pourquoi elle s'étoit fait saigner ; parce que, répondit-elle, j'avois, depuis quinze jours, des maux de tête insupportables. — Depuis quinze jours, Maman! & vous n'en parliez pas!.... — A quoi m'eût servi de répéter sans cesse *j'ai bien mal à la tête?* J'aurois montré une foiblesse inexcusable, ennuyé tout le monde, & cette plainte ne m'eût pas guérie. — Mais, Maman, vous n'aviez seulement pas l'air de souffrir ; vous m'avez donné mes leçons tout comme à l'ordinaire. — Jamais, mon enfant, vous ne me verrez quitter, pour si peu de chose, des occupations aussi chères. Vous voyez, mon ami, quelle excellente leçon de courage étoit renfermée dans ce peu de mots! & celles de ce genre sont seules véritablement profitables. Après cette conversation, Madame d'Almane en eut une avec Madame de Valmont & M. d'Aimeri, pour les prier de ne point louer Adèle sur son évanouissement, car en effet ces sortes de louanges peuvent, par le desir d'en obtenir encore, donner dans d'autres occasions de l'affectation & de l'hypocrisie: il faut louer les enfans, non sur des démonstrations vives & passagères de sensibilité, mais sur des témoignages habituels & constans, comme la douceur & l'obéissance soutenues. Adieu, mon cher Vicomte, il est minuit, c'est une heure indue dans le château de B..... Je vous quitte pour me coucher, car il faut que je sois levé demain avec le jour.

LETTRE XXI.

La Baronne à Madame d'Ostalis.

Vous me faites grand plaisir, mon enfant, en me détaillant tous les soins que vous prenez de votre santé; dans l'état où vous êtes, c'est un devoir bien indispensable & qui malheureusement n'est plus regardé comme tel aujourd'hui; n'oubliez jamais ce que vous avez pensé d'une femme qui, condamnée par son Médecin, à garder sa chambre quatre mois, ou à faire une fausse couche, déclara que de tels ménagemens *ne pouvoient s'accorder avec sa vivacité*, & tua son enfant par cette aimable vivacité. Vous trouvâtes alors qu'il falloit avoir un bien mauvais cœur, pour être capable d'une semblable légèreté, & bien peu d'esprit pour l'afficher; je suis charmée que ayez conservé cette opinion, & que malgré la mode & l'exemple, vous ne vouliez ni veiller, ni vous fatiguer par des visites continuelles, ni faire de longues courses en voiture. A l'égard du desir que vous témoignez de nourrir votre enfant, j'ai quelques observations à vous soumettre qui demandent un peu de détail. Vous me paroissez très-frappée de toutes les déclamations de Rousseau sur ce sujet; il dit entr'autres choses: » Celle qui nourrit » l'enfant d'une autre au lieu du sien, » est une mauvaise mère; comment sera- » t-elle une bonne nourrice? » Cette phrase vous inspire la plus grande répugnance à confier *votre enfant aux soins intéressés d'une femme mercenaire*, &c. mais cette femme ne prive son enfant de son lait que pour lui assurer du pain, ou du moins l'aisance dont il manqueroit un jour sans ce sacrifice; ainsi loin d'être une *mauvaise mère*, elle a au contraire une tendresse très-bien entendue pour ses enfans. La nature nous imposa sans doute la douce obligation d'allaiter nos enfans, & nous ne pouvons nous en dispenser que lorsque nous y sommes forcées par d'autres devoirs plus essentiels encore. Si votre mari ne s'y oppose pas ouvertement; si vous pouvez, sans nuire à ses intérêts, à sa fortune, vous renfermer dans l'intérieur de votre famille pendant un an, dix-huit mois, & peut-être deux ans, vous ne devez pas balancer; vous seriez très-coupable alors de ne pas nourrir votre enfant. Mais, me direz-vous, je vois toutes les femmes qui nourrissent, aller dans le monde, à Versailles, & sevrer leur enfant au bout de huit ou neuf mois. J'en conviens & j'en connois même plusieurs qui alloient aux bals d'après dîner, & qui y dansoient; je les rencontrois sans cesse aux spectacles ou faisant des visites, bien parées, avec des paniers, des corps, &c. Croyez-vous que les enfans de ces élégantes nourrices, n'eussent pas été plus heureux dans le fond d'une chaumière avec une bonne paysanne assidue à son ménage? Vous connoissez une de mes parentes, Madame d'Ar.... si vous voulez nourrir, voilà le modèle que vous devez suivre; soyez comme elle retirée, occupée de votre santé, ne sortant que pour vous promener, ne recevant que vos parens ou vos amis intimes, & décidée à ne sevrer votre enfant que lorsque l'état de sa santé, l'avancement de ses dents & sa force pourront vous le permettre ; je me souviens que pendant un hiver je dînois souvent dans une maison où je rencontrois toujours une jeune femme qui nourrissoit son enfant ; elle arrivoit coëffée en cheveux, mise à peindre, & à peine étoit-elle assise, qu'elle avoit déjà trouvé le secret de parler deux ou trois fois de son enfant ; nous entendions les cris aigus d'un petit maillot qu'on apportoit dans une barcelonnette bien ornée, & sa mère, devant sept ou huit hommes, lui donnoit à teter ; je voyois ces hommes rire entr'eux & parler bas, & tout cela ne me paroissoit qu'indécent & importun. En sortant de-là, j'allois quelquefois chez Madame d'Ar.... qui remplissoit alors le même devoir, mais avec cette simplicité que la vraie vertu porte toujours dans ses actions les plus sublimes, car on n'est orgueilleux de faire le bien qu'à proportion des efforts qu'il en coûte & du peu de plaisir qu'on y trouve. Je voyois Madame d'Ar..... au milieu de sa famille & de ses amis, & j'éprouvois l'émotion la plus douce en la contemplant, tenant son enfant dans ses bras, cet enfant auquel elle sacrifioit sans effort, comme sans vanité, & le monde & tous les plaisirs qu'il peut offrir! Il est certain qu'il n'y a rien de plus respectable & de plus touchant qu'une jeune & jolie personne qui remplit ainsi le premier devoir que la nature lui impose; par ce qu'elle fait déjà pour un enfant qui ne peut même la connoître, elle prouve tout ce qu'elle sera capable de faire un jour pour lui, lorsqu'elle jouira du bonheur d'en être aimée, & elle s'assure un droit de plus à sa tendresse. Mais, ma chère fille, réfléchissez bien à l'étendue des obligations que vous contracterez en vous décidant à nourrir votre enfant, & songez qu'il vaut infiniment mieux ne pas vous imposer un tel devoir que de le remplir imparfaitement.

LETTRE XXII.

La Baronne à la Vicomtesse.

Non, ma chère Amie, je ne vois point approcher l'hiver *avec tristesse*, *avec effroi*, tout au contraire, je me dis : grâces au Ciel, je ne serai point obligée d'aller me morfondre sur le chemin de Versailles ou dans les rues de Paris ; je ne recevrai point une foule de gens aussi ennuyeux que désœuvrés ; je n'entendrai point déchirer alternativement Gluck & Piccini, que j'aime tant l'un & l'autre, &c. &c. Au lieu de cela, je ne sortirai que pour mon plaisir & ma santé, je ne porterai qu'un habit commode, & je ne vivrai qu'avec des personnes que j'aime... Ah, si vous étiez ici, qu'y pourrois-je desirer encore, & que manqueroit-il à mon bonheur ! Je vous assure que depuis huit mois que j'ai quitté Paris, je n'ai point passé de jour sans me

SUR L'ÉDUCATION. 159

féliciter du parti que j'ai pris, & sans penser, avec peine, que je serai forcée, par le même devoir qui m'a conduite ici, à retourner dans trois ans dans le monde.

J'ai un service à vous demander, ma chère Amie, je crois vous avoir dit que Madame de Valmont avoit une sœur Religieuse, mais avant de vous expliquer ce que je desire de vous, je veux vous conter l'histoire de cette malheureuse Religieuse; Madame de Valmont me la confia hier au soir, & je suis sûre que vous partagerez le vif intérêt qu'elle a su m'inspirer. M. d'Aimeri a eu quatre enfans, Cécile, la plus jeune, n'avoit que trois ans lorsqu'elle perdit sa mère, elle fut élevée dans un Couvent de province & n'en sortit qu'à treize ans pour se trouver au mariage de sa sœur aînée, Madame d'Olcy, qui partit aussi-tôt pour Paris; Cécile resta dans la terre qu'habitoit son Père, avec sa seconde sœur plus âgée qu'elle de trois ans, & qui peu de temps après épousa M. de Valmont. Au bout de deux ans elle fut obligée de se fixer en Languedoc; elle s'étoit vivement attachée à Cécile, également intéressante

par son caractère, sa figure, son esprit, & le malheur de n'être point aimée de son Père. La veille du départ de Madame de Valmont, les deux sœurs passèrent la nuit ensemble à s'affliger ; quand le jour parut, Cécile, baignée de pleurs, se jeta dans les bras de sa sœur, & la pressant contre son sein. " O mon unique soutien, s'écria-t-
» elle, ma seule amie, dans une heure
» je vais donc vous perdre ! Que devien-
» drai-je sans vous, qui m'excusera auprès
» de mon Père, qui tâchera de vaincre son
» aversion pour moi ? Vous seule au monde
» aimiez la pauvre Cécile ; ô ma sœur, ma
» sœur, vous m'abandonnez ; quelle sera
» ma destinée !..... » La malheureuse Cécile n'avoit, en effet, que trop de raison de redouter le sort qu'on lui préparoit ! A peine sa sœur étoit-elle partie, que son père la renvoya dans le Couvent où elle avoit été élevée, elle n'avoit que seize ans lorsqu'elle y rentra, & pour n'en sortir jamais !...... M. d'Aimeri, uniquement occupé de l'établissement de son fils unique, partit pour Paris, & quelques mois après, on déclare à Cécile qu'elle n'a d'au-

tre parti à prendre que celui de se faire Religieuse ; trop douce & trop timide pour s'opposer aux volontés d'un père absolu, elle obéit sans résistance & sans murmures. Cependant, déjà son cœur n'étoit plus libre, elle aimoit, elle étoit aimée !.... Elle s'aveugloit encore sur l'espèce de sentiment qu'elle éprouvoit ; en renonçant au monde elle croyoit ne regretter véritablement que sa sœur, elle pensoit n'accorder des pleurs qu'à la seule amitié, & l'amour sur-tout les faisoit répandre ; un jeune homme nommé le Chevalier de Murville, proche parent de M. d'Aimeri, étoit l'objet d'un sentiment si malheureux, & il possédoit toutes les vertus, & tous les agrémens qui pouvoient le justifier. Sa mère, retirée du monde depuis plusieurs années, vivoit dans une petite terre qui n'étoit qu'à dix lieues du Couvent de Cécile. Cependant l'année du noviciat de Cécile est presque écoulée, & bientôt le jour arrive où Cécile va prononcer le vœu terrible qui doit l'engager à jamais ! Ce jour même son Père inhumain célébroit à Paris les nôces de son fils,

& se livroit aux transports de la joie, tandis que sa fille infortunée consommoit, à dix-sept ans, son affreux sacrifice..... Enfin, c'en est fait, Cécile n'existe plus pour le monde, & les tristes murs qui la renferment, sont désormais pour elle les limites de l'Univers !.....

Le soir même de sa profession, un homme à cheval fit demander à lui parler, de la part de Madame de Murville, pour affaire de la plus grande importance; elle fut au parloir, & cet homme lui présenta une lettre, en lui disant qu'un laquais de Madame de Murville étoit parti la veille, avec ordre exprès de remettre cette lettre le jour même, mais qu'à deux lieues du Couvent, ce domestique avoit eu le malheur de se casser la jambe en tombant de cheval, qu'un long évanouissement suivit cet accident; qu'enfin des paysans l'avoient porté chez le fermier qui faisoit ce récit, que le domestique n'avoit recouvré sa tête que le lendemain dans l'après midi, & qu'alors il avoit remis la lettre au fermier qui s'étoit chargé de l'apporter. En achevant ces mots, le fermier donna la lettre à

Cécile, qui, au même moment, fut s'enfermer dans sa chambre pour la lire : elle l'ouvrit avec une extrême émotion, mais qui devint bien plus vive encore, lorsqu'elle apperçut la signature du Chevalier de Murville. Cette lettre que Cécile crut devoir donner à sa sœur, & que Madame de Valmont m'a permis de copier, étoit conçue en ces termes :

Du Château de S......ce 15 Mai.

« Quoi demain !.... c'est demain....
» Je ne puis achever.... ma bouche ne
» peut prononcer ces mots affreux......
» Cécile, il n'est plus temps de dissimuler ;
» eh quoi, n'auriez-vous jamais lû dans
» mon cœur ?.... Hélas, dans des temps
» plus heureux, j'osai me flatter quelque-
» fois que le vôtre n'étoit point insensi-
» ble : j'ouvris mon âme au barbare qui
» vous sacrifie, il m'ôta tout espoir, &
» je me condamnai moi-même au silence.
» Ah ! si j'avois pû prévoir l'horrible tyran-
» nie qu'on devoit exercer contre vous,
» non Cécile, non, vous n'en auriez point
» été la victime ; malgré le Père cruel qui

» vous proscrit, malgré la famille qui vous
» abandonne, malgré vous-même enfin,
» j'aurois sû vous arracher au destin qu'on
» vous préparoit.... Mais loin de vous,
» dans un pays étranger, j'ignorois ce
» comble d'horreur, & ne pouvois le
» soupçonner.... Enfin, une lettre m'an-
» nonce que ma mère est dangereuse-
» ment malade ; je quitte aussi-tôt l'Espa-
» gne, j'arrive ; quels malheurs accablans
» m'attendoient à mon retour, je trouve
» ma mère à l'extrêmité, & j'apprends
» que Cécile est à la veille de prononcer
» ses vœux.... Cet instant seul m'a fait
» connoître à quel excès je vous aime....
» O victime intéressante autant que chère,
» la nature & l'amitié vous trahissent,
» mais l'amour vous reste ; seul je vous
» tiendrai lieu de père, d'ami, de frère,
» je serai votre défenseur, votre libé-
» rateur, ô ma Cécile, votre époux....
» Puisque vous êtes libre encore, vous
» êtes à moi ; vos parens ont brisé tous
» les liens qui vous unissoient, vous n'ê-
» tes plus qu'à moi.... Oui, je fais ser-
» ment de vous consacrer ma vie.... ser-

„ ment, n'en doutez pas, aussi sacré &
„ plus agréable à l'Être Suprême que le
„ vœu inhumain que vous prétendiez
„ faire.... Ah! plaignez-moi de ne
„ pouvoir voler auprès de vous..... Si
„ vous saviez ce qu'il en coûte à mon
„ cœur!.... Mais ma mère est expi-
„ rante; si j'étois capable de l'abandonner,
„ serois-je encore digne de vous? Cepen-
„ dant.... si cette lettre ne pouvoit vous
„ persuader, si vous persistiez dans votre
„ affreux dessein!.... je frémis, cette
„ seule idée déchire mon ame & trouble
„ ma raison. Écoutez-moi, Cécile.... Je
„ respecte encore le cruel auteur de vos
„ jours, vous êtes libre.... mais si vous
„ aviez la foiblesse de lui obéir, de cet
„ instant je ne le reconnois plus pour vo-
„ tre père, je ne vois plus en lui qu'un
„ tyran détestable.... & du moins je ne
„ mourrai pas sans vengeance. Pour son
„ intérêt même osez donc lui résister, ou
„ cette main tremblante qui vous écrit,
„ cette main guidée par la haine & par le
„ désespoir, ira percer le cœur du mons-
„ tre qui veut vous immoler. Qu'il réserve

» pour son fils & sa fortune & sa ten-
» dresse ; qu'il vous déshérite, que m'im-
» porte, je ne veux que Cécile, & je serai
» le plus soumis, le plus reconnoissant
» & le plus heureux de tous ses enfans.
» Hélas, Cécile, je vous ai fui, j'ai tenté
» de vous oublier, & ces vains efforts
» n'ont servi qu'à me faire mieux connoî-
» tre que je ne puis vivre sans vous. J'ose
» croire que vous m'estimez assez pour
» remettre avec confiance entre mes mains
» le soin de votre honneur & de votre ré-
» putation ; je ne vous demande que le
» courage de déclarer que vous ne pou-
» vez vous résoudre à prononcer vos
» vœux ; je me charge du reste, & je ne
» vous verrai que pour vous conduire à
» l'Autel, où le nœud le plus saint & le
» plus doux nous unira pour jamais !....
» Je suis sûr de l'homme que je charge de
» cette lettre, je suis bien certain que vous
» la recevrez ce soir ; je ne puis croire
» que vous soyez insensible à ce qu'elle
» contient ; cependant un poids affreux
» oppresse mon cœur, des larmes amères
» inondent mon visage.... O Cécile,

» ma chère Cécile ! prenez pitié de l'état
» où je suis, ne vous préparez point des
» regrets éternels ; songez, hélas ! que
» vous n'avez que dix-sept ans. Ah ! con-
» servez votre liberté, dussiez-vous ne
» jamais vivre pour moi !.... J'attends
» votre réponse comme l'arrêt qui doit
» fixer ma destinée ».

Le Chevalier DE MURVILLE.

Imaginez, s'il est possible, l'état où dut être la malheureuse Cécile, après la lecture de cette lettre. Elle n'apprend qu'elle est aimée, & d'une manière si touchante & si passionnée, elle ne découvre ses propres sentimens que lorsqu'elle est irrévocablement engagée ; quelques heures plutôt cette lettre eût pu changer son sort, & assurer la félicité de sa vie ; & maintenant elle met le comble à ses maux !....
La surprise, le saisissement & le désespoir rendent Cécile immobile & stupide, une pâleur affreuse couvre ses traits, un froid mortel semble glacer son cœur ; privée de la faculté de réfléchir, elle sent cependant

confusément toute l'horreur de sa destinée, elle sent qu'elle n'a plus d'espoir qu'en la mort. Enfin, sortant par degrés de cette espèce de léthargie, elle jette autour d'elle des regards égarés. Hélas ! tout ce qui l'environne ne peut que lui retracer son sacrifice & son malheur ; ses yeux tombent sur une table où l'on avoit posé ses longs cheveux, coupés le matin même [1]. A cette vûe elle frémit, un sentiment inexprimable, mêlé d'effroi, de regret & de fureur, déchire son ame & trouble sa raison ; elle se lève impétueusement. Eh quoi donc, s'écria-t-elle, n'est-il aucun moyen de sortir de l'abyme affreux où l'on m'a précipitée.... Ne puis-je m'échapper, ne puis-je fuir ? Mais que dis-je ? grand Dieu quel horrible transport !.... O malheureuse Cécile, c'est ici que tu dois mourir ! En achevant ces paroles elle retombe sur sa chaise en versant un torrent de larmes ; bientôt elle reprend la funeste

---

[1] On sait qu'une Novice, le jour de sa profession, se fait couper les cheveux un moment avant de prononcer ses vœux.

lettre de son Amant, & la relit encore; chaque mot, chaque expression de cet écrit touchant est pour son cœur un trait mortel; comment pourra-t-elle triompher d'une passion dont la reconnoissance la plus juste accroît encore la violence ?.... Son imagination lui représente à la fois tout ce qui peut porter au comble ses regrets & son désespoir; elle voit son Amant furieux, ne respirant que la vengeance, & ne desirant que la mort; elle voit son Père tombant sous ses coups, ou lui arrachant la vie; ces funestes tableaux la pénètrent d'horreur : moins aimée, elle auroit moins à craindre..... Cependant elle ne sauroit supporter l'idée que le Chevalier de Murville pourra sans doute se consoler un jour!..... Enfin elle se décide à lui répondre, & elle lui écrivit un billet qui ne contenoit que ce peu de mots.

« Votre Lettre est arrivée trop tard....
» Cécile déjà n'existoit plus pour vous!....
» Oubliez-moi.... Vivez heureux.....
» & respectez mon père. »

Le malheureux Chevalier de Murville reçut ce billet dans le moment même où sa mère venoit d'expirer ; il ne put supporter tant de maux à la fois ; une fièvre brûlante, suivie d'un délire affreux, le mit en peu de jours au bord du tombeau ; sa maladie fut extrêmement longue ; & à peine étoit-il hors de danger, qu'il s'occupa du soin de terminer ses affaires, dans le dessein de partir incessamment, & de quitter pour jamais la France. En passant en Languedoc, il s'arrêta chez Madame de Valmont, qui lui avoit toujours témoigné la plus vive amitié ; il demanda à la voir en particulier : on le fit entrer dans un cabinet, où il la trouva seule. Aussi-tôt qu'elle le vit, elle courut à lui, & l'embrassa en versant un torrent de larmes : il comprit qu'elle étoit instruite de ses sentimens par Cécile même, il ne se trompoit pas ; il la conjura avec tant d'instances de lui montrer sa Lettre, qu'elle ne put le refuser. Vous allez juger si cette Lettre dut augmenter la passion & les regrets du Chevalier de Murville. La voici.

De l'Abbaye d....., ce 12 Juin.

« J'existe encore..... Mais j'ai cru tou-

» cher au terme de mes souffrances. J'ai
» vu de bien près ce port si desiré! Des
» cierges funèbres entouroient mon lit,
» un Prêtre m'exhortoit à la mort.....
» Hélas, un tel soin étoit peu nécessaire,
» que ne m'enseignoit-on plutôt à suppor-
» ter la vie!.... O ma sœur, dans quel
» moment j'ai connu mon cœur!.... Le
» jour même..... Je frémis!.... Lisez la
» Lettre que je vous envoie, elle vous
» instruira de tout.... Cette Lettre que
» je remets entre vos mains, est le der-
» nier sacrifice qui me restoit à faire.....
» Qu'il est cruel!.... Cette écriture ché-
» rie, je ne la reverrai plus!.... Mais
» chaque mot des sentimens qu'elle expri-
» me est gravé pour jamais dans le fond
» de mon ame.... Si vous m'aimez, ma
» sœur, conservez toujours cet écrit; puis-
» qu'il ne m'est pas permis de le garder,
» que du moins je puisse penser qu'il
» existe..... Qu'il vous soit cher......
» Songez que sa privation est pour moi
» ce que seroit pour vous l'absence de
» l'objet que vous aimez le mieux......
» Si vous saviez combien il m'est doulou-

» reux de m'en détacher !...... Hélas,
» maintenant tout est crime pour votre
» malheureuse sœur, jusqu'à l'aveu des
» regrets qui la dévorent ! Insupportable
» contrainte qui ne peut produire que les
» derniers excès du désespoir ! Vous avez
» connu mon caractère & mon ame,
» vous savez si j'étois née pour chérir
» la vertu. Eh bien, vous frissonneriez
» d'horreur, si je vous détaillois toutes
» les funestes idées qui depuis trois semai-
» nes, troublent & noircissent mon ima-
» gination ! Le crime me poursuit & m'en-
» vironne.... Je trouve dans les objets
» les plus communs, dans les actions les
» plus indifférentes, les sujets des plus
» affreuses tentations.... A la promenade
» dans nos tristes jardins, mon œil me-
» sure, en frémissant, la hauteur des mu-
» railles, & mille fois mon esprit osa
» concevoir l'insensé, le coupable projet
» d'essayer de les franchir !.... Dans les
» premiers jours de ma convalescence, à
» table, pendant ce morne silence qu'on
» nous prescrit, quelle horrible pensée a
» souvent égaré ma raison !.... Le cou-

» teau posé près de moi.... Je ne puis
» achever.... O Ciel, est-il possible que
» ce cœur, jadis si pur, ait pu se livrer à
» ce délire affreux !.... Ah, croyez que
» le plus cruel de mes tourmens est le
» remords qui me déchire !..... Quel-
» quefois baignée de mes pleurs, j'im-
» plore avec confiance la miséricorde &
» le secours de l'Éternel : ne pouvant lui
» faire le sacrifice du sentiment qui me
» domine, je lui offre les peines qu'il me
» cause, & je lui demande la résignation
» de les supporter sans murmure.... J'é-
» prouve alors la seule consolation dont
» je sois susceptible ; une voix céleste sem-
» ble, au fond de mon cœur, prononcer
» ces paroles divines: *Ne renonce point au*
» *bonheur, les passions le raviffent ou le*
» *troublent, la religion & la vertu peuvent*
» *seules l'assurer.* Mais dans d'autres mo-
» mens, je me trouve trop coupable pour
» espérer le pardon de tant d'offenses....
» & je retombe dans toutes les angoisses
» que le découragement & la terreur peu-
» vent causer. Pardonnez, ma sœur, ces
» tristes plaintes, vous n'en entendrez

» plus, je vous le promets; je respecterai
» désormais le rigoureux devoir qui me
» condamne au silence; je ne vous entre-
» tiendrai plus ni de mes peines ni de l'ob-
» jet...... Vous même, ma sœur, oh
» jamais ne me parlez de lui!.... Vous le
» verrez, sans doute, & peut-être le ver-
» rez-vous consolé...... Cependant sa
» Lettre est si passionnée! Pensez-vous que
» le temps, le monde & la dissipation
» puissent détruire un sentiment si pro-
» fond & si vrai?.... Ah, si vous le
» croyez, ne me le dites point, vous
» déchireriez mon cœur sans le guérir!....
» L'espoir d'occuper quelquefois son sou-
» venir, est le seul bien qui m'attache à la
» vie.... Le plus grand de mes maux,
» vous l'avouerai-je, c'est de penser qu'il
» ignore à quel excès je l'aime.... Oui,
» s'il connoissoit mon cœur, j'en suis sûre,
» il ne m'oublieroit jamais.... Peut-être
» me croit-il insensible, ingrate.... Ah,
» cachez-lui la passion qui m'égare!....
» Mais, ma sœur, souffrirez-vous qu'il
» m'accuse d'ingratitude?...... Dieu,
» qu'entends-je!..... La cloche m'ap-

« pelle & m'annonce l'agonie d'une de
« nos Compagnes.... Quelle est heu-
« reuse ! elle va mourir.... Adieu....
« Je joins à ce paquet les cheveux que
« vous m'aviez demandés, ces cheveux
« que vos mains jadis ont tressé tant de
« fois.... Vous ne les verrez point sans
« attendrissement.... Puisse cette triste
« dépouille, en vous rappelant mon sort
« & ma tendre amitié, m'obtenir votre
« indulgence & votre compassion, les
« seuls biens qui restent désormais à l'in-
« fortunée Cécile. »

Le Chevalier de Murville, après avoir lu cette lettre, se jeta aux pieds de Madame de Valmont, en lui demandant de lui donner les cheveux de Cécile ; & pour obtenir cette grace, il se servit du même moyen qu'il avoit employé déjà pour décider Madame de Valmont à lui communiquer la Lettre ; il protesta que si elle lui refusoit cette dernière consolation, il ne quitteroit pas la France sans se venger de M. d'Aimeri : ses transports & ses menaces effrayèrent tellement Madame de Valmont, qu'elle se décida à lui accorder ce qu'il souhaitoit avec tant d'ardeur, & elle remit entre ses mains la cassette qui renfermoit les cheveux de sa sœur. Le Chevalier de Murville la reçut à genoux, il l'ouvrit en tremblant, il desiroit & craignoit également de voir cette longue & belle chevelure qu'il avoit tant de fois admirée sur la tête de la malheureuse Cécile. Il pâlit & tressaillit en y jetant les yeux : ensuite, refermant la cassette & la prenant dans ses bras, adieu, Madame, dit-il, adieu pour toujours, je quitte sans retour une Patrie que j'abhorre ; vous n'entendrez parler de moi que pour recouvrer le précieux trésor que vous me confiez, & je ne m'en détacherai qu'à la mort. Quand je ne serai plus, il vous sera rendu. A ces mots, il sortit précipitamment sans attendre la réponse de Madame de Valmont. Depuis ce temps, on n'a point reçu de ses nouvelles, on ignore absolument sa destinée. Mais comme les cheveux de Cécile n'ont point été renvoyés à Madame de Valmont, il est vraisemblable que le Chevalier de Murville existe encore, & vit ignoré dans quelque coin du monde

A l'égard de M. d'Aimeri, le Ciel ne tarda point à le punir de sa barbarie; son fils, égaré par la passion du jeu & le goût de la mauvaise compagnie, en peu de temps perdit sa réputation, détruisit sa santé, dérangea ses affaires, & mourut au bout de trois ans de mariage sans laisser d'enfans. M. d'Aimeri paya scrupuleusement toutes ses dettes, & se retira en Languedoc auprès de sa seconde fille, avec une fortune jadis considérable, aujourd'hui très-médiocre, & qu'il destine, dit-on, au jeune Charles, fils de Madame de Valmont, qu'il paroît aimer passionnément. Pour Cécile, le temps & la raison ont insensiblement triomphé d'une passion si fatale; & goûtant aujourd'hui toutes les consolations sublimes que la Religion peut offrir, elle recueille enfin les doux fruits d'une piété véritable, la résignation & la paix, & elle est devenue l'exemple & le modèle de toutes ses compagnes. Telle est maintenant sa situation; mais les chagrins violens qui si long-temps déchirèrent son ame, ont cruellement altéré sa santé; les austérités de son état achevèrent de la détruire, & depuis six mois sur-tout on commence à craindre pour sa vie. Madame de Valmont desire vivement qu'elle puisse faire un voyage à Paris, afin d'y consulter les Médecins les plus célèbres. Cette permission n'est pas difficile à obtenir; & voici, ma chère amie, le service que j'attends de vous : c'est que vous alliez voir Madame d'Olcy, & que vous la déterminiez à garder chez elle sa sœur pendant deux ou trois mois. Il vous paroîtra sans doute extraordinaire que Madame d'Olcy étant sœur de Cécile & de Madame de Valmont, cette dernière vous charge de cette négociation; il est donc nécessaire de vous donner une idée du caractère de Madame d'Olcy : la fortune immense qu'elle possède n'a pu la consoler encore du chagrin d'être la femme d'un Financier; n'ayant point assez d'esprit pour surmonter une semblable foiblesse, elle en souffre d'autant plus qu'elle ne voit que des Gens de la Cour, & que sans cesse tout lui rappelle le malheur dont elle gémit en secret : on ne parle jamais du Roi, de la Reine, de Versailles, d'un grand habit, qu'elle n'éprouve des angoisses intérieures si violentes, qu'elle ne peut souvent les dissimuler qu'en changeant de conversation. Elle a d'ailleurs pour dédommagement toute la considération que peuvent donner beaucoup de faste, une superbe maison, un bon souper, & des loges à tous les Spectacles. Au reste, elle n'aime rien, s'ennuie de tout, ne juge jamais que d'après l'opinion des autres, & joint à tous ces travers de grandes prétentions à l'esprit, beaucoup d'humeur & de caprices, & une extrême insipidité. Quoique fort orgueilleuse d'être une fille de qualité, elle n'a pas montré le moindre attachement pour son père, parce qu'il a quitté le service & le monde, & qu'elle n'en attend rien; elle n'aime point Madame de Valmont, qu'elle ne regarde que comme une Provinciale, & elle a sans doute oublié qu'elle eût une sœur Religieuse. Ainsi, vous voyez bien que votre secours nous est très-nécessaire. Je vous envoie une Lettre de Madame de Valmont, vous la porterez à Madame d'Olcy; vous paroîtrez vous intéresser vivement aux deux sœurs,

& je suis certaine que vous obtiendrez de la vanité de Madame d'Olcy, tout ce que nous aurions vainement attendu de son cœur. Adieu, ma chère amie, il est temps de finir ce volume, que vous me pardonnerez sûrement, en faveur de l'histoire de l'intéressante & malheureuse Cécile.

LETTRE XXIII.

Réponse de la Vicomtesse.

O Cette infortunée, cette charmante Cécile, que je la plains, que je l'aime ! & ce pauvre Chevalier de Murville, que je l'aime aussi ! Je suis fâchée pourtant qu'il ne soit pas mort ; il me semble qu'il n'avoit rien de mieux à faire ; je m'attendois au *renvoi des cheveux*, avec une belle lettre écrite en mourant ; j'ai trouvé que cela manquoit à l'histoire. Cet amant si désespéré, si passionné, vivre si long-temps !.... Malgré moi, je suis tourmentée de l'idée qu'il vit consolé *dans son coin du monde*, & peut-être amoureux d'un autre objet..... Et s'il avoit sacrifié les cheveux ?...... ô le monstre !..... il ne peut se justifier auprès de moi qu'en les renvoyant sans délai. Mais au vrai, n'avez-vous pas la plus vive curiosité de savoir ce qu'il est devenu ; j'ai déjà composé, sur ce sujet, dix romans plus touchans les uns que les autres; Cécile va sortir du Couvent pour quelques mois, ils se reverront; évanouissemens, reconnoissance..... ou bien c'est elle qui recevra les cheveux avec la lettre la plus pathétique !..... Moi, je crois qu'il n'a point quitté la France : comment s'arracher du séjour habité par Cécile ! il y vit caché, déguisé ; il est peut-être à la Trappe, peut-être Hermite !.... Enfin, j'ai le pressentiment que nous découvrirons bientôt quel est son sort. Mais revenons à la commission dont vous m'avez chargée. Le jour même où j'ai reçu votre lettre, j'ai écrit à Madame d'Olcy pour lui demander un entretien particulier, & le lendemain j'ai été chez elle ; on m'a fait traverser une longue & superbe enfilade de pièces, au bout de laquelle j'ai trouvé, dans un charmant petit cabinet, Madame d'Olcy, nonchalamment assise sur un canapé, & plus nonchalamment encore lisant une brochure qu'elle ne prend, j'imagine, que lorsqu'elle entend un carrosse entrer dans sa cour : elle s'est avancée vers moi avec l'air le plus obligeant; & les premiers complimens finis, j'ai tiré de ma poche la lettre de Madame de Valmont, & je la lui ai donnée en la priant de la lire sur le champ. Vous connoissez ce sourire forcé & cette fausse douceur que la politesse imprime sur le visage: eh bien, au seul nom de sa sœur, Madame d'Olcy a quitté subitement cette expression factice, & la froideur & l'embarras ont obscurci sa physionomie d'une manière aussi prompte que marquée; je n'ai pas fait semblant de prendre garde à ce changement, & pendant qu'elle lisoit la lettre de Madame de Valmont, j'ai beaucoup parlé de votre amitié pour elle, & du vif intérêt que nous prenons l'une & l'autre à la malheureuse Cécile. Madame d'Olcy m'a répondu : *qu'elle connoissoit bien peu ses deux sœurs, qu'elle en avoit été fort négligée, mais qu'elle n'en conservoit pas moins le desir de pouvoir leur être utile; cependant qu'il lui paroissoit infiniment difficile, dans sa position, de garder chez elle une Religieuse pendant deux mois; que d'ailleurs elle n'imaginoit pas où elle pourroit la loger......* Ici j'ai pris la parole. — Mais, Madame, cette maison me paroît assez grande pour y pouvoir loger une personne qui, depuis dix ans, se contente d'une cellule. — Madame, je dois loger ma sœur convenablement, ou ne point m'en charger. Elle a pensé que cette réponse étoit si noble & si spirituelle, qu'elle a pris, en la faisant, un air de satisfaction qui a achevé de m'ôter le peu de patience que je conservois. — En vérité, Madame, ai-je repris, la chose du monde qui me paroîtroit le moins *convenable*, ce seroit de laisser mourir Madame votre sœur, faute des secours dont elle a besoin. A ces mots, Madame d'Olcy a prodigieusement rougi, cependant elle a cru devoir dissimuler son dépit, elle s'est radoucie, a dit deux ou trois phrases sur *sa sensibilité naturelle*, *son sentiment* pour ses sœurs, & elle a fini par m'assurer que, si M. d'Olcy n'y mettoit point d'obstacles, elle enverroit chercher Cécile aussi-tôt qu'elle auroit obtenu les permissions nécessaires. Nous nous sommes quittées assez froidement; en sortant de son cabinet, je me suis avisée de demander si M. d'Olcy étoit chez lui, il m'a reçue & j'en ai été parfaitement contente ; je lui ai fait part de ma commission, & il m'a témoigné autant de bonne volonté que sa femme m'a montré de sécheresse. Madame d'Olcy a été, je crois, médiocrement satisfaite lorsqu'elle a su que j'avois pris la précaution de m'assurer du consentement de M. d'Olcy ; mais enfin elle m'a écrit aujourd'hui & me mande que Cécile pourra venir au commencement de l'hiver habiter l'appartement qu'on lui prépare : elle fait bien de se décider de bonne grâce, car, moi, j'étois absolument déterminée, pour peu qu'elle différât encore, à me charger de notre aimable Cécile, & j'aurois joui du double plaisir d'obliger la plus intéressante personne du monde, & d'humilier l'orgueil d'une femme aussi dure que vaine. Je n'ai d'ailleurs nulle nouvelle à vous mander, sinon que le Chevalier d'Herbain revient enfin de ses longs voyages ; il sera sûrement bien affligé de ne pas vous trouver à Paris, mais je ne doute pas qu'il n'aille vous faire quelques visites si vous le permettez ; car deux cent lieues ne doivent paroître qu'une promenade à un homme qui a fait deux fois le tour du monde. Adieu, ma chère amie, je vous envoye une lettre de mon frère pour le Baron; comme ses lettres passent par Paris pour aller en Languedoc, il trouve plus simple de les mettre dans mon paquet que de les envoyer séparément; & si vous voulez m'adresser les réponses du Baron, je m'en chargerai de même.

LETTRE XXIV.

Du Comte de Roseville, frère de la Vicomtesse, au Baron.

Vos lettres, mon cher Baron, m'instruisent & m'intéressent également ; vous élevez votre fils, j'élève un Prince fait pour régner : la passion du bien public pouvoit seule m'engager à me charger de cette noble & pénible entreprise; mais les réflexions d'un bon père, & d'un homme tel que vous, me seront d'une grande utilité ; car l'amour paternel doit être le plus éclairé de tous les sentimens.

Oui, mon cher Baron, j'ai lu tous les ouvrages qui traitent de l'éducation en général, & de celle des Princes en particulier ; & puisque vous voulez absolument connoître toutes mes opinions, je vous en ferai part avec la sincérité qui m'est naturelle. Rousseau doit à Sénèque, à Montaigne, à Locke & à M. de Fénélon [1], tout

---

[1] Rousseau a pris une foule d'idées de l'ouvrage de M. de Fénélon, intitulé : *Education des Filles* ; entre-autres,

ce qu'il y a de véritablement utile dans son livre [1], à l'exception d'un principe bien important, & qu'il a eu la gloire de développer le premier : *c'est que la plus grande faute qu'on puisse commettre dans l'éducation, est de trop se presser, & de tout sacrifier au désir de faire briller son élève* [2]. Il

---

celles-ci : « Le premier âge, dit M. de Fénélon, qu'on
» abandonne à des Femmes indiscretes, & quelquefois
» déréglées, est pourtant celui où se font les impres-
» sions les plus profondes, & qui, par conséquent, a
» un grand rapport à tout le reste de la vie. Avant que
» les enfans sachent entièrement parler, on peut les
» préparer à l'instruction, &c. ch. 3. Il ne faut pas pres-
» ser les enfans, je crois même qu'il faudroit souvent
» se servir d'instructions indirectes, qui ne sont point
» ennuyeuses comme les leçons & les remontrances,
» seulement pour réveiller leur attention sur les exem-
» ples qu'on leur donneroit, &c. chap. 5. »

Sur les défauts naturels aux Femmes, la manière de les en corriger, les talents qui leur conviennent, les qualités qui doivent les caractériser, Rousseau n'a presque fait que répéter tout ce que dit M. de Fénélon.

1. L'idée même de faire apprendre un métier à son élève n'est pas de lui : une loi de l'Alcoran le prescrivoit, & Locke conseille de faire apprendre aux garçons le jardinage & le métier de charpentier.

2 C'est-à-dire, avec détail & avec génie ; car cette idée

est fâcheux, qu'après avoir donné un conseil si utile & si sage, Rousseau n'ait pas senti les inconvéniens qui résultoient de tomber dans l'extrémité contraire. Il veut qu'Émile n'apprenne ni à lire, ni à écrire,

―――――――――――――

n'étoit pas nouvelle; non plus que celle de s'occuper principalement à former le cœur & les mœurs, au lieu de ne s'attacher qu'à surcharger la mémoire d'un nombre infini de choses, pour la plupart, inutiles. Montaigne a dit : « Notre institution a pour fin de nous faire, non
» bons & sages, mais savans.... Nous savons décliner
» vertu, si nous ne savons l'aimer. »

L'Auteur de l'*Education d'un Prince*, par *Chanteresne*, après avoir tracé le portrait d'un bon Précepteur, ajoute : « L'homme dont nous parlons n'a point d'heure de
» leçon, ou plutôt il fait à son Disciple une leçon à
» toute heure, car il l'instruit souvent autant dans les
» jeux, les visites & les entretiens, que lorsqu'il lui
» fait lire des livres ; parce qu'ayant pour principal but
» de lui former le jugement, les divers objets qui se
» présentent y sont souvent plus avantageux que les
» discours étudiés. Comme cette manière d'instruire
» est insensible, le profit qu'on en tire est aussi, en
» quelque sorte, insensible ; & c'est ce qui trompe les
» personnes peu intelligentes, qui s'imaginent qu'un
» enfant instruit en cette manière, n'est pas plus avancé
» qu'un autre, parce qu'il ne sait pas, peut-être, mieux
» faire une traduction de latin en françois, ou qu'il ne
» répète pas mieux une leçon de Virgile, &c. » Toutes ces idées se retrouvent dans Émile.

&c. & il propose dans un genre opposé, un plan d'éducation tout aussi défectueux que celui qu'il proscrit. Au reste, son ouvrage, rempli de morceaux d'une éloquence sublime, de déclamations de mauvais goût, & de principes dangereux, manque d'action & d'intérêt, & offre, presque à chaque page, les inconséquences les plus révoltantes[1]. Mais on devoit, sans doute, en oublier les défauts, en faveur des beautés supérieures qui s'y trouvent. Cependant, c'est aux Femmes, qu'Émile a dû ses plus grands succès ; toutes les Femmes en général ne louent Rousseau qu'avec enthousiasme, quoiqu'aucun Auteur ne les ait traitées avec moins de ménagemens. Il a nié formellement qu'elles pussent avoir du génie, & même des talens supérieurs ; il

---

[1] La profession du Vicaire Savoyard, par exemple, qui, après avoir exposé ses opinions, convient qu'il pourroit être dangereux de les répandre, & qu'on doit toujours respecter la croyance des autres, &c. Cette profession, comme on sait, étoit celle de Rousseau, & en détaillant les inconvéniens qui peuvent résulter de l'imprudence de la rendre publique, il l'a fait imprimer : il n'est guères possible de pousser plus loin l'inconséquence.

les accuse toutes, sans exception, d'artifice & de coquetterie ; enfin, il ne les estimoit pas, mais il les aimoit. Il a, mieux que personne, rendu justice à leurs agrémens ; il a parlé d'elles avec mépris, mais avec le ton de la passion, & la passion fait tout excuser. Avant de quitter Rousseau, je ne puis m'empêcher de citer un petit paragraphe d'Émile, qui m'a toujours prodigieusement choqué, même avant que j'eusse embrassé l'état que j'ai choisi. Rousseau nous apprend qu'un Prince lui fit proposer d'élever son fils, & qu'il le refusa. « Si j'avois accepté son offre, » ajoute-t-il, & que j'eusse erré dans ma » méthode, c'étoit une éducation man- » quée. Si j'avois réussi, c'eût été bien » pis ; son fils auroit renié son titre, il » n'eût plus voulu être Prince. » Et pourquoi auroit-il renoncé à une condition qui donne la possibilité de faire tant bien, tant d'heureux & d'offrir de si grands exemples, pour vivre libre & inutile ?..... Quelle fausse philosophie !

Je ne sais si vous connoissez un petit Ouvrage fait avant Émile, & dont Rous-

-seau n'a pas dédaigné de prendre quelques idées. Il est de Moncrif, & il a pour titre: *Essais sur la nécessité & les moyens de plaire.* Cet Ouvrage n'est pas très-purement écrit, mais il est plein d'esprit, de raison & de vérité, & l'on y trouve beaucoup d'idées neuves. " On remarque, dit
» l'Auteur, que deux idées qui n'ont na-
» turellement aucune liaison entre elles,
» deviennent cependant intimement unies
» quand elles ont été présentées en même-
» temps à un enfant. Dans combien de
» gens, l'idée d'un fantôme & l'idée des
» ténèbres restent-elles inséparables ? &c.
» Qu'un enfant demande, continue-t-il,
» à quoi sert de l'argent, on lui répondra
» qu'il en aura des dragées, des jouets &
» une belle robe? de là, se placent dans
» son imagination ces idées étroitement
» liées : l'argent est fait pour me procurer
» ce qui me divertit & ce qui me pare.
» En coûteroit-il davantage de lui dire:
» l'argent sert à faire du bien aux autres,
» & à nous en faire aimer [1]. » Moncrif dit

---

[1] Cette réponse ne vaudroit rien, elle donneroit trop
d'excellentes

SUR L'ÉDUCATION.

d'excellentes choses sur la première éducation des Princes, entre-autres celle-ci ; „ Veut-on inspirer aux enfans nés dans un „ rang supérieur, les qualités qu'ils doivent „ apporter dans la société, on se sert de „ termes qui réveillent leur vanité, on leur „ dit qu'il faut être *affables*, qu'ils doivent „ *de la bonté*, &c. Il faudroit au contraire „ n'employer que des termes propres à les „ rendre modestes, leur recommander à „ titre de devoir l'estime, la vénération [1] „ pour les hommes vertueux, leur parler „ d'égards, de déférence, de reconnois- „ sance, d'amitié, &c. „ J'ai été particulièrement frappé de cette remarque, & je trouve quelquefois l'occasion de donner

---

de prix à l'argent ; d'ailleurs cette expression : *Faire du bien aux autres*, est trop vague ; l'enfant doit penser d'après cela que tout le monde peut recevoir de l'argent avec plaisir. Il est impossible de renfermer dans une seule réponse l'explication qu'exige cette question ; une conversation entière seroit à peine suffisante.

1 Et même le *respect*, l'enfant dû-t-il être un jour le maître de l'univers ; car, plus son rang est élevé, plus il est important de l'accoutumer à respecter les hommes véritablement distingués par la vertu.

Tome I. I

une excellente leçon sur ce sujet à mon jeune Prince. Nous possédons ici un Ministre qui réunit à des talens supérieurs toutes les qualités les plus rares du cœur & de l'esprit ; on ne peut mieux louer son génie qu'en le comparant à sa vertu sublime : méprisant l'intrigue & tous les petits intérêts qui font agir les hommes ordinaires, il ne voit que la gloire, & ne travaille que pour elle : enfin, il ne dut sa place qu'à sa réputation ; il ne l'accepta que pour le bien public ; il ne s'y maintient que par ses services, son mérite, l'estime de son Souverain & celle de la Nation. Ce foible éloge ne peut être suspect, il n'est dicté ni par la reconnoissance ni par l'amitié ; je ne connois ce grand homme que par ses actions, & j'en parle d'autant plus librement, que je n'aurai jamais rien à lui demander. Il vient rarement faire sa cour au jeune Prince, & ne paroît chez lui que des instans. Dans les premiers jours de mon arrivée, il y vint un soir, & trouva le Prince jouant aux quilles : ce dernier, après avoir fait un petit sourire, une petite révérence, & marmoté quelque

chose entre ses dents, se remit à sa partie ; alors je m'approchai du Ministre, & lui dis très-haut : « Monsieur, je vous sup-
» plie d'excuser Monseigneur. Quand il
» sera moins enfant & mieux élevé, il
» vous témoignera sûrement le *respect* qu'il
» doit avoir pour votre personne. »

Je ne puis vous exprimer l'étonnement que ce mot de *respect* causa à tout ce qui étoit dans la chambre : les uns trouvèrent que je manquois essentiellement au Prince ; les autres crurent que, faute d'usage, ou comme étranger, j'ignorois la valeur des termes ; tous me jugèrent incapable de soutenir la dignité de l'emploi dont j'étois honoré. Pour le Prince, la surprise lui fit tomber sa boule des mains, & je vis que je n'accoutumerois pas sans quelques peines son oreille délicate à cette rude expression. Lorsque nous fumes seuls, je crus qu'il m'alloit demander une explication ; mais il étoit piqué, & il s'obstina à garder le silence ; enfin, je pris la parole : Monseigneur, lui dis-je, ayez la bonté de me définir ce que c'est que le respect. Cette question le fit rougir ; & après un moment de réflexion, il répondit : Le respect est ce qu'on doit à mon papa. — Vous croyez donc qu'on ne doit du respect qu'aux Princes ? — Mais.... — Apprenez, Monseigneur, qu'il est deux sortes de respects ; l'un ne consiste que dans de petites choses de convention, des manières extérieures, par exemple, tout ce que prescrit l'étiquette à l'égard des Princes ; l'autre respect vient du cœur, c'est-à-dire, de l'estime, de l'admiration qu'on éprouve naturellement pour tout homme vertueux : ce respect, loin d'abaisser celui qui le témoigne, l'ennoblit & l'élève, parce qu'il prouve qu'on sent tout le prix de la vertu, & parce qu'enfin les grandes âmes seules sont susceptibles de ce beau mouvement. — Mais on doit aussi ce respect à mon papa. — Oui, parce qu'il est bon, qu'il aime ses peuples, & les rend heureux, sans quoi l'on n'auroit pour lui que le *respect d'étiquette*, le seul qu'on doive à la naissance. Ainsi, l'autre espèce de respect n'étant dû qu'à la vertu, les Princes eux-mêmes y sont donc assujettis comme le reste des hommes ? Et voilà celui que je vous demandois pour M******, parce qu'il le mérite, & plus de vous que de tout autre, puisqu'il contribue par ses travaux & ses talens à la gloire & à la prospérité de la Nation que vous devez gouverner un jour. Je me flatte, Monseigneur, que vous connoîtrez par la suite combien il est doux d'éprouver cette espèce de sentiment, & combien il est glorieux de l'inspirer.... — Oh, déjà je ne fais plus aucun cas du *respect d'étiquette.* — Vous avez raison; car il ne tient qu'à votre rang, & point du tout à votre personne : lorsque vous n'aviez qu'un an, vous receviez dans votre Barcelonnette la plupart des honneurs qu'on vous rend aujourd'hui ; les différens Ordres de l'État venoient en Corps vous complimenter, vous haranguer, &c. Il faudroit que vous fussiez bien borné pour vous enorgueillir maintenant de toutes ces choses qui ne sont absolument que des formules, & qu'on vous prodiguoit au maillot; mais si vous cultivez votre esprit, si vous acquérez des connoissances solides, si vous devenez vertueux, & si vous savez honorer & récompenser le mérite dans les autres, tous ces hommages cesseront d'être de vaines & de frivoles représentations, & deviendront l'expression fidelle des sentimens qu'on aura pour vous. Cette conversation a produit les meilleurs effets, & elle a détruit tout le charme dangereux attaché à ces démonstrations de respect dont les Princes sont accablés dès l'enfance.

Pour revenir aux Ouvrages sur l'éducation, je ne vous parlerai point de Télémaque, chef-d'œuvre immortel, également au-dessus des Éloges & de la Critique. Je ne vous dirai rien de Bélisaire dont nous avons parlé tant de fois, & dont nous sentons si bien l'un & l'autre le mérite supérieur ; mais puisque vous ne connoissez point *l'Education d'un Prince, par Chanterefne*[1], *& l'Inftitution d'un Prince, par l'Abbé Duguet*, je vous en citerai quelques passages[2] à mesure que j'en trou-

---

1 On croit assez généralement que ce nom de *Chanterefne* est un nom supposé. Quelques personnes attribuèrent cet Ouvrage à M. Pascal ; mais la plus commune opinion est que M. Nicole en fut l'auteur.

2 L'Abbé Duguet fit cet ouvrage pour le fils aîné du Duc de Savoye.

verai l'occasion : ce dernier Ouvrage eut beaucoup de réputation dans le temps de sa nouveauté ; & quoiqu'il soit fort estimable, il est maintenant tombé dans l'oubli, parce qu'il est ennuyeux [1] ; si quelqu'un prenoit la peine de le réduire en deux volumes, on en feroit un livre très-utile. L'Auteur a pris beaucoup d'idées de Télémaque ; mais il en a souvent de belles qui lui appartiennent, telles que celles-ci par exemple : « La prudence, quand elle est » parfaite, connoît l'artifice, & n'en est » pas connue. Sa lumière s'élève au-des- » sus de tout ce que la fraude médite » dans les ténèbres, & elle découvre de » loin le nuage où la dissimulation se » cache tellement, que de peur d'être » vue, elle ne voit presque rien. »

___

[1] Et parce qu'on y trouve plusieurs déclamations ridicules. Sur les Poésies, qui comparent les Rois & les Héros aux Dieux du Paganisme, l'Abbé Duguet s'écrie : « Il n'y a rien de plus froid que ces chimères, ni de plus » impie & de plus scandaleux.... Cependant les Théâ- » tres en retentissent, la Musique s'exerce sur ces » indignes fictions ; les peuples s'infectent de cette » espèce d'idolâtrie, & les châtimens pleuvent en foule » du Ciel sur une Nation qui s'est fait un jeu d'un si » grand mal. »

L'Abbé Duguet peint les courtisans avec autant de finesse que de vérité ; il parle aussi parfaitement bien sur la flatterie : « L'unique moyen, dit-il, de s'en défendre, est de fermer l'oreille à des paroles agréables que le cœur ne rejette jamais quand les oreilles les ont souffertes ; d'avoir une timidité sur ce point, qui conserve le courage ; & de ne se croire point au-dessus des tentations d'une flatterie grossière, si l'on ne repousse avec sévérité celles qui sont plus délicates & moins visibles : car il en est de l'orgueil comme de toutes les passions ; c'est en lui refusant tout, qu'on le peut vaincre : on l'irrite par les ménagemens, & l'on se met dans la nécessité de lui tout accorder en prétendant composer avec lui. »

Mon Élève a déjà pris l'habitude de ne souffrir aucune espèce de louange ; je lui ai si bien persuadé qu'à huit ans l'on ne peut avoir d'autre mérite que celui d'être docile & appliqué ; je lui fais si bien remarquer l'exagération & le ridicule des éloges qu'on lui donne ; il est enfin si bien convaincu qu'on ne loue les Princes qu'avec l'intention de les séduire, que, par orgueil même, il a pour la flatterie toute l'horreur qu'elle mérite, & qu'il se défie du plus simple témoignage d'approbation, si ce n'est pas des personnes qui possèdent sa confiance, qu'il le reçoit. Il y a quelque temps que le Prince, son père, fit une action qui montroit une justice & une bienfaisance qu'on pouvoit assurément louer sans flatterie ; je fus le seul de ceux qui l'approchent, qui ne lui dis rien sur ce sujet ; le jeune Prince en fit la remarque, & m'en demanda la raison : c'étoit précisément ce que je desirois. Je n'ai point loué cette action, répondis-je, parce que j'ai une haute idée du Prince votre père, & que je le respecte véritablement. — Comment ? — Oui, tout ce qu'il fait de bien ne peut me surprendre ; c'est pourquoi vous ne me voyez point cet air d'enthousiasme que vous remarquez dans les autres, & qui n'est que de l'affectation ou le signe d'un étonnement, au fond trèsdésobligeant pour le Prince, puisque c'est témoigner qu'ils ne s'attendoient pas à le trouver si vertueux : d'ailleurs, quand l'action seroit la plus éclatante qu'on eût jamais faite, le respect m'auroit encore empêché de la louer devant le Prince. — Pourquoi donc? — La modestie est une si belle vertu, que sans elle la gloire la plus brillante perd une partie de son éclat; ainsi, je dois supposer que la personne que je respecte, possède une qualité aussi indispensable; & si j'osois la louer en face, c'est comme si je lui disois : « Je n'ai nulle » espèce de respect pour vous, & je vous » le prouve ouvertement, parce que je » vous crois le plus orgueilleux & le plus » vain de tous les hommes. » Il est si vrai que la louange, quelque fondée qu'elle soit, devient une insulte lorsqu'elle est donnée directement, qu'on ne diroit point sans détour à la plus charmante personne, qu'elle est belle, ni au plus sage des hommes, qu'il est vertueux. Si l'on s'exprimoit ainsi crûment, on choqueroit trop visiblement la modestie, & l'on ne seroit que grossier ; mais puisque c'est s'avilir que de souffrir des louanges déclarées & sans art, on ne doit pas mieux recevoir celles qui sont présentées avec finesse ; car il n'y a de différence que dans les mots, le fond est toujours le même.

Tels sont les moyens dont je me sers, non-seulement pour armer mon Elève contre la flatterie, mais pour la lui faire trouver véritablement injurieuse : il étoit nécessaire de commencer par-là, puisque, sans cela, tout ce que j'aurois pu faire d'ailleurs eût été superflu. Dans ma première Lettre, je vous dirai, comme vous le desirez, mon opinion sur les idées principales qu'un Instituteur doit graver d'abord dans la tête d'un jeune Prince. Adieu, mon cher Baron, faites-moi part de vos réflexions avec la franchise que je suis en droit d'attendre de votre amitié, & que je mérite par l'extrême confiance que j'ai en vous.

LETTRE XXV.
La Vicomtesse à la Baronne.

JE ne vous apprendrai point, ma chère amie, que Madame d'Ostalis est heureusement accouchée ce matin, 4 Janvier, d'un garçon; car je sais qu'avant de se remettre dans son lit, elle a voulu vous écrire un petit billet pour vous mander cette nouvelle; mais du moins vous saurez par moi que notre charmante Religieuse Cécile est arrivée hier au soir; & je l'ai vue, & j'ai pleuré, & j'ai passé une heure & demie tête à tête avec elle. A présent, il vous faut des détails: écoutez donc. Je reçois aujourd'hui, en sortant de table, une Lettre d'une écriture inconnue; je regarde la signature, & je vois *Cécile*: aussi-tôt je sonne, je demande mes chevaux, & puis je lis cette Lettre qui ne contient que des remercimens, mais qui est écrite avec autant de noblesse que de politesse & de simplicité. Je me rappelle cette Lettre si touchante qu'elle écrivit jadis à sa sœur dans les premiers momens de son désespoir. J'oublie que dix ans se sont écoulés depuis; j'oublie qu'elle est maintenant raisonnable & consolée; mon cœur s'émeut & se serre; & dans cette disposition, je monte en voiture. Durant le trajet, ma tête s'échauffe tellement, que j'arrive à l'appartement de Cécile, avec l'émotion & l'attendrissement que j'aurois éprouvés si je l'eusse vue le lendemain de sa profession. J'entre précipitamment, & je la trouve seule, assise vis-à-vis d'une petite table, & écrivant : aussi-tôt qu'elle entend prononcer mon nom, elle se lève, vient à moi, je l'embrasse de toute mon âme, & je suis un moment sans pouvoir parler; car j'avois véritablement un saisissement inexprimable. Je trouve que les grands malheurs attirent presque autant le respect & l'admiration, que le peuvent faire les grandes vertus; pour moi, rien ne me paroît plus auguste qu'une personne persécutée par la fortune, & qui se soumet avec courage à sa destinée; & je vous assure que peu de choses dans ma vie m'ont semblé plus importantes que la première vue de Cécile. Il est vrai que sa figure est aussi noble qu'intéressante; elle est grande, faite à peindre, & elle a des yeux qu'il est impossible que le Chevalier de Murville ait pu oublier; il y a dans ces beaux yeux une mélancolie douce, mais profonde, de l'esprit, du sentiment, de tout enfin : d'ailleurs, ils sont d'un bleu foncé, & ornés des plus longues paupières noires que j'aie jamais vues : enfin, pour achever de me tourner la tête, elle est d'une pâleur extrême, & elle a un son de voix charmant. Autant que j'en ai pu juger par ses discours, qui sont très-réservés, elle a reçu de Madame d'Olcy un bien froid accueil; mais elle parle de Madame de Valmont avec une tendresse touchante; elle vous aime sans vous connoître, & elle m'a témoigné personnellement beaucoup plus de reconnoissance que mes soins n'en méritent; mais tout cela avec une grâce, une mesure que le seul usage du monde ne pourroit donner; car, sans un bon naturel, on ne sera jamais polie d'une manière véritablement obligeante & distinguée.

Vous voulez donc, ma chère amie, que je vous parle de ma petite Constance; je ne demande pas mieux, car vous n'avez pas d'idée de la passion que j'ai pour cette enfant; elle a une douceur de caractère qui seule suffiroit pour la faire aimer : aussi n'est-il jamais question de *punitions*, de *pénitences*, quand elle fait quelques fautes; je me contente de lui dire : *vous m'affligez, vous me rendez malade* : enfin, je ne cherche qu'à émouvoir sa sensibilité, & je ne veux point exciter sa crainte. Mandez-moi ce que vous pensez là-dessus, j'ose croire que vous serez de mon avis. Constance est adorée dans la maison ; je n'ai pas un domestique qui n'ait pour elle une véritable tendresse, parce qu'elle est accoutumée à les bien traiter tous, & que je lui répète sans cesse ce beau mot d'un ancien, que *nous devons regarder nos domestiques comme des amis malheureux*. Adieu, mon cœur; d'après vos conseils, j'apprends sérieusement l'Anglois ; il m'ennuie à la mort, cependant je commence à lire joliment la prose: *Farewell my dear friend.*

LETTRE XXIV.

Réponse de la Baronne.

SI vous êtes charmée de Cécile, je vous assure qu'elle ne l'est pas moins de vous; elle a écrit à Madame de Valmont une très-longue Lettre, & l'éloge de votre grâce, de votre esprit, de votre figure, y tient au moins trois pages.

Je vois avec un plaisir extrême, ma chère amie, que vous continuez l'Anglois, & sur-tout que vous vous occupez sérieusement de l'éducation de notre chère petite Constance. Vous me demandez mon avis sur la manière dont vous vous y prenez pour la corriger de ses défauts, & sans préambule je vous répondrai avec ma franchise ordinaire. Cette manière de prendre toujours les enfans, comme on dit, *par la sensibilité*, ne vaut rien, lorsqu'on en abuse, ou, pour mieux dire, il ne faut presque jamais l'employer. En répétant toujours pour toute correction à votre fille, *qu'elle vous afflige, qu'elle vous rend malade*, vous la familiarisez avec une idée qui devroit lui faire horreur, celle de vous rendre malheureuse, & elle finira par vous entendre dire cette phrase sans éprouver la moindre émotion : ainsi, loin d'augmenter sa sensibilité, vous l'émoussez & vous la détruirez sans retour, si vous ne changez de méthode. Imposez-lui donc les punitions faites pour son âge, la privation d'un joujou favori pendant quelques jours, celle des choses qu'elle aime à manger, &c. & pour les grandes fautes, exilez-la de votre chambre, si vous êtes bien sûre que sa gouvernante ne l'amusera pas dans la sienne; car si elle se divertit pendant cette disgrâce, tout seroit perdu. Pour moi, quand je livre Adèle à Miss Bridget, je suis certaine qu'on ne lui dira pas un mot, qu'on daignera à peine lui répondre, & qu'enfin Miss Bridget aura l'air du plus profond mépris pour elle. Au reste, Adèle est bien persuadée que je souffre en la punissant ; mais en même-temps elle est convaincue que je suis toujours capable de cet effort, parce que je le regarde comme un devoir, & que rien ne peut m'empêcher de le remplir avec la plus exacte justice. Lorsqu'elle rentre en grâce, je lui montre la plus grande satisfaction ; par-là j'excite sa reconnoissance & sa sensibilité, sans diminuer cette crainte salutaire qui me donne sur elle tant d'ascendant. La crainte est l'estime des enfans; s'ils ne craignent pas ceux dont ils dépendent, ils les méprisent & ne les aiment point véritablement. Cette espèce de crainte ne détruit en aucune manière la confiance : que votre présence n'en impose jamais dans les choses indifférentes ou innocentes ; qu'elle ne puisse jeter la plus légère contrainte dans les jeux, car elle ne doit réprimer que le mal, & non la gaieté ; & alors soyez sûre que la tendresse de l'enfant égalera son respect pour vous. Mais si vous êtes fâcheuse, si vous gênez votre fille dans ses amusemens, dans ses plaisirs, vous lui causerez la crainte qu'inspirent les tyrans, & celle-là ne peut produire que l'aversion.

Tout être subordonné par sa nature à

un autre, & qui n'a point pour lui le respect qu'il doit avoir, non-seulement ne s'élève pas, mais se rabaisse encore. Nous ne sommes véritablement nobles, qu'autant que nous savons rester à notre place ; l'insolence, loin de nous rendre plus grands, ne peut que nous avilir, même lorsqu'elle paroît nous réussir le mieux. Cela est si vrai, qu'une femme qui conduit son mari, un fils qui gouverne son père, se rendroient méprisables s'ils ne cachoient pas avec soin l'empire qu'ils exercent, parce que toute usurpation nous est naturellement odieuse, & que l'amour de l'ordre & de la justice se trouve dans tous les cœurs qui ne sont pas entièrement corrompus. Ainsi, n'anéantissez donc point dans l'âme de votre fille la crainte (telle que je viens de vous la dépeindre); elle doit l'éprouver, vous devez l'entretenir. Respectons, reconnoissons les droits des autres, mais n'ayons jamais la bassesse de renoncer à ceux que la nature nous a donnés, puisque cette lâcheté nous ôteroit tout le mérite de la modération à l'égard de ceux auxquels nous sommes subordonnés, & d'ailleurs renverseroit l'ordre que nous devons maintenir autant qu'il nous est possible.

Locke veut qu'aussi-tôt que les enfans avouent une faute, quelle qu'elle soit, on les loue au lieu de les punir, ce qui ne me paroît pas raisonnable. Lorsque Adèle s'accuse elle-même d'une petite faute, elle en est quitte pour une courte exhortation toujours accompagnée de l'éloge de sa candeur & de sa confiance en moi ; si c'est simplement un aveu, c'est-à-dire, une réponse à mes questions, je la punis en proportion de ce qu'elle a fait ; si elle vient me confier une faute grave, elle subit une pénitence, mais infiniment plus douce que si j'eusse découvert ce qu'elle a eu la sincérité de m'apprendre de son propre mouvement. Nous sortons des mains de nos Instituteurs avec des idées si fausses, qu'il n'est pas étonnant que nous ayons besoin de l'usage du monde pour nous rectifier. Si l'éducation étoit bonne, l'expérience ne feroit que nous démontrer la vérité des principes qu'elle nous a donnés, & alors nous conserverions ces principes, & nous en ferions la règle de notre conduite : au lieu de cela, en entrant dans le monde, la première chose que nous apprenons, c'est que tout ce qu'on nous a enseigné relativement à la morale, étoit ou faux ou exagéré : cette découverte met fort à l'aise, car elle autorise à ne regarder tous les principes que comme des préjugés, & elle permet de se livrer à toutes ses passions. Lorsqu'un enfant qui avoue son tort reçoit plus d'éloges que s'il n'avoit point fait de fautes, il doit en conclure très-naturellement qu'on peut impunément faire mal, pourvu qu'on ait la bonne-foi d'en convenir. C'est pourquoi nous voyons tant de personnes se glorifier de leurs défauts mêmes, & dire avec une ridicule vanité : *j'avoue que j'ai de l'humeur, des caprices, de la violence*, comme si ces phrases devoient tout excuser, tout réparer. Persuadez à votre enfant qu'il est bien, qu'il est noble de savoir reconnoître ses fautes avec franchise & avec grâce; mais qu'il est encore mille fois plus beau de n'en point commettre. Lorsqu'une jeune personne est tout-à-fait sortie de l'enfance, quels contes ne lui fait-on pas, avec la louable intention de lui inspirer l'horreur du vice! On croit faire des merveilles en lui disant " qu'une femme qui n'est pas vertueuse, » n'est regardée de personne, qu'elle est » bannie de la bonne compagnie, &c. " Cependant, quand on voit *dans la bonne compagnie* tant de femmes *si peu vertueuses & si regardées*, on en conclut que les mères & les gouvernantes sont menteuses, & qu'il est tout simple d'avoir un amant. Voilà tout ce qu'on gagne à n'être pas vraie. La vertu est si belle, qu'il n'est pas nécessaire d'employer l'artifice pour la faire aimer. Laissons le mensonge & la dissimulation au vice, il en a besoin pour cacher sa difformité; mais si nous voulons instruire, soyons vrais.

Passez-moi dans cette seule Lettre un peu *de pesanteur*, parce qu'avant tout il faut être clair. J'entends par des principes, des idées justes sur ce qui est bien & sur ce qui est mal; j'entends par vertu, le goût des choses honnêtes, fondé sur les principes, & fortifié par l'habitude de bien faire. Il est évident que l'éducation peut donner les principes, & je crois vous avoir prouvé dans mes autres Lettres, qu'elle peut donner aussi les vertus. Mais vous me direz sans doute que tout cela ne suffit pas pour rendre véritablement vertueux, & qu'il faut encore que l'expérience nous ait appris à connoître toutes nos forces, & à savoir les employer. *Avoir de l'expérience*, c'est sur-tout avoir éprouvé, dans un certain espace de tems, à-peu-près toutes les tentations dont on est susceptible ; c'est savoir que nous ne pouvons être heureux & estimés qu'autant que nous sommes vertueux, & que nous avons le courage de résister à nos passions. Si vous vous contentez de dire cela à votre Élève, vous ne lui donnerez qu'une leçon, & non de l'expérience qui ne peut s'acquérir que par des faits. Produisez donc des événemens, offrez-lui des tentations, multipliez les épreuves, redoublez-en l'attrait à mesure que sa raison se fortifie ; quand elle succombe, que la punition naisse de la chose même ; par exemple, si elle faisoit un mensonge, imposez-lui une pénitence comme mère, pour la corriger ; mais en outre qu'elle sente, long-temps après le pardon, les inconvéniens de ce vice ; affectez d'avoir perdu toute confiance en elle, doutez de tout ce qu'elle vous dira, &c. enfin, que tout soit en action, en situation, & votre fille à seize ans aura plus d'expérience que la plupart des femmes n'en ont communément à vingt-cinq.

Il faut que je vous réponde encore, ma chère amie, sur une chose que je considère comme fort importante : vous dites à votre fille *qu'elle doit regarder les domestiques comme des amis malheureux.* Je n'ai jamais admiré cette idée, parce qu'elle manque de vérité ; nous ne pouvons regarder une personne, sans aucune éducation, comme notre amie ; au reste, l'exagération qu'il y a dans cette maxime, est bien excusable, car elle ne vient que d'un bon cœur. Je ne connois rien de plus dangereux pour une jeune personne, que la familiarité avec les domestiques. Il faut lui recommander la politesse avec eux, mais lui défendre expressément toute espèce de conversation, quelque courte qu'elle puisse être, car elle ne prendroit, dans de tels entretiens,

entretiens, que des expressions triviales & ridicules, des sentimens bas, & le goût de la mauvaise compagnie, qui vient principalement de ne pouvoir supporter nulle sorte de contrainte, & de préférer la société des personnes subalternes, à celle où l'on est obligé d'avoir des déférences & des égards qui paroissent gênans lorsqu'on a pris l'habitude de dominer. Adieu, ma chère amie, je crains bien que cette lettre ne vous paroisse *ennuyeuse à la mort*, mais si vous voulez y réfléchir, vous sentirez qu'elle étoit nécessaire pour achever de vous faire connoître mon plan d'Éducation.

LETTRE XXVII.

Réponse de la Vicomtesse.

EH bien, ces idées sur l'Éducation que je croyois si lumineuses, ne valent donc rien ? Il n'y a même pas moyen de le nier, car l'expérience me l'a déjà prouvé. Il y avoit trois mois que je travaillois à corriger Constance de l'impolitesse de répondre toujours *oui, non*, sans ce *Monsieur* ou *Madame*, pour lequel les enfans ont tant d'aversion. Toutes mes *souffrances & toutes mes maladies* n'y faisoient rien ; enfin, votre Lettre m'a décidée au grand parti de mettre ma pauvre petite Constance en pénitence pour cette même cause, & depuis quatre jours elle n'a pas manqué une seule fois de bien dire distinctement *oui Monsieur, oui Madame*, ce qui m'a persuadée qu'en effet votre méthode est préférable à la mienne.

J'ai eu hier une très-vive dispute à votre

sujet; c'étoit à souper chez Madame de B.... On a parlé de vous & de Madame d'Ostalis, & l'on a trouvé fort mauvais que vous ne soyez pas venue aux couches d'une nièce que vous *prétendez* aimer comme si elle étoit votre fille ; j'ai eu beau dire que Madame d'Ostalis ayant vingt-un ans, la plus brillante santé, & n'accouchant point pour la première fois, il étoit assez simple que vous n'eussiez pas abandonné vos enfans, & fait deux cent lieues pour venir être témoin d'un évènement qui, raisonnablement, n'avoit pas dû vous causer la plus légère inquiétude ; on s'est obstiné à soutenir que vous n'aviez point de sensibilité, & que vous n'aimiez point Madame d'Ostalis ; que vous ne l'aviez élevée avec tant de soin, & que vous n'aviez fait tant de sacrifices pour l'établir avantageusement, que par vanité. Dans ce pays-ci on compte pour rien tous les procédés essentiels, & l'on ne donne des éloges qu'aux petites choses ; c'est qu'on loue à regret ce qu'on ne voudroit pas imiter, & par cette raison on admire la sensibilité, non quand elle fait de grands sacrifices, mais quand elle se manifeste par des attentions, des visites, de *petits soins*, parce que toute personne bien minutieuse & bien désœuvrée, peut en donner de semblables témoignages.

Eh bien, mon cœur, malgré vos prédictions, M. de Limours est plus que jamais r'engagé dans ses premiers liens! Madame de Gerville a repris tout l'empire qu'elle avoit perdu un moment; M. de Limours passe sa vie chez elle, & ce dernier raccommodement, par l'humeur qu'il m'a causée, n'a fait que nous éloigner l'un de l'autre infiniment davantage que nous ne l'étions avant la brouillerie. J'ai deux filles, l'aînée sera vraisemblablement établie avant deux ans, puisqu'elle en a quinze, & j'ai la douleur de penser que c'est la femme la plus intrigante & la plus malhonnête qui lui choisira un mari!.... car M. de Limours, méprisant Madame de Gerville autant qu'elle le mérite, est entièrement subjugué par elle; il a d'ailleurs une telle insouciance, & une si grande indolence, qu'il est charmé que quelqu'un ait pris la peine de le gouverner, afin de lui épargner celle de réfléchir & de se décider; cependant il ne manque point d'esprit, il a naturellement de la pénétration, de la finesse, & un bon cœur. Ah, si j'avois voulu!.... si j'avois suivi vos conseils!.... je ne serois pas aussi malheureuse.... oui, malheureuse, je le suis. Connoissez toute mon inconséquence, toute ma bizarrerie. J'ai passé quatorze ans sans songer un moment à l'avantage qui pouvoit résulter de trouver son ami dans son mari ; ce n'est guère que depuis dix-huit mois que je me suis avisée d'y penser; tout-à-coup j'ai vû M. de Limours avec d'autres yeux, ou, pour mieux dire, je l'ai regardé, je l'ai écouté, & j'ai connu, avec une surprise inexprimable, que si je ne l'avois pas aimé jusqu'alors, c'étoit uniquement par distraction, & parce que je m'étois occupée de toute autre chose. Quand on a passé trente ans, qu'on a renoncé à la coquetterie, qu'on est fatiguée de la dissipation, on n'a rien de mieux à faire que d'aimer son mari si l'on peut. Tandis que je me livrois à ces sages réflexions, M. de Limours se brouille avec Madame de Gerville; j'en ressentis une joie qu'il dût facilement pénétrer, je crus même qu'il en étoit flatté; il dînoit plus souvent chez lui, il n'avoit plus l'air de s'y ennuyer, tout alloit au gré de mes desirs, quand tout-à-coup il revoit Madame de Gerville, se raccommode, &, comme autrefois, abandonne sa maison, de manière que je passe souvent quinze jours sans l'appercevoir. Cette conduite m'a causé un chagrin que j'ai d'abord témoigné naïvement; mais quand j'ai vû que M. de Limours en étoit plus embarrassé que touché, j'ai changé de manière, & je lui ai montré le plus profond mépris; alors l'aigreur a succédé aux reproches; enfin nous sommes mille fois plus mal ensemble que vous ne nous avez jamais vus. Combien je sens, dans cet instant sur-tout, la privation d'une amie telle que vous!.... Adieu; j'ai trop de noir pour m'entretenir davantage avec vous, je ne veux pas troubler la paix dont vous jouissez..... Quelle différence dans nos situations!.... Vous avez épousé l'homme du caractère le plus décidé, & même le plus impérieux: il méprisoit les femmes ; il vous fit éprouver toutes les injustices de la jalousie la plus absurde, en même-temps il prit pour une autre la plus violente passion; vous avez trouvé le moyen de le détacher de votre rivale, d'obtenir son estime, sa tendresse & toute sa confiance ; & moi, l'on m'a donné pour mari, l'homme le plus facile à gagner, à conduire, & je n'ai jamais eu le moindre pouvoir sur son esprit, & je ne puis parvenir à l'éloigner d'une femme qu'il n'aime point & qu'il méprise. Ah! je ne le vois que trop à présent, nous faisons nous même notre destinée. A ma place vous eussiez trouvé le bonheur; à la vôtre j'eusse été la plus infortunée de toutes les créatures. Adieu, ma chère amie ; du moins plaignez-moi, écrivez-moi ; retracez-moi toutes les fautes que j'ai faites, montrez-moi les conséquences des étourderies qui m'ont causé tant de chagrins ; je ne sens tout cela que confusément, je voudrois en avoir des idées plus claires, non pour moi, mon sort est fixé, mais afin de mieux dépeindre à mes filles de si terribles inconvéniens : que du moins la triste expérience que j'ai acquise, puisse leur être utile, & je serai consolée des peines qu'elle me coûte.

Le Chevalier d'Herbain est enfin arrivé; il est toujours aussi gai & aussi aimable que vous l'avez vu; il prétend qu'en cinq ans nous avons absolument changé de manières, de mœurs, d'usage, & qu'il se trouve aussi étranger ici qu'il pouvoit l'être à Constantinople. Au reste, l'étonnement qu'il affecte pour tout ce qu'il voit, est fort drôle, & lui sied très-bien. Il m'a chargé de le *mettre à vos pieds*, & il compte écrire au Baron la semaine prochaine.

LETTRE XXVIII.

Réponse de la Baronne.

Que vous m'affligez, ma chère amie, par le détail de votre situation ! & vous voulez que j'aye la cruauté de remettre sous vos yeux toutes les petites fautes qui ont produit de si grands malheurs ! Ne m'auriez-vous point demandé des reproches, seulement afin de me toucher, & pour m'ôter la force de vous en faire ? Ce ne seroit pas la première fois que vous auriez employé, avec moi, cette petite ruse; mais, ma chère amie, ne savez-vous pas qu'il m'est impossible de laisser échapper une occasion de vous *prêcher*; d'ailleurs, je suis très-persuadée que vous pouvez encore, si vous le voulez sincèrement, changer votre sort & le rendre parfaitement heureux ; mais il faut pour cela de la persévérance & une volonté ferme & décidée. Votre premier tort fut de croire, jadis, que c'étoit un très-bon air que celui de paroître froide & dédaigneuse pour son mari ; il avoit à-peu-près la même idée, & cette conformité d'opinions ne devoit pas vous rapprocher. A l'égard des chagrins que vous cause sa liaison avec Madame de Gerville, il n'est encore que trop vrai que vous ne devez vous en prendre qu'à vous même. J'ai conservé toutes vos Lettres. J'ai, ce matin, cherché & trouvé celle que vous m'écrivîtes, à ce sujet, il y a douze ans ; elle est-là sur ma table, je vais la copier fidèlement ; la voici.

« Enfin, ma chère Cousine, tous mes
» vœux sont accomplis, je n'ai plus de
» craintes, d'inquiétudes pour l'avenir ;
» je suis sûre, maintenant, d'être à jamais
» libre & paisible ; M. de Limours est
» amoureux d'une femme de la société ;
» on assure que c'est *une passion véritable*,
» qu'elle est partagée, & que *l'engage-*
» *ment*, de part & d'autre, *est pris pour*
» *la vie*. A présent, si vous voulez savoir
» le nom de *l'objet*, c'est Madame de Ger-
» ville ; & comme vous ne la connoissez

„ point, je vais vous faire son portrait.
„ Elle est plus âgée que moi de quatre
„ ans, par conséquent elle en a vingt-
„ quatre ; elle est du nombre de ces per-
„ sonnes qui ne sont jolies que trois ou
„ quatre heures dans la journée, c'est-à-
„ dire, aux lumières & avec de la parure ;
„ elle a une coquetterie de mauvais ton,
„ toute en mine & en fausse gaieté. Sa
„ réputation est *au moins* équivoque, car
„ on prétend que M. de Limours n'est pas
„ son premier *engagement pour la vie* ; au
„ reste, elle a ce qu'on appelle *beaucoup*
„ *d'amis*, ce qui signifie seulement qu'on
„ reçoit beaucoup de monde chez soi.
„ C'est enfin la personne la plus *agissante*,
„ la plus *visitante* & la plus *intrigante* qu'il
„ y ait au monde. A considérer ceci *poli-*
„ *tiquement*, une femme de ce caractère
„ & de cette tournure peut être utile à la
„ fortune de M. de Limours ; elle intri-
„ guera pour lui & lui donnera l'activité
„ qui lui manque ; & enfin, elle m'assure
„ une parfaite liberté. Il est vrai que M. de
„ Limours n'a pas été, jusqu'ici, fort gê-
„ nant ; mais ne pouvoit-il pas, d'un mo-

» ment à l'autre, par désœuvrement, s'a-
» viser de s'occuper de moi ?.... Grâces
» au Ciel, Madame de Gerville me déli-
» vre de cette crainte ; aussi par recon-
» noissance, je lui donne à souper, je lui
» prête mes loges, & je ne laisse pas échap-
» per une occasion de louer sa figure, sa
» manière de se mettre, sa grâce & son
» esprit. Oh, elle n'a pas obligé une in-
» grate !.... Adieu, mon cœur, quittez
» donc votre triste Champagne, revenez
» bien vîte, car il n'est point de joies par-
» faites sans vous. »

Eh bien, ma chère amie, que dites-vous de cette lettre ? quelle étonnante révolution douze ans ont su produire dans vos idées & dans votre cœur ! Quand notre bonheur n'est point fondé sur la raison, qu'il est fragile ! Ce qui nous transporte aujourd'hui, demain peut-être fera notre tourment. Vous avez connu cette pauvre Comtesse de L.... qui se rendit, par sa jalousie, si insupportable à son mari ; elle avoit tort sans doute, mais ce tort ne pouvoit nuire à sa réputation, & n'étoit même pas fait pour lui ravir, sans retour, l'amitié de son mari ; au lieu de cela, ma chère amie, en montrant tant de joie de ce qui devoit naturellement vous affliger en secret, en accueillant, en recherchant votre rivale, vous avez resserré les nœuds que vous voulez en vain rompre aujourd'hui. Cette conduite imprudente blessoit toutes les bienséances, & vous savez quels prétextes elle fournit par la suite à Madame de Gerville même, pour vous noircir & vous calomnier auprès de M. de Limours. Mais ne parlons plus du passé, c'est du présent & de l'avenir que nous devons nous occuper ; il s'agit d'obtenir de M. de Limours le sacrifice d'une liaison indigne de lui, & dans laquelle il n'a pas même trouvé, pour sa fortune, les avantages que vous en attendiez, car son attachement pour une femme aussi intrigante & aussi dangereuse, n'a servi qu'à lui faire faire beaucoup de fausses démarches, à le rendre suspect, souvent injustement, & enfin, à diminuer de l'estime qu'il étoit fait pour obtenir personnellement. Se peut-il, ma chère amie, qu'avec le desir de le ramener, vous ayez pris le parti de lui montrer *le plus profond mépris !* On peut excuser l'emportement, l'humeur, l'injustice même, mais le dédain & le mépris ne se pardonnent point. Laissez-lui voir de la tristesse, du chagrin; saisissez la première occasion de vous expliquer, alors avouez vos torts avec franchise, c'est le seul moyen de lui faire sentir les siens ; vous ne le rapprocherez pas de vous en un jour; mais en persévérant dans cette conduite, soyez sûre qu'avant un an, il vous accordera toute sa confiance & toute sa tendresse, puisqu'il n'a rien de véritablement essentiel à vous reprocher, & qu'au fond il vous estime. Adieu, ma chère amie ; ne me laissez rien ignorer de ce qui vous intéresse, & sur-tout les détails relatifs à M. de Limours.

LETTRE XXIX.
De la même à la même.

JE vous envoie, ma chère amie, une lettre d'Adèle; vous serez sûrement contente de l'écriture, & peut-être étonnée d'y trouver plusieurs fautes d'orthographe; mais, en permettant à Adèle de vous écrire une fois par mois, je l'ai prévenue que je ne corrigerois ni son style, ni son orthographe; elle vient de m'apporter sa lettre, je lui en ai fait remarquer les fautes: elle vouloit en écrire une autre, ce que je n'ai pas permis; de manière qu'elle voit partir celle-ci avec beaucoup de chagrin, & elle attend avec impatience *le 12 du mois d'Avril*, dans l'espérance de pouvoir prendre sa revanche, en vous envoyant une lettre parfaite, & c'est justement cette émulation que je veux entretenir. A propos d'écriture, je veux vous dire ici la manière dont j'ai fait enseigner Adèle, & que je vous conseille d'employer pour Constance. J'ai remarqué que la plus fatigante de toutes les leçons, pour les enfans, est celle d'écriture, parce qu'en effet rien n'est plus ennuyeux que de remplir une grande page, en répétant toujours une ou deux phrases qui forment en tout deux lignes. J'ai donc fait écrire, par un excellent Écrivain, la valeur de neuf ou dix volumes d'extraits instructifs & amusans, pour servir d'exemples à mes enfans; les uns en grande & en moyenne écriture, pour la première enfance, & les autres en petit caractère, pour l'âge de douze, treize, quatorze & quinze ans. Tous ces exemples sont sur des feuilles détachées, & lorsqu'un volume est fini, on passe à un autre. De cette manière, Adèle trouve sa leçon agréable, s'instruit en écrivant; & comme elle écrit, dans le même espace de temps, une beaucoup plus grande quantité de mots différens, que les autres enfans qui ne copient qu'une seule ligne, elle apprendra certainement l'orthographe infiniment plus promptement.

Non, ma chère amie, Adèle n'est point *une petite personne déjà parfaite*; la nature lui a même donné de très-grands défauts,

& je n'ai pu encore que les réprimer & non les détruire entièrement. Elle est violente, étourdie, légère, & par conséquent indiscrette, inconsidérée, peu capable d'une application suivie. Avec les personnes qu'elle ne craint pas, elle est impatiente, *raisonneuse*, emportée ; mais, comme tous les enfans, elle sait parfaitement se soumettre à la nécessité ; & n'ignorant pas que j'ai également le droit & la volonté de la punir quand elle fait mal, elle est avec moi d'une extrême soumission. Elle s'est échappée deux ou trois fois avec Miss Bridget ; mais enfin ayant reconnu que Miss Bridget est tout aussi inflexible que je puis l'être, elle la respecte maintenant, & lui obéit ainsi qu'à moi. Nous la croirions parfaite en effet, si je ne l'examinois pas attentivement, lorsqu'elle croit que je ne prends pas garde à elle. Pendant sa leçon de dessin, j'écris ou je lis, & souvent je la surprends se moquant de Dainville, ou faisant des mines d'impatience, & je vois clairement que si je n'étois pas présente, elle seroit avec lui aussi impertinente qu'indocile.

Rien n'est plus facile que d'en imposer à un enfant ; mais quand on a su forcer à la soumission un esprit naturellement impérieux, il ne faut plus l'abandonner à lui-même un seul instant ; car, si vous perdez de vûe l'enfant que vous avez dompté, soyez sûre qu'il se dédommagera, à la première occasion, de la contrainte que vous lui imposez : plus il sera soumis avec vous, plus il sera intraitable avec les autres ; alors, loin de lui ôter un vice, vous ne ferez que lui en donner de nouveaux : la douceur qu'il vous témoignera ne sera que de la souplesse, & deviendra de la fausseté & de l'hypocrisie. Ainsi, ne le quittez donc que pour le remettre en des mains aussi sûres que les vôtres ; ayez toujours les yeux sur lui jusqu'à ce que le temps, la raison & l'habitude ayent absolument changé son caractère. Au reste, Adèle a d'excellentes qualités, elle est d'une extrême sensibilité ; elle est généreuse, incapable d'envie, elle n'a jamais d'humeur, & elle aura sûrement beaucoup d'esprit.

Il est essentiel d'accoutumer les enfans à

SUR L'ÉDUCATION. 235

traiter tous leurs Maîtres, non-seulement avec politesse, mais avec respect, car il faut leur persuader qu'ils doivent de la reconnoissance à toute personne qui leur donne une connoissance utile ou un talent agréable ; ce sentiment de reconnoissance rejaillira sur le père & la mère qui dirigent l'éducation, & les leçons en seront prises avec bien plus de fruit. Adèle, hier, croyant que je ne la voyois pas, arracha des mains de Dainville un crayon, qu'il ne tailloit pas assez vîte à son gré ; je l'obligeai à lui faire des excuses que je dictai moi-même dans les termes les plus humbles, ce qui lui coûta beaucoup. Quand nous fûmes seules, elle me dit qu'elle ne croyoit pas devoir *tant de respect à un jeune homme, comme M. Dainville.* Mais, répondis-je, il veut vous donner un talent charmant, il vous consacre son temps & ses soins, il est un de vos bienfaiteurs. = Bienfaiteur !.... Un Maître !.... = Eh bien, ne voulez-vous pas dire qu'il est payé pour cela, & qu'il ne fait que son devoir ? Si cette raison vous dispense de la reconnoissance, vous serez ingrate avec tout le monde : par exemple, moi, en vous élevant, en vous corrigeant, en vous récompensant, je ne fais que remplir mon devoir, ainsi vous ne m'en avez donc aucune obligation.... = Oh, Maman, pouvez-vous comparer.... = Je sais bien que vous me devez beaucoup plus qu'à M. Dainville, mais il est différens degrés de reconnoissance ; & si l'on ne sent point du tout les petites obligations, l'on est incapable de ressentir fortement les grandes : enfin, si vous n'avez nulle reconnoissance pour M. Dainville, vous n'en aurez sûrement qu'une très-foible pour moi. Ce raisonnement a fait une très-vive impression sur Adèle, & je suis bien certaine qu'elle se piquera de montrer beaucoup de reconnoissance à Dainville, afin de me convaincre qu'elle en a une sans bornes pour moi. Elle a parfaitement compris que toute personne qui ne manque à aucun de ses devoirs relativement à nous, contribue autant qu'il est en elle à notre félicité, & par-là mérite de nous inspirer un sentiment de gratitude proportionné au bonheur qu'elle nous procure,

& elle a même senti que si ces devoirs sont remplis avec affection, notre affection seule pouvoit en être le prix.

A présent, ma chère amie, il faut que je vous dise un mot de nos plaisirs, nous en avons eu de très-brillans ce mois-ci : par exemple, nous avons joué la Comédie, & mes enfans étoient nos principaux Acteurs ; je vois d'ici votre surprise. *Comment ! Adèle a joué un rôle d'amoureuse ! Adèle sait déjà ce que c'est que l'amour, un amant, des passions violentes !* Rassurez-vous, Adèle ne sait rien de tout cela ; nous avons joué deux Comédies dans lesquelles il n'y a ni amour, ni passions violentes, ni hommes ; il est nécessaire de vous expliquer cette énigme ; en voici le mot : J'ai fait un *Théâtre à l'usage des enfans & des jeunes personnes* ; il faut aux enfans, comme nous l'avons déjà dit, des tableaux, des images vives & naturelles qui puissent frapper leur imagination, toucher leur cœur, & se graver dans leur mémoire. Voilà le principe qui a produit cet Ouvrage ; toutes ces petites Pièces forment un Recueil de leçons sur tous les points de la morale ; j'ai peint des travers, des défauts, des ridicules ; mais, en général, j'ai évité de présenter des personnages véritablement odieux ; ce sont des rôles dangereux à faire jouer ; les enfans peuvent oublier le dénouement & la morale qu'on en tire ; & les traits de malignité restent dans leurs têtes : ils s'approprient, pour ainsi dire, ce qu'ils apprennent par cœur & ce qu'ils représentent. J'ai fait des Pièces pour Adèle & pour mon fils. Dans les premières, tous les Personnages sont des femmes, & tous ceux des secondes sont des hommes ; ce qui m'étoit facile, puisque je bannissois l'amour de mon Théâtre ; & d'ailleurs, la familiarité que les répétitions établissent nécessairement entre les Acteurs, ne peut s'accorder avec l'exacte décence qui convient à de jeunes personnes. Il m'a paru que ce nouveau genre de Pièces pouvoit être utile à l'éducation de la jeunesse. De cette manière, un enfant, en s'amusant, exerceroit sa mémoire, formeroit sa prononciation ; il acquéreroit de la grâce, & perdroit l'embarras & la niaiserie de l'enfance :

après avoir joué un rôle rempli de bonté, de délicatesse, de générosité, il rougiroit d'être indocile ou insensible ; enfin, il chériroit la vertu qu'il verroit aimable & applaudie. Mais, je le répète, il est absolument nécessaire que les Pièces soient faites exprès pour ce dessein ; car la meilleure de nos Pièces de Théâtre seroit dangereuse, & en même-tems au-dessus de l'intelligence de l'enfant de dix ans le plus spirituel.

Nous avons joué, le premiers de Mars, deux Pièces ; la première ayant pour titre : *Les Flacons* ; & la seconde ; *La Colombe*. Madame de Valmont & moi, avons pris *l'emploi* de Mère & de Fées ; Adèle joue les grands rôles, & deux jolies petites filles d'une Femme-de-chambre de Madame de Valmont forment le reste de notre Troupe. Quatre jours après il y eut une représentation où nous ne fûmes que spectatrices ; c'étoit le tour des hommes qui jouèrent *le Voyageur* & *le Bal d'Enfans* ; les Acteurs étoient M. d'Almane, Théodore, M. de Valmont & son fils, Charles, qui a treize ans, & qui est d'une figure charmante, M. d'Aimeri, Dainville, &

deux Valets-de-chambre. Charles eut le plus grand succès dans le Voyageur, & Théodore joua fort joliment dans la seconde Pièce. Il y a beaucoup d'émulation entre nos deux Troupes ; mais nos Acteurs les plus distingués sont Charles & Adèle, qui est véritablement surprenante pour son âge. Nos Spectacles ont si bien réussi, que nous donnerons les mêmes représentations encore une fois dans le courant du mois. Nous avons un très-joli théâtre & une salle qui contient deux cent personnes, & qui est parfaitement remplie par nos voisins, nos gens, & des paysans ; ce qui forme pour nous un auditoire très-imposant, quoiqu'il nous ait traité jusqu'ici avec beaucoup d'indulgence. Adieu, ma chère amie; si vous desirez des billets pour la première représentation, mandez-le moi..... Oh, que je voudrois que vous pussiez voir ce petit Spectacle ! j'en jouirois doublement si vous y étiez, & peut-être vous intéresseroit-il plus que vous ne l'imaginez, car les grâces touchantes & naïves de l'enfance prêtent un charme inconcevable à ces foibles productions.

LETTRE

LETTRE XXX.

Réponse de la Vicomtesse.

SI je veux des billets pour aller à vos Comédies, vous m'en enverrez! Croyez-vous que ce soit là une jolie plaisanterie, & qu'il soit généreux d'insulter ainsi au chagrin que j'éprouve d'être séparée de vous? Je suis bien sûre que je préférerois vos Spectacles d'enfans à la plupart de ceux que je vois ici ; par exemple, à celui auquel j'ai été hier. M. de Blésac a donné une très-jolie fête à sa maison de campagne ; il avoit rassemblé environ quinze femmes de la meilleure compagnie, & excepté cinq ou six, toutes extrêmement jeunes. La fête commença par une illumination charmante dans le jardin, & finit par un Spectacle fort différent des vôtres; on joua deux pièces dont vous avez pu entendre parler, parce qu'elles passent pour être fort jolies dans leur genre; mais elles sont si indécentes, que sûrement *de notre temps*, c'est-à-dire, il y a dix ans, il n'existoit pas une seule femme de bonne compagnie qui eût avoué les avoir lues. Eh bien, au milieu de cent hommes, nous les avons vu jouer sans aucun embarras, & l'on a même demandé à M. de Blésac une seconde représentation de ce Spectacle. Pour moi, je vous avoue que je n'avois pas d'idée d'un tel excès de licence, & que j'ai admiré l'intrépidité de toutes ces jeunes personnes pendant tout le temps qu'a duré la Comédie, elles qui d'ailleurs paroissent si timides, & quelquefois affectent tant d'embarras en entrant dans une chambre. Si j'avois pu sans pruderie me dispenser d'aller à la seconde représentation, je n'aurois certainement pas pris l'engagement d'y retourner; car, au vrai, je n'ai pas l'esprit & le goût assez corrompus pour préférer de semblables Pièces à celles de la Comédie Françoise. Madame d'Ostalis étoit priée de cette fête, & n'a point voulu y venir, ce que j'ai fort approuvé; & certainement, si j'avois vingt ans, j'aurois fait comme elle, en dépit de la mode & du pouvoir de l'exemple.

Je vous dirai, ma chère amie, que je fais beaucoup de progrès dans la Langue Angloise, je commence à lire la prose fort joliment. A propos de cela, connoissez-vous un Livre Anglois sur l'éducation, qui a pour titre : *Lord Chesterfield's letters to his son* [1]. C'est un impertinent Auteur que ce Lord Chesterfield ! Ecoutez, je vous prie, comment il nous traite, & voyez si vous vous reconnoîtrez dans ce galant portrait, que je traduis littéralement [2] : « Les femmes sont seulement de grands » enfans, elles ont un amusant babil, & » quelquefois de l'esprit. Mais depuis que

---

[1] Lettres de Milord Chesterfield à son fils.

[2] Women are only children af a larger growth ; they have an Entertaining tattle, sometimes wit ; but for solid, reasoning good sense. J never in my life knew one that had it, or who reasoned or acted consequentially for four and twenty hours together.... A man of sense only trifles with them plays with them humours and flatters them as he does with a sprightly forward child : but he neither consults them about nor trust them with serious matters. vol. 2.

» j'existe (& il étoit très-vieux), je n'en
» ai jamais connu une seule qui eût un
» solide bon sens, ou qui sût agir & rai-
» sonner conséquemment pendant vingt-
» quatre heures.... Un homme de bon
» sens doit seulement les flatter & s'amu-
» ser d'elles, comme il feroit avec un
» joli enfant, mais il ne doit jamais les
» consulter ou leur confier de sérieuses
» affaires. » Approuvez-vous, ma chère
amie, qu'un père donne à son fils une
telle opinion des femmes : outre qu'elle
est injuste & fausse, elle me paroît dangereuse; car l'homme qui méprise les femmes n'est pas plus qu'un autre à l'abri de
leurs séductions, & s'avilit en les aimant.
Au reste, moi, qui suis plus juste que
Milord Chesterfield, je conviendrai qu'il
y a beaucoup d'esprit dans ses Lettres;
mais il me semble qu'en général, il attache trop de prix à ce qu'il appelle *les grâ-*
ces & le bon ton. Quand son fils débute à
Paris dans le grand monde, Milord Chesterfield est principalement tourmenté par
la crainte qu'il n'y paroisse gauche ; il s'occupe beaucoup moins de son caractère &

de son cœur que de ses manières ; toutes ses Lettres sont remplies des détails les plus minutieux relativement aux usages du monde ; il lui enseigne comment on doit se moucher de bon air ; il l'exhorte à ne pas répandre de sauce en servant à table, à ne point cracher en parlant, à ne jamais rire aux éclats, &c. enfin, il a une telle passion de voir son fils à la mode, qu'il sacrifie même les mœurs à cette frivole fantaisie, & qu'il lui conseille de prendre deux maîtresses à la fois. D'ailleurs, cet homme qui se piquoit d'avoir un si bon ton, en avoit un très-mauvais ; il y a souvent dans ses Lettres des pages entières écrites en François ; je ne vous en citerai qu'un passage ; il conte à son fils, qu'une femme de *très-bonne compagnie* entreprit de le former, & qu'un jour, dans un cercle, elle dit à plusieurs personnes : « Savez-
» vous que j'ai entrepris ce jeune homme,
» il faut que vous m'aidiez à le dérouiller,
» il lui faut nécessairement une passion ;
» & s'il ne m'en juge pas digne, nous
» lui en chercherons quelque autre. Au
» reste, mon novice, n'allez pas vous

» encanailler avec des filles d'Opéra, qui
» vous épargneront les frais du sentiment
» & de la politesse, mais qui vous en
» couteront bien plus à tout autre égard.
» Je vous le dis encore, si vous vous en-
» canaillez, vous êtes perdu, mon ami.
» Ces malheureuses ruineront & votre
» fortune & votre santé, corrompront
» vos mœurs, & vous n'aurez jamais le
» ton de la bonne compagnie [1]. »

Je sais bien qu'on a trouvé quelquefois dans la bonne compagnie des femmes qui ont *entrepris* de former des jeunes gens, mais je ne crois pas qu'on en ait jamais vu s'exprimer d'une semblable manière. Ces Lettres de Milord Chesterfield sont en quatre volumes, & je les ai finies; vous voyez que je travaille sérieusement. Je commence aussi à donner beaucoup de temps à l'éducation de Constance, je la fais lire, je lui apprends par cœur les petits Contes que vous m'avez envoyés, je la garde presque toute la journée avec moi; enfin, j'imite de mon mieux tout ce que

---

[1] Vol. 2.

vous faites pour Adèle. Je recueille déjà les fruits de ces soins si doux, ma maison me devient plus agréable, la dissipation m'est moins nécessaire, & ma santé est meilleure. Constance est également sensible, douce & soumise ; mais depuis que je la mets en pénitence, elle m'a fait plusieurs mensonges, afin de se soustraire à la *demi-correction* que je lui fais subir, suivant votre méthode, quand elle m'avoue une faute un peu grave. Comment remédier à cela ? Comment empêcher un enfant de mentir, lorsqu'il se croit parfaitement sûr de n'être point découvert ? Comment s'y prendre enfin pour lui donner *de la conscience* ? Répondez-moi là-dessus avec le plus grand détail, car cet article me paroît le plus important de tous.

J'ai passé avant-hier toute la matinée avec Cécile, dont la santé est presque entièrement rétablie ; elle nous dit, à Madame d'Ostalis & à moi, que ce qu'elle avoit vu du monde ne le lui feroit pas regretter ; qu'elle s'en étoit fait dans sa solitude une idée bien différente, & que sa chimère étoit beaucoup plus séduisante que la réalité. « Je rencontre toujours, dit-elle, l'image de la contrainte & de la dépendance ; je cherche vainement celle du bonheur & de la liberté ; je ne vois que des chaînes ridicules, des travers & des bizarreries révoltantes : » elle ajouta qu'elle retourneroit dans son Couvent sans éprouver d'autre regret que celui de nous quitter, car elle a véritablement une amitié sincère pour Madame d'Ostalis & pour moi, & ce sentiment est bien partagé. Depuis deux mois, Madame d'Olcy se conduit fort bien avec elle, & se pique même de l'aimer beaucoup. Quand elle a vu que nous lui rendions des soins, & que nous allions déjeûner avec elle au moins trois ou quatre fois par semaine, elle a commencé à s'en occuper & l'a fait connoître à plusieurs personnes de ses amies. Cécile est si intéressante par sa figure, son esprit & ses grâces naturelles, que tout ce qui la voit est charmé d'elle ; aussi est-elle à la mode autant qu'on peut l'être dans sa situation ; c'est-à-dire, que toutes les femmes qui ne peuvent être jalouses d'une Religieuse, veulent la voir, la connoître, & parlent d'elle avec enthousiasme. Tous ces succès ont décidé Madame d'Olcy à afficher dans le monde un *grand sentiment* pour elle, qui lui fait beaucoup d'honneur, & qui ne l'a cependant point empêchée de faire entendre à Cécile qu'elle desiroit que son séjour à Paris ne se prolongeât pas davantage. Cécile vouloit partir sur le champ; mais, comme les Médecins demandent encore cinq semaines, j'ai exigé sa parole qu'elle resteroit ici jusqu'au mois de Mai; ce qu'elle m'a promis, quoique avec beaucoup de répugnance.

Adieu, ma chère amie; n'oubliez pas, en rendant ma réponse à la charmante petite Adèle, de l'embrasser de ma part aussi tendrement que si c'étoit pour vous. A propos, (& c'est en effet bien à propos d'Adèle) mandez-moi donc avec un peu plus de détail ce que vous pensez de Charles, fils de Madame de Valmont; je sais déjà qu'il a treize ans, qu'il est d'une figure charmante, qu'il joue la Comédie à merveille, ce qui suppose de l'esprit &

de la grâce; & d'ailleurs, quel est son caractère ? Quelle est sa naissance, que sera sa fortune ? J'ai la plus vive impatience d'être instruite positivement de tout cela; car je prévois que ce petit Charles, si joli, si près de vous, si souvent avec Adèle, pourroit bien par la suite jouer un rôle encore plus intéressant que ceux que vous lui donnez. Adieu; songez que si votre réponse à cet égard n'est pas claire & détaillée, je croirai que vous avez des projets que vous voulez me cacher.

LETTRE XXXI.

Réponse de la Baronne.

JE ne suis pas surprise, ma chère amie, que Constance, accoutumée à ne jamais recevoir de punitions, ait recours au mensonge pour s'en affranchir. Qui peut nous empêcher de commettre une mauvaise action qui nous est utile & agréable, lorsque [nous sommes] sûrs qu'elle ne sera jamais découverte, & quand elle ne fait de tort à personne ? La conscience ! Mais qu'entend-t'on par *la conscience* ? Un sentiment intérieur, qui, par le remords qu'il nous cause, nous punit de nos fautes. Ce sentiment n'existeroit point, si la vertu n'étoit qu'une chose de convention ; c'est-à-dire, si, dans une autre vie, des récompenses immortelles ne lui étoient pas préparées ; enfin, si tout mouroit avec nous, le Héros qui se dévoue au bien public, qui sacrifie ses propres intérêts aux intérêts des autres, ne seroit qu'un insensé ; tandis que le plus sage des hommes seroit celui qui se livreroit à toutes les passions qu'il pourroit satisfaire, sans encourir les peines établies par les loix. La conscience n'est qu'un guide peu sûr sans la religion ; donnez donc à votre Élève des sentimens religieux ; persuadez-lui bien que dans tous les momens de sa vie, Dieu la voit & l'entend ; frappez son imagination de cette importante & sublime idée ; donnez-lui l'exemple de la piété ; qu'elle vous voie souvent priant Dieu, qu'elle soit convaincue que vous trouvez dans ce devoir toutes les consolations dont vous avez besoin, & que vous le remplissez avec joie. Faites-lui admirer les ouvrages de Dieu, les cieux, la terre, la verdure, les fleurs ; que le fruit qu'elle mange, la rose qu'elle cueille, tout serve à lui rappeler la bonté & la puissance de l'Être suprême qui a tout créé. Apprenez-lui des prières courtes, simples & touchantes, qu'elle puisse comprendre & sentir. J'en ai composé exprès pour Adèle, & elle les dit avec un respect & une expression qui m'attendrissent toujours. Je lui parle souvent de son *Ange tutélaire* ; je le lui ai peint beau comme il doit être, couronné de fleurs immortelles, ayant des aîles brillantes, & voltigeant toujours autour d'elle; cette image douce & riante émeut son cœur & séduit son imagination : elle sait que cet Être charmant est aussi pur qu'il est beau, qu'il déteste le mensonge, les détours, la gourmandise, la colère, & que toute bonne action lui plaît & l'enchante ; elle craint *d'affliger son bon Ange*; & lorsqu'elle est bien raisonnable, elle me dit avec une satisfaction inexprimable : " Dieu me protège, & mon bon » Ange est content de moi. " Je lui ai parlé aussi de l'esprit malfaisant, perverti par l'orgueil & par l'ingratitude, & que la céleste Justice précipita du Ciel au fond des noirs abîmes de l'Enfer, gouffres affreux, éternelle demeure des méchans & des impies, & qui reçut pour premiers habitans des orgueilleux & des ingrats. Adèle sait que cet esprit infernal n'est occupé qu'à nuire, qu'il causa la chûte du premier homme, & que c'est lui qui, pour nous perdre, nous suggère les criminelles tentations de manquer à nos engagemens, à nos résolutions, ou de nous énorgueillir des dons de la nature que nous tenons de Dieu. Enseignez à Constance toutes ces différentes choses en causant avec elle; cette espèce d'instruction doit précéder celle du Catéchisme, que vous ne devez lui apprendre que lorsqu'elle aura six ou sept ans. Prévenez-la bien, en lui lisant le Catéchisme, que les Mystères qu'il explique sont au-dessus de l'intelligence humaine; que Dieu nous a fait *pour l'aimer, & non pour le comprendre;* que d'ailleurs, nous sommes trop bornés pour oser soutenir que tout ce que nous ne pouvons concevoir est faux, puisque, dans la nature, tout est presque mystère & prodiges pour nous, & qu'enfin, comme dit Montaigne, en parlant de l'incrédulité sur les choses indifférentes : « que » c'est une hardiesse dangereuse & de » conséquence, outre l'absurde témérité » qu'elle traîne quant à soi, de mépriser » ce que nous ne concevons pas. »

SUR L'ÉDUCATION.

Telle est la manière que j'ai employée pour inspirer à Adèle une véritable piété, & lui donner, comme vous dites, de la conscience. J'ai mis en usage aussi, pour le même objet, un autre moyen qui vous paroîtra peut-être frivole, mais dont l'effet est sûr. Il est absurde de dire aux enfans qu'un *petit doigt* nous avertit de tout ce qu'ils font en secret, parce que c'est un mensonge & une bêtise; mais j'ai dit à ma fille que lorsqu'elle ne me répond pas avec sincérité, je le vois clairement dans ses yeux & sur sa physionomie; & je ne la trompe point, car, lorsqu'on connoît les enfans, il est bien facile de lire sur leur visage tout ce qu'ils pensent: ainsi elle n'a jamais la tentation de me déguiser la vérité, sûre que je la pénètre toujours. D'ailleurs, à force de lui répéter que je suis certaine qu'elle ne voudroit pas faire une faute grave, quand elle seroit convaincue que je ne pourrois jamais la découvrir, je le lui persuade; & il est très-vrai que depuis quelque temps elle ne commet point de fautes, sans éprouver un pressant désir de m'en instruire : ce qui est tout simple, puisque, sans compter les raisons que je viens de vous détailler, elle croit que cet aveu sera, aux yeux de Dieu, une expiation, & aux miens une preuve de confiance qui m'attachera davantage à elle. Enfin, ma chère amie, que la Religion soit la base de tout ce que vous ferez; ou vous ne ferez rien de véritablement solide. Occupez-vous en même-temps de donner à votre Élève de l'empire sur elle-même; vous travaillerez alors sur des fondemens inébranlables, & votre ouvrage ne sera détruit ni par les passions, ni par les mauvais exemples.

Je connoissois les Lettres de Mylord Chesterfield; je trouve tous les reproches que vous lui faites parfaitement fondés; mais s'il n'avoit pas dit tant de mal des femmes, vous auriez loué plusieurs choses de son ouvrage, dont vous n'avez point parlé. N'est-il pas touchant, par exemple, qu'un homme, dans le ministère & livré aux affaires & à l'ambition, écrive à son fils, âgé de huit ans, des lettres aussi longues & aussi détaillées qu'instructives, puisqu'elles contiennent des abrégés de mythologie & d'histoire fort bien faits, & que cette correspondance, pendant plus de vingt ans, ait toujours été également exacte & suivie ? Je conviens qu'il eût été mieux encore d'élever son fils soi-même, & de ne pas s'en séparer si long-temps ; mais ce fils n'étoit pas légitime, ce qui ajoute beaucoup à tout ce que Mylord Chesterfield a fait pour lui. D'ailleurs, on trouve dans ces Lettres plusieurs principes excellens, une connoissance assez approfondie du cœur humain, de l'érudition, de l'esprit, de la finesse, de la raison ; enfin, il me semble qu'elles doivent être regardées comme un ouvrage estimable à beaucoup d'égards, & comme un monument intéressant de la tendresse paternelle.

Comment se peut-il, ma chère amie, que vous ayez été à la fête qu'a donnée M. de Blésac ? & comment avez-vous pu vous résoudre à voir une seconde représentation d'un semblable spectacle, vous à qui j'ai toujours connu un goût si vrai pour la décence ? Est-il possible que vous ayez sacrifié votre inclination & vos principes à la crainte frivole & ridicule d'être accusée de pruderie par des gens dans la bouche desquels ce reproche est presque toujours un éloge ? *Vous avez trente-deux ans, & votre réputation est faite ?* Premièrement vous n'avez point passé l'âge où l'on peut la perdre ; & d'ailleurs ne l'avez-vous acquise que pour vous affranchir des bienséances qu'on doit respecter le plus ? Croyez au contraire qu'il faut faire, pour la conserver, tout ce qu'on a fait pour l'obtenir. Songez encore que les mauvais exemples donnés par une personne estimable sont les seuls véritablement dangereux. Si M. de Blésac n'eût pu rassembler à cette fête que des femmes d'une réputation équivoque, on n'eût certainement pas vu une seconde représentation de ce spectacle ; un cri général se seroit élevé contre une pareille indécence, & elle eût été trouvée ce qu'elle est en effet ; mais quand on a su que quelques personnes irréprochables étoient à ces pièces, on a porté un jugement différent : ainsi, vous avez contribué à un très-grand mal, celui de rendre l'indécence moins odieuse & moins révoltante, c'est-à-dire, dans l'opinion générale ; car il existe encore plusieurs bons esprits qui jugent des actions, non par les personnes qui les font, mais par ce qu'elles sont véritablement. Enfin, quel exemple pour votre fille, prête à entrer dans le monde ! Quand vous lui recommanderez la circonspection, la décence la plus exacte & la plus scrupuleuse, de quel poids seront vos exhortations à cet égard ?.... Pardonnez-moi, ma chère amie, des reproches si peu ménagés ; j'envisage avec douleur toutes les conséquences de votre étourderie, & j'en suis trop sincèrement affectée pour songer à mes expressions : l'amitié trahit quand elle flatte dans les choses importantes, & j'aimerois mieux risquer de vous déplaire que de vous déguiser des vérités utiles. Maintenant, après vous avoir bien prêchée, je vais, au nom de Madame de Valmont & au mien, vous remercier de toutes vos bontés pour Cécile, & vous demander une nouvelle grace. Nous avons lu à M. d'Aimeri l'article de votre dernière lettre, où vous parlez de Cécile, & de l'impression qu'à produit sur elle ce qu'elle a pu entrevoir du monde. Ce détail a fait le plus grand plaisir à M. d'Aimeri, qui, depuis la mort de son fils, se reproche chaque jour d'avoir sacrifié la malheureuse Cécile; il est si cruellement puni par ses remords, qu'il est impossible de ne pas le plaindre presque autant que sa victime, d'autant plus qu'il parle lui-même à ses amis de cette tache ineffaçable dans sa vie, avec une franchise & des regrets qui le rendent aussi intéressant qu'on peut l'être après une semblable faute. Il est, depuis ses malheurs, dans la plus grande dévotion; & sa piété, aussi solide que sincère, en lui faisant connoître toute l'atrocité de son injustice, ajoute encore à ses remords. Il n'ignore point que Cécile aimoit le Chevalier de Murville. Il pense sans cesse à elle, il se la représente telle qu'elle étoit lorsqu'il la renvoya dans son Couvent, dans tout l'éclat de sa jeunesse & de sa beauté. Cette image touchante le poursuit, m'a-t-il dit, en tous lieux, à toute heure, & lui inspire une compassion si tendre, qu'il m'a protesté souvent qu'il avoit véritablement pour Cécile une affection aussi vive que celle qu'il ressent pour Madame de Valmont. Cependant il n'a pu se résoudre à la voir depuis sa profession, quoiqu'il en ait mille fois formé le projet ; mais il lui écrit, il a doublé sa pension, & lui envoie chaque année, avec profusion, toutes les petites choses d'agrément qu'une Religieuse peut desirer. Cécile, dont le cœur sensible ne demande qu'à s'attacher, a pris pour lui la tendresse la plus vraie, & la lui témoigne de la manière la plus touchante dans des lettres qui ne peuvent qu'aggraver la douleur & le repentir de son malheureux père. Elle lui avoit caché par égard l'altération inquiétante de sa santé, & ne lui manda son voyage à Paris, qu'au moment de partir. Cette nouvelle accabla de douleur M. d'Aimeri, d'abord par l'inquiétude que lui causoit la maladie de sa fille, & par la crainte affreuse que la connoissance superficielle qu'elle alloit acquérir du monde, le spectacle de l'opulence, de la magnificence & du bonheur de sa sœur, ne lui fissent sentir davantage le malheur de sa situation. Votre lettre, en détruisant toutes ces craintes, a redoublé sa tendresse & son estime pour Cécile; il n'est plus déchiré de remords depuis qu'il sait que sa fille est enfin satisfaite de son sort, & maintenant il desire avec passion de la voir : ainsi, ma chère amie, si vous pouvez nous obtenir encore pour Cécile cinq ou six mois de liberté, au lieu de retourner dans son Couvent, elle viendra ici passer l'été, & vous ferez le bonheur de son père & de Madame de Valmont. Adieu, ma chère amie; répondez-moi là-dessus le plus tôt qu'il vous sera possible. Au moment de fermer cette lettre, je me rappelle heureusement les questions que vous me faites au sujet du fils de Madame de Valmont; puisque je ne vous ai point parlé de lui avec détail, vous deviez croire que je ne formois aucun *projet pour l'avenir* : ma fille doit naturellement prétendre à un meilleur parti, relativement à la fortune; au reste, quoique M. de Valmont n'aille point à la Cour, il est en état de produire toutes les preuves qu'on exige pour les présentations; sa famille manque d'illustration, mais elle est très-ancienne, & l'on ne peut lui reprocher de mésalliances, mérite dont bien peu de maisons peuvent se vanter aujourd'hui, & qui prouve du moins que ses Ancêtres pensoient noblement. Pour revenir à Charles, il est en effet d'une figure distinguée, & dont je puis vous donner une idée, car on dit qu'il ressemble étonnamment à Cécile ; il a d'ailleurs beaucoup d'esprit, une raison au-dessus de son âge, une extrême sensibilité, & une tête très-vive, quoique son extérieur soit froid & sérieux. Il a reçu de son grand-père une très-bonne éducation ; mais il a treize ans, il aura des passions violentes ; & s'il perdoit M. d'Aimeri avant d'entrer dans le monde, il seroit très-possible qu'il ne répondît à aucune des espérances qu'on a conçues de lui. Adieu, ma chère amie ; occupez-vous, je vous en prie, de nous envoyer Cécile, vous m'obligerez véritablement.

LETTRE XXXII.

Réponse de la Vicomtesse.

AH, ma chère amie, je suis dans un trouble, dans une agitation que je ne puis calmer qu'en vous écrivant; je viens d'avoir une scène affreuse avec M. de Limours.... Je vous l'avois bien dit que Madame de Gerville marieroit ma fille à son gré.... Et savez-vous qui l'on me propose ? le fils de son amie, d'une femme encore plus méprisable qu'elle, s'il est possible, enfin de Madame de Valcé, déshonorée par tant d'égaremens. Et voilà cependant la belle-mère qu'on veut donner à ma fille !.... M. de Limours a commencé par me vanter le nom de M. de Valcé, qui est en effet très-beau, sa fortune, son personel, &c. Enfin, j'ai pris la parole ; mais, Monsieur, songez-vous que ma fille a cent fois entendu parler de la conduite abominable de Madame de Valcé.... — On n'est pas

SUR L'ÉDUCATION. 265

pas obligé de prendre sa belle-mère pour modèle, & souvent même on feroit fort bien d'en choisir un autre que sa mère. — Cette réponse impertinente m'a choquée au-delà de l'expression, la conversation s'est échauffée, j'ai déclaré que je ne donnerois jamais mon consentement, & que telle étoit mon irrévocable résolution; à ces mots M. de Limours s'est levé froidement en disant : « Je n'étois point décidé » sur ce mariage, à présent je vais don- » ner ma parole; j'étois venu pour vous » consulter, mais puisque vous avez si » parfaitement oublié que je suis le maî- » tre de ma fille, je dois vous le prouver, » & demain vous en serez convaincue. » A ces mots il est sorti, & m'a laissée dans une rage impossible à décrire. O quel tyran qu'un homme ! comme le plus foible tout-à-coup peut devenir redoutable à la femme la plus impérieuse !.... Enfin, après avoir fait beaucoup d'imprécations contre les hommes, après avoir pleuré, sonné toutes mes femmes & pris un flacon d'eau de fleur d'orange, je me suis décidée à écrire à M. de Limours, pour reconnoître

Tome I. M

mon tort, & le conjurer de se donner le temps de réfléchir à une affaire aussi importante, & il vient de me faire répondre par mon valet-de-chambre *qu'il me verroit demain*. Il faut souffrir tout cela; il faudra l'attendre demain avec patience & soumission, & le recevoir avec douceur !..... Je suis humiliée, confondue, & réellement hors de moi.... Mais parlons d'une chose plus agréable ; j'ai fait votre commission, j'ai obtenu pour Cécile une prolongation de liberté jusqu'au mois de Janvier; elle est transportée de joie, elle partira pour le Languedoc le neuf de Mai, c'est-à-dire, dans douze jours. Adieu, mon cœur, je ne suis pas digne aujourd'hui de m'entretenir plus long-temps avec vous, je vous envoye pour le Baron une lettre du Chevalier d'Herbain qu'il m'a lue hier, & que j'ai trouvée assez drôle, quoiqu'une épigramme de douze pages me paroisse cependant un peu longue. Au reste, on ne peut disconvenir que sa critique ne soit parfaitement fondée, & il est du moins impossible de lui reprocher de l'exagération.

LETTRE XXXIII.

Le Chevalier d'Herbain au Baron.

Mes voyages sont enfin finis, mon cher Baron. Après cinq ans de courses & de fatigues, il est doux de se retrouver à Paris : mais je vais peut-être vous surprendre en vous disant que je suis tout aussi étranger, tout aussi neuf que je pouvois l'être à Stockolm ou à Pétersbourg; vous en allez juger.

J'avois laissé des hommes uniquement occupés du jeu, de la chasse & de leurs *petites maisons*. J'avois laissé les femmes ne songeant qu'à leur parure, à l'arrangement de leurs soupers, & je retrouve toutes les femmes savantes & beaux-esprits, & tous les hommes auteurs.

En cinq ans, ce changement n'est-il pas merveilleux ? Je ne m'y attendois pas, je vous l'avoue ; pour vous donner une idée de ma première surprise, je vais vous conter l'histoire du lendemain de mon arrivée. C'étoit un lundi; je cours avec empressement chez Madame de Surville, mon ancienne amie, à qui, je ne vous le dissimule pas, j'avois cru, jusqu'à présent, beaucoup plus de vertus que d'esprit.

Elle me reçoit fort bien, & me dit: vous arrivez à propos, nous avons une lecture aujourd'hui........ Une lecture! repris-je; & de quoi?..... = c'est une Comédie..... = & de qui? = du Vicomte, répond-elle froidement. Or, mon cher Baron, il faut vous dire que ce Vicomte, quand je partis pour l'Italie, savoit à peine écrire une lettre, & qu'il avoit quarante ans.

Comme je réfléchissois profondément là-dessus, je vis arriver successivement une trentaine de femmes & autant d'hommes; alors je dis en moi-même, certainement si le Vicomte avoit eu le malheur de faire une Comédie, il pourroit tout au plus risquer de la lire devant cinq ou six personnes de ses amis intimes, mais il n'iroit pas s'exposer à la moquerie de cette nombreuse assemblée; Madame de

Surville est gaie, sûrement c'est une plaisanterie qu'elle m'a faite. On s'est donné le mot pour m'attraper. Je vois bien aux plumes & aux habits de caractère de ces Dames, qu'il s'agit d'un bal; mais prêtons-nous au badinage & ne faisons semblant de rien. En effet, toutes les femmes avec leurs panaches, leurs robes étrangères & leurs longues écharpes, me confirmoient dans cette erreur.

On apporte une grande table sur laquelle étoit posé un énorme sac de taffetas verr. Bon, me dis-je, en attendant les violons on va jouer au Biribi. Point du tout, c'étoit le sac à parfiler de Madame de Surville.

Bientôt toutes les femmes demandent leurs sacs; voilà les valets-de-chambre en l'air, & un instant après tout le monde parfilant. Enfin, on annonce le Vicomte de Blémont, on se lève, on s'empresse, on s'agite, on l'accable de complimens & de caresses; on lui donne un fauteuil, il se place auprès de la table sur laquelle on pose une grande carafe d'eau. On ferme les fenêtres, les volets, on arrête les pendules & l'on fait cercle autour de l'Auteur.

L'intrépide Vicomte jette un coup d'œil assuré sur l'assemblée, & d'un air imposant & grave, tire son manuscrit de sa poche & commence. Je croyois rêver, mais mon étonnement devoit augmenter encore : j'écoute avec la plus grande attention, malheureusement les bonnes places étoient prises, & j'étois séparé du Lecteur par une demi-douzaine de femmes, dont les exclamations redoublées & les sanglots m'ôtoient absolument la possibilité d'entendre un seul mot de l'ouvrage ; mais je pouvois facilement juger de son effet prodigieux par le murmure confus d'applaudissemens, & par l'admiration qui se peignoit sur tous les visages. Je vis que la pièce étoit du plus grand pathétique, car tout le monde fondoit en larmes, les femmes particulièrement, & sur-tout celles auprès de qui j'étois placé. Elles se renversoient sur leurs chaises en levant les yeux & les mains au Ciel ; & la plus jeune de toutes fut si vivement affectée au troisième acte, qu'elle se trouva mal tout-à-fait.

Madame de Surville, qui étoit elle-même dans un état affreux, la secourut & fut obligée de la délaçer. Le Vicomte, accoutumé sans doute à produire de pareils effets, ne fit qu'en sourire, & continua sa lecture. Le reste de l'ouvrage eut le même succès; & moi, n'entendant rien que les éloges qu'on y donnoit, vous imaginez aisément ce que je dûs souffrir. Au désespoir de ne pouvoir partager les transports que je voyois éclater, j'éprouvois véritablement le supplice de Tantale.

Lorsque la lecture fut achevée, toutes les femmes se levèrent & entourèrent le Vicomte. Leurs gestes passionnés, le ton perçant de leurs voix, la volubilité de leurs discours, peignoient parfaitement l'enthousiasme dont elles étoient saisies. Pour moi, qui n'avois rien à dire, puisque je n'avois rien entendu, j'étois fort embarrassé de ma contenance; & n'osant me présenter devant le Vicomte avec un visage froid & des yeux secs, je m'échappai tout doucement du sallon & j'entrai dans le cabinet de Madame de Surville, avec le projet d'y rester jusqu'à ce que le Vicomte fût sorti.

Mais j'étois destiné, comme vous l'allez voir, à ne rencontrer, dans cette journée, que des objets inattendus & surprenans. La première chose qui me frappa en posant le pied dans le cabinet, ce fut un bureau couvert de papiers & de livres. Comment, dis-je, un bureau chez une femme, & chez Madame de Surville! mais, continuai-je, puisque voilà des livres, je ne m'ennuyerai pas tant seul: lisons. A l'instant j'en prends un, je l'ouvre, c'étoit un *Traité de Chimie*: comme je ne suis point Chimiste, j'en choisis un autre, c'étoit un *Traité de Physique*: le trouvant encore trop abstrait pour moi, j'en prends un troisième : hélas ! mon cher Baron, c'étoit un *Dictionnaire d'Histoire Naturelle*. Confus & humilié, je vous l'avoue, de ne pouvoir trouver chez une femme & chez Madame de Surville, un seul livre qui fût à ma portée, je me levai & m'éloignai du bureau avec un peu d'humeur.

Mes regards se portèrent sur un petit morceau de sculpture qui se trouvoit à côté de moi. C'étoit un autel élevé à la

SUR L'ÉDUCATION.

Bienfaisance, & orné de vers sur la *Bienfaisance*, qui me parurent remplis de sentiment.

En me retournant, j'apperçus un autre grouppe en marbre plus intéressant encore, je m'en approchai, c'étoit un autel à *l'Amitié*; & une figure, que je reconnus pour être celle de Madame de Surville, y posoit une couronne. Eh, mon Dieu ! m'écriai-je, j'appréciais bien mal Madame de Surville; j'étois bien éloigné de la croire aussi savante, aussi sensible, aussi spirituelle...... Sa modestie lui fait cacher tant d'avantages; car à la voir, à l'entendre, qui se douteroit qu'elle les possède ! Comme j'achevois cette exclamation, la porte du cabinet s'ouvrit, & je vis paroître un gros homme vêtu de noir que j'avois déjà vu à la lecture, & que j'avois même remarqué être le seul, après moi, qui n'eût ni pleuré, ni loué. Il avoit l'air chagrin & de mauvaise humeur, cependant nous entrâmes en conversation.

Ce cabinet est charmant, lui dis-je, & sur-tout par l'idée qu'il donne de celle qui l'occupe. Ici l'homme vêtu de noir haussa les épaules, en me disant : D'où venez-vous donc, Monsieur ? — De Moscou, Monsieur. — De Moscou ! Oh bien, vous êtes mon homme ; écoutez-moi, je vais vous instruire. Ce cabinet, que vous croyez bonnement *un temple consacré à l'amitié, à l'étude & à la méditation*, n'est qu'un lieu de parade ; tous ces Livres étalés-là sur ce bureau, n'y sont que pour l'ornement, comme des porcelaines sur une cheminée. Molière a peint les femmes savantes de son siècle, qui étoient en effet fort ridicules, mais qui du moins savoient quelque chose, au lieu que les nôtres joignent les plus grandes prétentions à la plus profonde ignorance. A ce discours, je me doutai que l'homme auquel j'avois affaire, étoit un original, une espèce de fou caustique & bizarre, & je ne me trompai point dans cette conjecture. Mais, Monsieur, répondis-je, les femmes d'aujourd'hui cultivent les sciences, il est vrai ; mais on ne peut les accuser de pédanterie, elles n'employent point d'expressions scientifiques, elles n'étalent point ce qu'elles savent.... = Mais, Monsieur, encore une fois, elles ne savent rien ; l'espèce de pédanterie dont vous parlez suppose au moins quelques connoissances, tandis qu'il n'en faut aucune pour aller voir des expériences d'électricité, pour dire qu'on fait un cours de Chimie, & qu'on s'y amuse infiniment ; enfin, pour écouter d'un air capable, & de temps en temps hasarder un petit mot qui découvre bien clairement qu'on ne sait rien. Elles ont presque toutes reçu l'éducation la plus négligée ; aussitôt qu'elles sont leurs maîtresses, elles ne lisent que de mauvaises Brochures & des Drames qui achèvent de leur gâter le goût, elles mènent la vie la plus dissipée, & elles prétendent à la science universelle. Elles se connoissent en tableaux, en architecture ; elles sont *Glukistes* ou *Piccinistes*, sans savoir un mot de composition ; elles font des cours, montent à cheval, jouent au billard, vont à la chasse, conduisent des calèches, passent les nuits au Bal & au Pharaon, écrivent *au moins dix billets* par jour, reçoivent cent visites, se montrent par tout ; on les voit successivement dans l'espace de douze heures, à Versailles, à Paris, chez un Marchand, à une audience de Ministre, aux promenades, dans un attelier de Sculpteur, à la foire, à l'Académie, à l'Opéra, aux Danseurs de cordes, applaudissant & goûtant également Préville & *Jeannot*, d'Auberval & *le petit Diable*. Comment voulez-vous, poursuivit-il, qu'en faisant tant de choses, elles puissent jamais réussir à rien ? Cependant elles décident despotiquement ; & Madame de Surville, qui ne sent pas la mesure d'un vers, & qui ne sait ni sa langue ni l'orthographe, n'en juge pas moins les Ouvrages de Littérature, & s'imagine que les Lettres qu'elle écrit à ses amis passeront un jour à la postérité, comme celles de Madame de Sévigné.

Pour leur sensibilité, il est vrai qu'elles ont des ajustemens de cheveux, des galeries de portraits, des *autels à l'amitié*, des *hymnes à l'amitié*. Il est vrai qu'elles ne brodent plus que *des chiffres*, qu'elles ne parlent plus que *de sentiment, de bienfaisance & des charmes de la solitude*, & qu'elles sont toutes *esprits forts*.

SUR L'ÉDUCATION. 277

Mais vivent-elles plus retirées que les femmes d'autrefois ? S'occupent-elles davantage de l'éducation de leurs enfans ? Sont-elles plus essentielles, plus sensibles, plus aimables que les Deshoulières, les Sévigné, les Grafigni ? Ont-elles moins de luxe, moins de fantaisies, depuis qu'elles sont devenues si *Philosophes* & si *bienfaisantes* ?.... On pourroit comparer ces travers à ceux des fausses dévotes, dont toute la religion ne consiste qu'en petites pratiques extérieures; qui ont un oratoire & des reliques; qui prient les Saints sans aimer Dieu, qui sermonent sans se corriger, & qui blâment avec autant d'emportement que d'aigreur ceux qui ne les imitent pas.

Pendant tout ce discours, mon cher Baron, j'étois resté debout, immobile d'étonnement & d'indignation; enfin, je rompis le silence, & je dis d'un ton railleur: Les femmes, Monsieur, sont bien à plaindre; elles ont en vous un ennemi bien éloquent & bien dangereux. Moi, leur ennemi! interrompit-il vivement; ah, que vous me jugez mal ! Naturellement je les estime & je les aime. — Vous les aimez, Monsieur, je ne m'en serois pas douté. — Oui, je les aime, & beaucoup plus que ceux qui les encensent & qui les flattent....

En effet, Monsieur, repris-je, elles ne pourront vous accuser ni d'adulation ni de fadeur. — Je ne hais en elles, répliqua-t-il, que ce qui ne leur appartient pas. Au risque de leur déplaire, je voudrois pouvoir les éclairer sur leurs vrais intérêts. Elles sont faites pour séduire, pour intéresser, pour charmer; elles tiennent de la nature des grâces simples & touchantes; elles lui doivent en général un genre d'esprit plus fin, plus délicat que le nôtre. Quand elles se donneront le temps de réfléchir & de penser, quand elles ne préféreront pas à des qualités précieuses & naturelles, des prétentions vaines & ridicules, leur société sera la plus agréable de toutes, elles pourront juger sainement de tous les Ouvrages de goût, & leur suffrage deviendra la récompense des talens.

Oserai-je, Monsieur, vous faire une question ? Vous êtes, dites-vous, partisan zélé des femmes, & vous vous déchaînez contre elles ; il me semble que dans votre premier Discours, vous avez dit du mal des Drames ; mais sans doute que vous ne les en aimez pas moins. = Ce n'est pas la même chose, répondit-il, car je suis irréconciliable avec les Drames, sur-tout depuis deux ou trois ans ; avant ce tems, je prenois patience, & j'en étois quitte pour ne plus aller à la Comédie que les *petits jours*, c'est-à-dire, ceux où l'on ne joue que de bonnes Pièces. Mais les Drames à présent poursuivent par-tout ; je les ai retrouvés dans le monde, dans la société, dans ma famille. Comme il n'y a personne qui ne soit en état de mettre en Dialogue un Roman ou quelque Anecdote particulière, que ces sortes de productions n'exigent ni talent, ni connoissance du cœur humain, ni étude du Théâtre, tout le monde s'est mis à faire des Drames ; & moi qui vous parle, j'ai deux sœurs qui font des Drames avec la même facilité qu'elles faisoient des bourses il y a deux ans. = Je croyois, dis-je, que les Drames étoient un peu tombés. = Point du tout, répliqua-t-il ; cependant, comme on les a fort ridiculisés, le mot est proscrit; mais le genre étant très-commode, il subsiste toujours. On fait plus que jamais des Drames, & on leur donne ce *vieux titre de Comédie*, qui véritablement s'annonce & promet beaucoup mieux.

Quoi, Monsieur! ce qu'on nous a lu aujourd'hui étoit un Drame?.... Mais de bonne-foi, répondit-il, pensez-vous qu'un homme du monde qui a les devoirs de son état à remplir, qui, quoique Auteur, n'a renoncé ni à la galanterie, ni à l'ambition, ni au jeu, ni aux soupers priés, puisse trouver le temps nécessaire pour faire une Pièce passable? Pourquoi, dans le siècle de Molière, les gens du monde n'avoient-ils pas cette fureur d'écrire? C'est que le Drame n'étoit pas né, c'est qu'il faut du génie, & une profonde étude pour être en état de faire une bonne Comédie, & qu'il ne faut ni l'un ni l'autre pour produire un assemblage informe de petits faits romanesques & rebattus, sans plan, sans caractère, sans vérité: enfin, si Molière lui-même eût été Magistrat, Militaire ou Courtisan, il n'eût point donné d'ouvrages de Théâtre; ou si cette carrière l'eût tenté, malgré tout son génie, il n'auroit certainement fait ni le Misantrope ni le Tartufe. Que produit cette prétention universelle à l'esprit qui nous a gagné tous ? La moitié du monde écrit, & lit à l'autre moitié, qui, séduite par cette confiance, approuve aveuglément. Il faut croire que toutes ces productions sont parfaites, car je n'ai pas encore vu tomber un Ouvrage de société, les Auditeurs sont toujours contens, & le succès de ces lectures est toujours certain. Les gens du monde cependant jugent les vrais Auteurs, & n'approuvent guère que ce qu'ils sont capables & susceptibles d'imiter ; ce qui conduit insensiblement à la perte du goût : cela est si vrai, que la plupart des Ouvrages, fruits heureux d'siècle de Louis-le-Grand, ne sont presque plus appréciés aujourd'hui ; & si Télémaque & les Poësies de Madame Deshoulières étoient des productions nouvelles, on les trouveroit insipides.

Nous ne pouvons plus sentir les beautés d'un plan simple & profond, d'un style naturel & pur ; & des vers pleins de douceur, d'harmonie & de sentiment, mais dénués de *trait* & de *métaphysique*, ne nous paroîtroient plus que fades & ennuyeux.

Impatienté, mon cher Baron, de toutes ces folles déclamations, j'interrompis encore mon rigide censeur, & je lui dis avec vivacité: il ne s'agit point, Monsieur, des Idylles & des moutons de Madame Deshoulières; revenons aux nôtres, s'il vous plaît, & dites-moi ce que vous pensez de la Pièce du Vicomte?.... Je ne puis, dit-il, vous parler que du premier acte, car les quatre autres m'ont livré au plus profond sommeil que j'aurai jamais de ma vie. Monsieur, repris-je avec beaucoup d'ironie, voilà une critique bien neuve & bien piquante. = Hélas ! ce n'est point une critique, je vous assure, c'est la vérité. J'ai beaucoup de confiance en vos lumières, répliquai-je; cependant j'ai vu soixante personnes s'extasier & fondre en larmes, je ne vois que vous de mécontent : ainsi, Monsieur, vous me permettrez d'en conclure que votre jugement pourroit bien n'être pas le bon : d'ailleurs, je me flatte que le Vicomte fera bientôt imprimer sa pièce, & alors peut-être que l'opinion du Public...... Se faire imprimer! interrompit-il; y pensez-vous ? un homme de la société se faire imprimer ! fi donc, ce seroit s'afficher & se donner un ridicule affreux. — Mais, Monsieur, quand on lit sa pièce à soixante personnes, on est au-dessus de ces préjugés. — Mais, Monsieur, j'ai l'honneur de vous dire qu'il est tout simple de lire ses Ouvrages à ses amis, à cent personnes, & non de les faire imprimer. = Mais, Monsieur, pourquoi ? = Ah! pourquoi, reprit-il en souriant, c'est que nous avons toujours au fond du cœur un instinct secret, qui, malgré les faux jugemens & les vains éloges, nous avertit quand nous faisons mal; & ce sentiment intérieur d'une mauvaise conscience empêchera le Vicomte de se faire imprimer.

Comme il achevoit ces mots, je sentis que je n'étois plus le maître de me contenir davantage; & ne voulant point céder mon impatience, je le quittai brusquement. Je fus rejoindre Madame de Surille, que je trouvai seule & à sa toilette; elle me croyoit parti, & fut surprise de me voir; je lui contai ce qui venoit de m'arriver; &, comme vous l'imaginez bien, je n'épargnai pas le censeur impitoyable qui m'avoit excédé si long-tems. — *C'est un Misantrope*, me dit Madame de Surville, *ennuyeux à la mort*; il est *pesant*, entêté, rempli d'humeur, & d'ailleurs n'a pas *le sens commun*. Mais, ajouta-t-elle en se levant, il faut que je sorte; quand vous reverrai-je? — Demain matin, Madame, si vous le permettez. Ah! demain, cela n'est pas possible. Je vais à l'Académie entendre le discours de réception de mon frère. — Comment, le Marquis de Solanges est reçu à l'Académie Françoise? — Oui, & je vous assure qu'il n'a pas brigué cet honneur; vous connoissez sa *manière d'être*; on ne l'accusera pas d'avoir des prétentions, il est d'une simplicité.... Je crois que vous serez content de son discours. — Eh bien, Madame, repris-je en lui donnant la main, demain dans l'après dîner.... Non, répondit-elle, j'aurai mon Maître de Langue Angloise. Mercredi, l'Auteur de la Pièce nouvelle m'a priée d'aller à une répétition. Jeudi, je vas chez Greuse voir sa Danaé. Vendredi, j'irai voir des expériences sur l'air fixe; mais Samedi, je serai libre.... Après m'avoir donné cette espérance, Madame de Surville monta dans sa voiture; & moi, confondu, enchanté de tout ce que j'avois remarqué & vu dans cette journée, je rentrai chez moi, afin d'y réfléchir sans distraction.

A sept heures, je fus à la Comédie Françoise, dans la loge de Madame de Semur; je la trouvai prête à sortir au moment où le cinquième Acte de Rodogune alloit commencer, & elle me dit qu'elle alloit voir jouer *les Battus payent l'amende*, ainsi que trois ou quatre personnes qui étoient avec elle. Je demandai si cette Pièce étoit un Drame; à cette question, tout le monde s'écria : Comment, vous ne connoissez pas les Battus payent l'amende ? Venez, venez, vous allez être charmé. A ces mots, on m'emmena, & l'on me conduisit dans une fort vilaine Salle, mais dans laquelle nous trouvâmes la meilleure compagnie de Paris. On joua d'abord une petite Pièce fort agréable, qui a pour titre, *le Café des Halles*; j'avoue que je n'en pus saisir toutes les plaisanteries, parce que le langage en étoit absolument nouveau pour moi. Cependant, je sentis bien que l'Actrice qui représentoit la principale Poissarde, avoit des inflexions très-naturelles, & jouoit supérieurement; mais *les Battus payent l'amende* me confondirent véritablement ; le pot-de-chambre jeté sur Jeannot, le héros de la Pièce, produit un des effets de Théâtre des plus piquans que j'aie encore vus ; & l'instant où Jeannot sent sa manche, & s'écrie : *C'en est* ; cet instant ne peut se peindre, & il excita des transports & des applaudissemens qui durèrent un quart-d'heure. Aussi, cette Pièce a-t-elle eu déjà cent cinquante représentations, & elle est encore aussi suivie que le premier jour. Qu'on dise après cela que les François sont légers ! J'aurois encore bien d'autres choses à vous conter, mon cher Baron, mais je me réserve le plaisir de vous les dire moi même, si vous me permettez d'allez vous voir, & croyez que les détails que j'ai la discrétion de ne pas confier à la poste, ne sont pas les moins intéressans ni les moins curieux.

LETTRE XXXIV.

La Baronne à la Vicomtesse.

ENFIN, Cécile est arrivée hier, je l'ai trouvée telle que vous me l'avez dépeinte, agréable & intéressante au-delà de l'expression ; & il est très-vrai que Charles, son neveu, lui ressemble d'une manière frappante : toute leur famille est rassemblée chez moi pour huit jours. Je desirois vivement être présente à la première entrevue de Cécile & de son père, & je n'ai jamais rien vu qui m'ait affectée davantage. M. d'Aimeri craignoit & desiroit également cet instant; il se leva hier avant le jour; & lorsqu'il entra chez moi, je m'apperçus facilement, à l'altération de son visage, qu'il avoit passé une cruelle nuit. Après le dîner, nous montâmes en voiture, Madame de Valmont, M. d'Aimeri & moi, pour aller au-devant de Cécile ; M. d'Aimeri étoit pâle, tremblant, il avoit l'air de souffrir la plus mortelle contrainte ;

il évitoit nos regards, & sembloit vouloir cacher le trouble affreux dont il étoit dévoré ; je vis qu'il redoutoit au fond de l'ame l'impression que pourroit produire sur nous la vûe touchante de sa victime, & qu'il pensoit que la présence de Cécile alloit détruire toute la compassion qu'il nous avoit inspirée. Tant qu'on peut se flatter d'intéresser vivement en laissant voir ses remords, on en parle avec franchise ; mais on ne cherche plus qu'à les dissimuler, quand on a perdu cet espoir. On se persuade alors qu'en les cachant, on diminue aux yeux des autres une partie de ses fautes. Nous avions à peine fait deux lieues, lorsque tout-à-coup Madame de Valmont, appercevant de loin une voiture, s'écria : *Voilà ma sœur !* M. d'Aimeri pâlit & rougit ; & voyant que Madame de Valmont pleuroit, il lui dit avec une colère concentrée & une voix tremblante : *Eh bien, Madame, allez-vous faire une scène ?* Surprise de sa sévérité, & plus encore de son air égaré, sombre & farouche, Madame de Valmont essuya ses pleurs sans pouvoir comprendre la raison

son d'un semblable caprice. Cependant, la voiture que nous avions vue, s'approche & s'arrête, je tire le cordon de la mienne ; M. d'Aiméri, pouvant à peine se soutenir, descend ; dans ce moment, j'entends un cri touchant, qui sans doute retentit jusqu'au fond de l'ame de M. d'Aiméri ; & presque au même instant, Cécile, la charmante Cécile paroît, s'élance vers son père, & tombe évanouie dans ses bras. A ce spectacle, M. d'Aiméri ne voit plus dans l'univers que Cécile, il oublie jusqu'à ses remords, la nature reprend tous ses droits dans son cœur, un déluge de larmes inonde son visage ; il appelle sa fille par les plus tendres noms, il la presse contre son sein, ses genoux tremblent & fléchissent sous lui, il est prêt à perdre lui-même l'usage de ses sens ; Madame de Valmont & moi, nous voulons l'aider à supporter Cécile, il nous repousse, il arrache des mains de Madame de Valmont le flacon qu'elle fait respirer à sa sœur, il veut seul la soigner, il épie l'instant où elle ouvrira les yeux, il écarte tout ce qui s'approche d'elle ; il semble crain-

Tome I. N

dre enfin qu'on ne lui dérobe le premier regard de Cécile..... Je n'entreprendrai point de vous dépeindre la scène touchante qui suivit celle-ci, lorsque Cécile reprit sa connoissance : c'est un tableau que vous vous représenterez sûrement mieux que je ne pourrois vous le tracer. Vous concevrez facilement la joie, les transports de Cécile, en se trouvant entre son père & sa sœur, le profond & douloureux attendrissement de M. d'Aimeri, la sensibilité de Madame de Valmont, l'intérêt que m'inspiroient ces trois personnes, & la curiosité avec laquelle j'observois tous leurs mouvemens. J'ai sur-tout admiré la délicatesse de notre aimable Cécile ; elle lit sans doute au fond du cœur de son malheureux père, & voit aisément les remords dont il est déchiré ; & depuis hier elle n'est occupée qu'à le consoler indirectement, en montrant la plus grande gaieté, en parlant de son goût pour la solitude ; goût, dit-elle, fortifié encore par tout ce qu'elle a pu entrevoir du monde ; enfin, en faisant l'éloge de son Couvent & des amies qu'elle y a laissées. M. d'Aimeri écoute avidement tous ces discours ; on voit qu'il cherche lui-même à se persuader de leur sincérité, & alors il est mille fois plus tendre pour Cécile, comme pour la remercier de le justifier à nos yeux & aux siens.

Pour moi, je suis convaincue que Cécile en effet a pris son parti, & qu'elle est entièrement résignée à son sort ; cependant, elle n'a que vingt-sept ans : si belle & si jeune encore, avec une âme si passionnée, une imagination si vive, comment espérer qu'elle soit pour jamais à l'abri de toute espèce de regrets !.... Je me suis promenée seule avec elle un moment ce matin ; nous parlions de choses indifférentes, entre autres, de la beauté du mois où nous sommes ; elle a soupiré & m'a dit : Aujourd'hui 16 de Mai, il y a dix ans que j'ai prononcé mes vœux. Ces paroles ont été accompagnées d'un regard qui m'a pénétrée, sur-tout la manière dont elle a appuyé sur ces mots : *Seize de Mai !* Cette manière avoit véritablement quelque chose de frappant & de tragique. Cependant, elle a changé de conversation,

& elle m'a semblé reprendre sur le champ sa tranquillité ordinaire. Mais nous avons décidé, Madame de Valmont & moi, qu'il falloit sur-tout aujourd'hui s'occuper de lui procurer quelque amusement, afin de bannir de son imagination, s'il est possible, ce terrible souvenir du 16 *de Mai*. En conséquence, nous irons tous, après le dîner, chez Nicole, cette jeune Fermière dont je vous ai déjà parlé tant de fois: c'est une de nos promenades favorites. La maison de Nicole est charmante par sa situation & la propreté singulière qu'on y trouve, & réellement son jardin mérite d'être vu dans cette saison; vous qui aimez les sources naturelles, les fleurs & le gazon, je vous assure que vous le trouveriez cent fois plus agréable que tous les jardins Anglois, renfermés dans les murs de Paris.

Mes enfans sont bien fiers l'un & l'autre des éloges que vous donnez à leurs dessins, & vous pouvez être bien sûre qu'en effet ces deux petites têtes n'ont point été retouchées par leur Maître. Nous avons établi depuis cinq ou six mois une petite Académie de dessin, qui a singulièrement augmenté l'émulation d'Adèle & de Théodore. Un de nos voisins, qui ne demeure qu'à une demi-lieue d'ici, m'envoie tous les jours ses trois enfans auxquels Dainville s'est chargé de montrer le dessin ; une petite fille d'un de mes gens apprend aussi, & Charles vient à nos leçons au moins trois fois par semaine ; tous ces enfans avec les miens travaillent ensemble sous les yeux de Dainville, qui dessine lui-même très-sérieusement ; nous avons, depuis cet établissement, consacré une chambre à cet usage ; la Société a pris le titre *d'Académie* ; j'y préside, & j'en ai composé les Statuts, qui recommandent particulièrement *l'application, la docilité & le silence*. Les séances sont publiques ; tout ce qui est dans le château peut venir voir dessiner ; mais il est expressément défendu aux Académiciens de regarder les personnes qui entrent, & de dire un seul mot.

Adèle ne viendra point avec nous chez Nicole ; elle est en pénitence aujourd'hui, & en voici le sujet. Dainville prétend que

Miss Bridget ressemble à Vespasien, un des Médaillons de la tapisserie de l'Histoire Romaine. En effet, la ressemblance est assez frappante, mais Miss Bridget n'a pas goûté cette plaisanterie, & s'est même fâchée très-sérieusement contre Dainville, qui, pour se venger, a copié l'Empereur Vespasien, sur la tête duquel il a seulement posé un grand bonnet de femme; ce qui a produit un portrait de Miss Bridget si singulièrement ressemblant, qu'il a été reconnu de toute la maison. Adèle a demandé ce dessin, & l'a attaché à sa tapisserie. Miss Bridget, en entrant ce matin dans la chambre d'Adèle, a vu ce fatal profil pour lequel elle a tant d'aversion, elle l'a déchiré en mille pièces; & prenant Adèle par la main, elle l'a sur le champ amenée chez moi. Elle étoit si hors d'elle-même, & elle balbutioit d'une si étrange manière, qu'elle n'a pu me faire comprendre, ni en Anglois, ni en François, le sujet de sa colère ; je l'ai priée de me laisser seule avec ma fille, & alors Adèle m'a expliqué le fait. Après ce récit, j'ai pris la parole : « Etoit-ce par senti-

» ment pour Miss Bridget, ai-je dit, que
» vous aviez mis ce dessin dans votre
» chambre ?.... » A cette question, Adèle
a rougi, baissé les yeux, en répondant
bien bas : *Non Maman.* — Dans ce cas,
c'étoit donc par malignité. — Mais pourquoi Miss Bridget est-elle si fâchée de ressembler à Vespasien qui étoit un si bon
Empereur ? Vous m'avez dit, Maman,
que tout ce qu'on disoit sur notre figure
devoit nous être indifférent. — Mais quand
il seroit vrai que Miss Bridget eût cette
foiblesse, devriez-vous vous en moquer,
& la faire remarquer ? J'ai blâmé M. Dainville d'avoir prolongé une plaisanterie qui
étoit désagréable à Miss Bridget, car on a
dit avec raison, [1] *que la personne que nous
attaquons a seule droit de juger si nous plaisantons ; dès qu'on la blesse, elle n'est
plus raillée, elle est offensée.* Nul badinage
n'est innocent, dès qu'il offense : ainsi,
M. Dainville a eu tort ; mais ce tort peut-il être comparé au vôtre ? Vous qui devez

---

[1] Avis d'une Mère à son Fils, de Madame de Lambert.

de l'amitié, du respect & de la reconnoissance à Miss Bridget, vous la fâchez de gaîté de cœur, vous riez de ce qui lui déplaît, & vous voulez lui donner un ridicule. Si vous aviez quelques années de plus, cette faute si grave prouveroit à la fois que vous avez un mauvais cœur, & que vous manquez d'esprit. A ces mots, Adèle a pleuré. = Ah, Maman ! comment pourrai-je réparer.... = En montrant à Miss Bridget un vrai repentir; cependant, n'espérez pas de la ramener en un jour; elle avoit pour vous une véritable tendresse, mais vous venez de lui donner une si mauvaise opinion de votre caractère, qu'elle est très-fondée à douter de votre affection pour elle, &.... = Oh, elle sait bien que je l'aime.... = Elle ne lit pas dans votre âme, elle ne peut vous juger que d'après vos actions; & votre procédé montre tant d'ingratitude!..... = Mais je ne suis qu'un enfant.... = Aussi ne vous jugera-t-elle pas sans retour, elle n'aura que des doutes, que des soupçons que vous pourrez facilement détruire avec le temps. Et si vous n'étiez point un enfant, vous auriez perdu aujourd'hui pour jamais sa tendresse & la mienne. = O mon Dieu !.... Maman, vous avez donc aussi des doutes.... = Mais je vous avoue que votre action me surprend & m'afflige également ; j'avois de vous une opinion si différente !.... Je ne comprends pas que Miss Bridget ait pu s'offenser des plaisanteries de Dainville, car tout ce qui n'attaque ni l'honneur ni le caractère ne doit jamais fâcher ; mais enfin, quand j'ai vu qu'elle avoit cette foiblesse, j'aurois voulu pouvoir la cacher à tout le monde ; j'ai partagé son embarras, quoiqu'il ne fût pas fondé, parce que toute personne qui souffre a le droit d'intéresser un bon cœur. Par exemple, il y a des gens mal élevés, & auxquels leurs parens ont laissé prendre des antipaties ridicules & extravagantes. J'ai connu une femme qui s'évanouissoit en voyant un chat.... = Un chat !.... = Oui, elle avoit cette foiblesse ; eh bien, je la plaignois doublement, d'abord, de souffrir, & secondement, d'avoir eu une mauvaise éducation. Je me disois, si l'on m'eût élevée comme elle, j'aurois cette folie ou quelque autre semblable; & je n'avois pas la sottise de m'enorgueillir d'avoir plus de raison : seulement je remerciois Dieu de m'avoir donné des parens vigilans, éclairés & tendres, & je me sentois pour cette femme une compassion pleine d'intérêt & une véritable indulgence. J'ai terminé cet entretien, que je vous abrège extrêmement, en déclarant à Adèle qu'elle ne viendroit point avec nous chez Nicole, & que, pendant trois jours, elle dîneroit & souperoit dans sa chambre. Elle a reçu cette rigoureuse punition avec une soumission parfaite, car elle sait bien que le plus léger murmure prolongeroit sa pénitence ; aussi, les reçoit-elle avec autant de douceur que de chagrin. Je suis convenue avec Miss Bridget, qu'elle seroit au moins six semaines sans traiter Adèle comme à l'ordinaire ; elle lui dira qu'elle n'a nulle espèce de rancune, mais qu'il ne lui est pas possible de compter sur l'affection d'une personne dont elle a été traitée avec si peu d'égards. Et moi, je dirai à la coupable & repentante Adèle : Voyez ce qu'une légèreté peut nous coûter; une plaisanterie qui vous a médiocrement amusée une demi-heure, vous fait perdre l'amitié d'une personne qui doit vous être chère, altère l'opinion que j'avois de vous ; enfin, vous rend suspecte à tout le monde, & vous attire une pénitence de trois jours.

LETTRE XXXV.

De la même à la même.

J'AI été bien long-temps sans vous écrire, ma chère amie; mais, depuis ma dernière Lettre, j'ai été témoin d'une scène si touchante, & dont les suites cruelles m'ont si singulièrement affectée, que, dans ces premiers momens, je n'aurois pas été en état de vous faire les détails que vous desirerez sûrement, quand vous saurez qu'ils sont tous relatifs à la malheureuse Cécile. Oh, c'est maintenant qu'elle est à plaindre !.... Et vous allez juger si jamais dans aucun temps de sa vie, elle fut plus digne d'exciter votre compassion. Je vous mandois, dans ma dernière Lettre, le mot échappé à Cécile au sujet de sa profession qui se fit *le 16 de Mai*, (époque à présent doublement funeste pour elle !) & que, pour la distraire de cette idée, nous avions projeté une promenade jusqu'à la maison de Nicole. En effet, nous partîmes à cinq heures du soir, M. d'Aimeri, M. & Madame de Valmont, Cécile, M. d'Almane, Charles, Théodore & moi, tous ensemble dans la même calèche. Je crus m'appercevoir en voiture que Cécile prenoit peu de part à la conversation; elle paroissoit vivement occupée du plaisir d'admirer les beautés de la campagne, & les différens points de vûe qui s'offroient sur notre passage; & de temps en temps un soupir échappé malgré elle, sembloit dire: heureux ceux auxquels on n'a point ravi la liberté de contempler toujours un si beau spectacle!... Enfin, nous approchons de l'habitation de Nicole; n'ayant plus que cinq cent pas à faire pour y arriver, M. de Valmont nous proposa d'y aller à pied, afin, dit-il, de surprendre les bonnes gens dans l'intérieur de leur ménage. Nous descendîmes de voiture, & après avoir traversé une grande prairie, nous entrâmes dans une allée de saules qui nous conduisit à la maison de Nicole; cette petite cabane couverte de chaume, est au milieu d'un jardin assez vaste, entouré d'une haie d'épine fleurie ; des fruits d'une beauté parfaite, une vûe délicieuse, un air parfumé, des ruisseaux d'une eau pure & transparente qui se croisent sous les pas en serpentant sur un gazon parsemé de violettes & de thim : tous ces différens objets rendent cette habitation champêtre un des plus agréables séjours de l'Univers. Arrivés près de la chaumière, Théodore nous devance, ouvre la porte & nous entrons tous ; nous trouvons la jeune fermière assise entre sa mère & son mari, elle tenoit dans ses bras le plus jeune de ses enfans, sa fille aînée, à genoux devant elle, caressoit son petit frère, & la seconde étoit debout, le visage nonchalamment appuyé sur l'épaule de son père. Nous aurions desiré pouvoir contempler quelques instans ce tableau charmant, cette image touchante de l'union & du bonheur; mais aussi-tôt que les paysans nous apperçurent, ils se levèrent. Nicole dit à son mari d'aller cueillir des fleurs, la bonne mère va chercher du lait, de la crême, & dresse une table : pendant ce temps-là nous admirons l'ordre & la propreté de la maison ; nous caressons les enfans ; & la jeune fermière nous entretient de son bonheur & de sa tendresse pour sa famille. Cependant le mari revient avec une corbeille remplie de bouquets, on nous offre des fruits, des fleurs, du laitage ; & tandis que ces bonnes-gens s'empressent & s'agitent autour de nous, M. d'Aimeri s'apperçoit que Cécile n'est plus auprès de lui : il la voit à l'autre bout de la chambre retirée dans un coin ; il s'approche d'elle, l'infortunée détourne la tête..... Il la regarde, elle étoit pâle & tremblante, & son visage étoit baigné de pleurs ; elle veut parler, ses sanglots la suffoquent.... Sa sœur accourt, & Cécile, confuse & désespérée, lui dit tout bas, d'une voix entrecoupée : arrachez-moi d'ici, je me meurs.... Madame de Valmont, aussi surprise qu'affligée, veut en vain chercher un prétexte à l'état de sa malheureuse sœur ; son père n'avoit que trop facilement pénétré la vérité : ne pouvant supporter cet affreux spectacle, tout-à-coup il prend le jeune Charles par la main, & l'entraînant avec lui, il sort impétueusement de la chaumière ; M. d'Almane & M. de Valmont sortent aussi-tôt, dans l'intention de le rejoindre & de retourner au château à pied avec lui. Enfin, nous arrachons Cécile de cette maison si funeste pour elle, & nous remontons en voiture. Pendant tout le chemin elle ne prononça pas une seule parole, elle eut constamment la tête baissée sur sa poitrine & les yeux presque fermés. Pénétrée de sa situation, je voulus une fois lui prendre la main & l'embrasser, mais elle roidit son bras avec un air sombre & chagrin, & elle resta immobile sans me regarder : car un des plus funestes effets du désespoir, est de dessécher l'âme, & de rendre insensible à la compassion qu'on inspire. Cependant Cécile est naturellement si tendre, qu'elle ne tarda pas à se repentir de l'espèce de dureté qu'elle venoit de me témoigner ; en arrivant au château, elle me serra la main & m'embrassa avec l'expression de la plus vive reconnoissance : aussi-tôt que j'eus laissé aux deux sœurs la liberté de s'entretenir sans contrainte, & qu'elles furent seules l'une & l'autre, Cécile prévenant la curiosité de Madame de Valmont, & se

jetant dans ses bras en versant un torrent de larmes : " Apprenez, lui dit-elle, tout
» ce qui s'est passé dans mon cœur ; con-
» noissez ce cœur déchiré d'un trait que la
» mort seule peut arracher !...... J'ai
» trouvé dans cette chaumière l'image
» d'un bonheur que je n'ai pu me défen-
» dre d'envier..... Dans cet instant un
» noir sentiment d'amertume & de jalou-
» sie a flétri mon ame.... Je vous ai vue
» sourire au spectacle si doux d'une féli-
» cité dont vous jouissez; mais ce tableau,
» délicieux pour vous, ne pouvoit que
» m'éclairer davantage sur l'horreur de
» mon sort, & m'apprendre à mieux con-
» noître encore toute l'étendue du sacri-
» fice affreux qu'on m'a fait faire. Hélas,
» cette femme est au milieu de ses enfans,
» entre les bras d'une mère tendre & d'un
» époux chéri !..... Et moi, malheu-
» reuse, privée de ma mère presqu'en
» naissant, proscrite par mon père, arra-
» chée à ce que j'aimois, condamnée à
» l'oubli, à l'esclavage, il me faut renon-
» cer aux plus doux sentimens de la na-
» ture.... O ma sœur ! où m'avez-vous

» conduite ? Doit-on offrir l'image sédui-
» sante du bonheur aux malheureux qui
» ne peuvent ni le goûter, ni même l'es-
» pérer jamais !.... Ah, que ne suis-je
» née dans la classe obscure de cette fem-
» me si heureuse !.... Je pourrois aimer !....
» Ce cœur infortuné seroit aussi pur qu'il
» est tendre ; le remords, l'affreux re-
» mords lui seroit inconnu, & tous les
» sentimens qui le déchirent contribue-
» roient à ma félicité ! »

Madame de Valmont ne put répondre que par ses pleurs à des plaintes si justes & si touchantes ; cependant, lorsque Cécile lui parut un peu plus calme, elle saisit cet instant pour lui dire tout ce que la tendresse & la raison peuvent inspirer ; Cécile l'écouta avec douceur, elle témoigna la plus vive crainte d'affliger son père, elle promit de se distraire, d'écarter loin d'elle, s'il étoit possible, des réflexions désespérantes, & de se soumettre à sa destinée avec ce courage & cette vertu qu'elle avoit montré jusqu'alors. Quand M. d'Aimeri arriva, elle fut au-devant de lui, elle eut la force de lui parler presqu'en plaisantant de la scène dont il avoit été témoin, & de l'attribuer à une mauvaise disposition de santé. M. d'Aimeri, que M. d'Almane avoit ramené véritablement désespéré, commença à respirer & à croire que du moins l'impression qu'elle avoit reçue, n'auroit qu'un effet passager.

Le soir elle se mit à table, mangea comme à l'ordinaire, & parla continuellement; elle sut se contraindre d'une manière si extraordinaire, que tout le monde y fut trompé, excepté moi: j'aurois mieux aimé la voir triste & rêveuse, que vive & animée; j'étois bien convaincue qu'elle se faisoit une extrême violence; & d'ailleurs le rouge éclatant qui coloroit ses joues, la vivacité de ses yeux, & une certaine précipitation singulière que je remarquois dans tous ses mouvemens, me persuadoient qu'elle n'étoit pas sans fièvre. Nous fûmes nous coucher presqu'en sortant de table; & il y avoit à peine une heure que j'étois dans mon lit, lorsque j'entendis frapper doucement à ma porte; je me levai précipitamment, & je trouvai Madame de Valmont fondant en lar-

mes, qui me dit que sa sœur avoit une fièvre violente & un délire affreux ; aussi-tôt j'envoyai à Carcassone chercher un Médecin, qui n'arriva qu'à cinq heures du matin ; alors on fut réveiller M. d'Aimeri, dont nous avions jusqu'à ce moment respecté le repos : nous redoutions, avec raison, le saisissement que lui causeroit la vûe de sa fille ; car outre le danger de son état, la malheureuse Cécile, toujours privée de sa connoissance, dans les accès multipliés d'un transport effrayant, répétoit sans cesse le nom du Chevalier de Murville ; elle l'appeloit en pleurant, & vouloit, disoit-elle, *le voir encore une fois avant de mourir :* dans d'autres momens, paroissant moins égarée, elle demandoit à sa sœur ce qu'il étoit devenu, & n'obtenant que des pleurs pour réponse, elle s'écrioit avec effroi : *il est mort ! il a été tué, & sans doute par mon père !*..... A ces mots, d'horribles convulsions agitant son corps & défigurant son visage, sembloient devoir terminer sa déplorable vie !.....
Enfin, dans cet égarement affreux, elle nous faisoit connoître toutes les pensées &

tous les sentimens renfermés depuis dix ans dans son âme. Jugez de l'état de son père en écoutant ces cruels discours ; il étoit si saisi & si profondément consterné, qu'il en paroissoit insensible : la douleur, portée au comble, se manifeste rarement par des signes extérieurs, elle n'agite point, elle accable, elle oppresse, & n'espérant pas de consolations, elle renonce à la plainte. Cependant le Médecin déclare que Cécile est dans le plus éminent danger, & qu'il faut saisir le premier moment de connoissance pour lui faire recevoir ses Sacremens. A cet arrêt, M. d'Aimeri pâlit & s'écrie : *la connoissance!.... & si elle meurt sans la reprendre!....* Je ne puis vous donner une idée de la terreur & du trouble affreux qui se peignirent sur son visage lorsqu'il prononça ces mots..... L'infortuné, pénétré des vérités sublimes de la religion, se vit dans cet instant, & l'auteur de la mort de sa fille, & la cause, peut-être, de son éternelle condamnation!.... Éperdu, hors de lui, il envoye chercher un Prêtre & le fait tenir dans la chambre voisine..... Enfin, sur le soir,

Cécile, tout-à-coup, devient plus calme & recouvre par degrés sa parfaite connoissance. Alors M. d'Aimeri s'approche d'elle & l'embrasse; Cécile regarde avec étonnement tout ce qui l'entoure & dit: « J'ai » été bien mal..... suis-je hors de dan- » ger?.... Nous ne craignons point pour » votre vie, répondit M. d'Aimeri; mais » pour votre propre tranquillité, j'ai fait » venir un Prêtre. ⸺ Un Prêtre!.... Ah, suis-je en état!..... Non, je ne le verrai point. ⸺ Comment, ma fille, songez-vous à votre situation?.... ⸺ Ah, mon père, si vous connoissiez mon cœur!.... Non.... J'ai perdu tout espoir de pardon. A ces mots, M. d'Aimeri frémit, & regardant sa fille avec des yeux qui exprimoient également l'effroi, la surprise & la plus tendre compassion. O ma fille, s'écria-t-il, vous me percez l'âme!.... Eh qu'avez-vous à craindre?.... Va, sois tranquille, Dieu pardonne toujours une foiblesse involontaire..... Non, tu n'as rien à te reprocher.... Tu n'es, hélas, qu'une innocente victime, & voici le coupable!.... Oui, continua-t-il, en se jetant à genoux, ton malheureux père devroit seul éprouver ces horribles terreurs ; c'est lui qui sera puni pour ces murmures qui t'échappent, & pour ce désespoir où ton cœur déchiré se livre ! Toutes tes fautes enfin retomberont sur sa tête criminelle !.... Comme il achevoit ces paroles, Cécile, presque suffoquée par ses pleurs, jeta ses deux bras autour du cou de son père, & laissant tomber son visage sur le sien : oh ! terminez, lui dit-elle, un si funeste discours. Non, ne gémissez plus sur ma destinée, mon père, mon tendre père ! vous m'aimez...... vous avez tout réparé.... Pardonnez un instant d'égarement.... ce cœur rendu à lui-même n'est plus qu'à Dieu..... n'est plus qu'à vous...... Ce Prêtre,.... où est-il ? qu'il vienne.... il me trouvera, n'en doutez point, mon père, pleine de confiance & de résignation..... C'est sur cette main paternelle, cette main si chère, que je le jure... Calmez-vous donc..... Si l'on peut m'arracher à la mort.... je puis encore aimer la vie...... c'est pour vous que je vivrai. En achevant ces mots, Cécile s'adressant à Madame de Valmont, demande un Con-

fesseur & renvoye tout le monde. Elle reçut ses Sacremens le jour même ; elle passa une nuit assez tranquille ; le lendemain elle étoit absolument hors de danger, & sur la fin de la semaine, elle se trouva en état de retourner chez Madame de Valmont. Depuis quinze jours qu'elle est partie, j'ai été la voir plusieurs fois ; elle est d'une maigreur excessive & d'un changement effrayant; cependant elle dit qu'elle ne souffre point : on ne remarque aucune altération dans son humeur, elle est entièrement rendue à la société. Mais je connois son courage & l'empire qu'elle a sur elle-même, & je crains bien que son état actuel ne soit beaucoup plus dangereux qu'on ne l'imagine. Ce cruel évènement, comme vous le croyez bien, a troublé pour long-temps nos plaisirs, & fait cesser nos spectacles ; le seul M. de Valmont, au milieu de la tristesse commune, a repris toute sa gaieté depuis la convalescence de Cécile, non qu'il ait un mauvais cœur, mais parce qu'il n'a pas encore compris la véritable cause de la maladie de sa belle-sœur, & de l'affliction de M. d'Aimeri. Il
n'a

n'a jamais attribué l'état où il a vu Cécile dans la chaumière, qu'à un violent mal d'estomach, & il ne concevra de sa vie que la présence de Nicole puisse faire pleurer & donner la fièvre. Avec cette manière simple d'envisager les choses, vous imaginez facilement qu'il y a beaucoup de circonstances où il doit paroître également indiscret & importun; aussi depuis quinze jours M. d'Aimeri, M. d'Almane & moi, l'avons-nous brusqué cent fois, sans que jamais il en ait pu deviner la raison : pour Madame de Valmont, elle paroît toujours ne remarquer aucune de ses balourdises; j'admire véritablement sa conduite à cet égard, elle prend le seul parti que doive suivre une femme honnête & sensée, avec un semblable mari, celui de n'avoir jamais l'air d'être embarrassée de ce qu'il fait de déplacé ; la dissimulation, dans ce cas, est estimable, & l'aveuglement même intéresseroit & mériteroit les plus grands égards. Nous avons beau être excédés de M. de Valmont, il nous est impossible de le lui témoigner devant sa femme ; chacun respecte l'opinion qu'elle semble avoir de lui ; ainsi elle n'a jamais le chagrin de le voir mal accueilli ou ridiculisé ; & certainement si elle paroissoit souffrir de ses inepties, tout le monde seroit à l'aise, on s'en moqueroit ouvertement, on oseroit lui en parler à elle-même, elle entendroit répéter chaque jour qu'il est insupportable ; & c'est ainsi qu'une femme ôte à son mari toute considération, & perd elle-même une partie de la sienne. Adieu, ma chère amie ; mandez-moi s'il est encore question du mariage de votre fille avec M. de Valcé; d'après votre dernière lettre, je me flatte que c'est une affaire rompue. Car puisque M. de Limours vous a promis d'y réfléchir & vous accorde du temps, je ne doute pas que vous ne l'ameniez facilement à y renoncer.

LETTRE XXXVI.

Le Comte de Roseville au Baron.

JE vous remercie, mon cher Baron, des reproches obligeans que vous me faites sur mon silence; je n'ai point été malade, je n'ai point eu d'affaires extraordinaires, mais je voulois vous écrire une lettre détaillée, & je n'ai pu disposer de deux heures pour mon plaisir, depuis plus de trois mois. Je ne me repose de mes devoirs, ni sur un Sous-Gouverneur, ni sur un Précepteur; je ne quitte point mon élève: il est vrai que je suis levé deux heures avant son réveil, & que je me couche une heure après lui; mais je prépare le matin ses études & l'instruction particulière du jour, & le soir j'ai la coutume d'écrire un journal très-détaillé de tout ce qu'il a fait de mal dans la journée, & je compte dans ce nombre toutes les occasions perdues ou négligées de faire une bonne action, ou de dire une chose obligeante. Comme la plupart de ces fautes se font devant du monde, je l'en reprends rarement dans le moment même, ce qui fait que très-souvent n'ayant point été grondé dans le cours de la journée, il se flatte, en se couchant, que le Journaliste n'aura rien à dire. Je le laisse toujours dans cette incertitude, qui lui donne le plus grand desir d'être au lendemain, afin de s'éclaircir; en effet, aussitôt qu'il est habillé (& la curiosité l'engage toujours à presser sa toilette), il passe dans son cabinet & me demande mon journal. Je le lui donne; il le lit tout haut, & j'exige que ce soit de suite & sans commentaire, car il est bon de l'accoutumer à prononcer lui-même le détail de ses fautes; ensuite je le lis une seconde fois, & alors nous nous communiquons mutuellement les réflexions que cette lecture nous inspire. Je le familiarise ainsi, non-seulement à entendre la vérité, mais à la desirer, à l'aimer & à l'écouter paisiblement, dépouillée de toute espèce de fard. Pour vous faire juger de ma manière de la lui présenter, je vais vous transcrire la journée d'avant-hier : la voici.

SUR L'ÉDUCATION. 317

« Monseigneur, à son dîné, a paru
» distrait, embarrassé avec les personnes
» qui lui faisoient leur cour ; il s'est con-
» tenté de faire deux ou trois questions
» d'un air nonchalant, sans écouter les
» réponses. Monseigneur s'imagine que
» dès qu'il a souri, tout le monde doit
» être enchanté de lui ; mais ce sourire
» affecté, qui n'est à présent qu'une grimace
» & qu'une habitude, deviendra obligeant
» & agréable quand Monseigneur aura
» véritablement le desir de plaire & d'être
» aimé, sans quoi cette expression forcée
» paroîtra toujours niaise & ridicule.
» Monseigneur a défendu au jeune Ro-
» land, le fils d'un de ses valets de cham-
» bre, de toucher aux livres qui sont dans
» notre cabinet, & ce matin, en passant
» sur la terrasse, nous avons vu Roland
» qui lisoit fort attentivement un gros
» volume relié en maroquin rouge, &
» Monseigneur m'a dit : je parie que Ro-
» land tient-là ce livre écrit de votre main,
» que vous m'avez donné hier, je le recon-
» nois, j'en suis sûr. J'ai répondu : ne jugez
» point légèrement, éclaircissez-vous bien

» avant d'accuser; songez qu'en perdant
» votre estime, cet homme perdra sa for-
» tune, & par conséquent, vous seriez
» aussi cruel qu'injuste si vous le condam-
» niez sur de simples apparences. Mon-
» seigneur, en arrivant chez lui, a cher-
» ché son livre & ne l'a point trouvé; il
» a fait venir Roland & l'a questionné;
» Roland a rougi, pâli, s'est embarrassé;
» cependant il a protesté qu'il n'avoit point
» touché au livre de Monseigneur, & que
» celui qu'il lisoit lui avoit été prêté par
» un de ses parens, auquel il venoit de le
» rendre au moment même où il partoit
» pour retourner dans sa province. Toute
» cette histoire n'a paru à Monseigneur
» qu'un tissu de mensonges; Roland a été
» traité d'imposteur & banni de l'apparte-
» ment. J'ai souffert cette condamnation
» afin de mieux faire sentir à Monsei-
» gneur les conséquences de sa pétulance
» & de sa légèreté; à présent je dois lui
» dire que le pauvre Roland, chassé,
» déshonoré, désespéré, est entièrement
» innocent. Tout ce qu'il a dit est dans
» l'exacte vérité; c'est moi qui, ce matin,

« ai pris le livre pour y ajouter quelques
» notes. Ainsi Monseigneur a cruelle-
» ment calomnié le malheureux Roland :
» il est vrai que les apparences étoient
» fortes ; mais quand il s'agit de perdre
» un homme, doit-on juger sur des appa-
» rences ? Avant de rien décider, il fal-
» loit demander le nom du parent de Ro-
» land, il falloit écrire à ce parent, &
» même envoyer dans sa province. Enfin,
» la raison, l'équité, l'humanité auroient
» dû engager Monseigneur à prendre tou-
» tes les informations les plus détaillées &
» les plus approfondies [1]. »

---

[1] « On doit considérer, dit l'Auteur de l'Éducation
» d'un Prince, que le temps de la jeunesse est presque
» le seul temps où la vérité se présente aux Princes
» avec quelque sorte de liberté ; elle les fuit tout le
» reste de leur vie. Tous ceux qui les environnent ne
» conspirent presque qu'à les tromper, parce qu'ils
» ont intérêt de leur plaire, & qu'ils savent que ce
» n'en est pas le moyen que de leur dire la vérité. Ainsi
» leur vie n'est, pour l'ordinaire, qu'un songe, où ils
» ne voyent que des objets faux & des fantômes trom-
» peurs. Il faut donc qu'une personne chargée de
» l'instruction d'un Prince, se représente souvent que
» cet Enfant qui est commis à ses soins, approche d'une

Je vous ai promis dans ma dernière Lettre, mon cher Baron, de vous dire quelles sont (dans mon opinion) les premières idées qu'on doit imprimer dans la tête d'un Prince, & les qualités principales qu'il faut s'occuper de lui donner. Je crois donc qu'on ne sauroit trop tôt lui inspirer une piété véritable & solide, la plus tendre humanité pour le peuple [1], l'aversion de la flatterie, le goût de la vérité, & qu'il est essentiel de lui faire prendre de bonne heure l'habitude de s'appliquer, & celle de ne jamais juger légèrement ou avec précipitation, soit en bien,

---

» nuit où la vérité l'abandonnera, & qu'il se hâte ainsi
» de lui dire & de lui imprimer dans l'esprit tout ce qui
» est le plus nécessaire pour se conduire dans ces ténè-
» bres, que sa condition apporte avec soi par une
» espèce de nécessité. *De l'Education d'un Prince*, par
» *Chanteresne*. »

1. « Quand un Prince aime son peuple, dit l'Abbé
» Duguet, on n'a presque rien à lui dire sur ses autres
» devoirs: il ne faut point de préceptes à l'amour, il est
» l'accomplissement de tous; il lui est permis de faire
» ce qu'il voudra, parce qu'il ne sauroit faire que
» bien, &c. »

soit en mal. Hier, quand le Prince eut chassé Roland, il me dit qu'il avoit envie de le remplacer par un autre jeune homme nommé Justin, & il ajouta qu'il étoit certain que celui-là étoit parfaitement sûr, discret & exact. « Eh comment, répondis-
» je, avez-vous acquis cette certitude ?
» Avez-vous étudié le caractère de ce jeune
» homme ? l'avez-vous mis à l'épreuve ?....
» = Oh non, mais.... = Mais ne dites
» donc pas que *vous êtes certain*, puisque
» vous n'avez aucune preuve à produire ;
» c'est parler comme un enfant. = Vous ne
» croyez donc pas que Justin soit honnête ?
» = Moi, je ne dis pas cela, je n'en sais
» rien, je ne l'ai point observé, j'ignore
» s'il mérite de la confiance, ou s'il n'est
» pas digne d'en inspirer ; car, comme je
» ne suis ni enfant, ni imbécille, je ne
» juge point les gens que je ne connois
» pas. = Mais tout le monde dit du bien de
» Justin. = On doit certainement regarder
» une bonne réputation comme un préjugé
» très-avantageux pour la personne qui a
» su l'obtenir ; il est même bien fait de
» commencer par prendre cette informa-

» tion ; cependant il seroit absurde de s'en
» tenir-là, & d'accorder sa confiance sur
» ce seul témoignage ; & tout homme
» sensé ne donne la sienne que d'après ses
» observations particulières & son propre
» examen. Ne dites-donc point, Mon-
» seigneur, je crois ou je ne crois pas
» telle chose, parce qu'on me l'a dit, ou
» parce qu'elle est vraisemblable. Voilà le
» langage des gens superficiels, crédules
» & bornés. Ne croyez qu'après avoir vu
» par vous-même bien clairement, &
» jamais d'après les yeux des autres. »

Il est impossible qu'un Prince, accoutumé ainsi dès l'enfance à tout approfondir & à ne rien croire légèrement, n'acquierre pas en même-temps un grand fond d'équité, une prudence parfaite, & cet esprit observateur sans lequel on ne parvient jamais à connoître parfaitement les hommes. Ainsi, vous voyez combien ce principe est important ; mais il est vrai qu'il ne peut être d'aucun usage à un Prince indolent & inappliqué : la paresse produit plus de faux jugemens que la malignité ou le manque de lumières. Il est donc essentiel de mettre

SUR L'ÉDUCATION.

tous ses soins à préserver un jeune Prince de ce défaut si commun & si dangereux, en l'accoutumant de bonne heure à s'appliquer & à tout examiner par lui-même ; car il vaudroit cent fois mieux qu'il fût défiant & actif, que crédule & paresseux. Je m'attache aussi à le guérir de cette mauvaise honte & de cette timidité qui ne sont que trop ordinaires dans les personnes de son rang, & qu'on ne peut surmonter que par l'habitude de paroître en public & d'y parler souvent, & par un vif desir de gagner tous les cœurs. Il reçoit du monde deux fois par jour ; je ne lui prescris jamais ce qu'il doit dire ; mais pendant trois quarts-d'heure que dure chaque assemblée, je le regarde fixement & je l'examine en silence, afin de le familiariser avec l'idée d'être observé particulièrement. S'il parle sans grâce & en mauvais termes, je l'en reprends doucement quand nous sommes seuls, ou par la voie du Journal ; mais s'il ne parle point, je me moque de lui devant tout le monde, & je le tourne en ridicule de la manière la plus piquante. Ainsi, je grave dans sa

tête un très-bon principe : c'est qu'il vaut mieux faire une politesse gauchement que de ne la point faire du tout, parce qu'au moins on sait toujours gré de l'intention ; & j'ai remarqué que ce qui nuit le plus à l'affabilité des personnes en place, est la crainte de paroître manquer d'aisance ou de grâce, & d'aimer mieux passer pour impoli, distrait & dédaigneux, que d'être accusé de *gaucherie :* cependant, rien n'est plus *gauche* que ce calcul ; car si l'on faisoit l'effort de surmonter, pendant six mois, cette mauvaise honte, on acquéreroit bien facilement cette aisance à laquelle on attache un si grand prix ; l'on auroit la réputation d'être aussi obligeant qu'aimable, & l'on plairoit universellement. « Peu de Princes, dit l'Abbé Du-
» guet, connoissent ce que peut un mot
» obligeant, un regard, un air de bonté ;
» & peu connoissent aussi les effets de
» quelques signes légers de distraction,
» d'indifférence, de sécheresse ; mais un
» Prince habile connoît la valeur de tout,
» & il ne se méprend jamais dans l'usage
» qu'il veut en faire : il donne au peuple

» des marques communes d'affection &
» de bonté...... Mais outre ce langage
» commun, le Prince en a un particulier
» qu'il sait proportionner à la naissance,
» aux emplois, aux services, au mérite;
» il ne jette pas au hasard des airs cares-
» sans qui tombent sur tout le monde; il
» ne prodigue pas ce qui doit être une
» récompense, & il n'avilit pas ce qui
» doit être une distinction ».

Le même Auteur ajoute qu'il seroit bien à desirer qu'un Prince fût éloquent : « la » vertu & la vérité, continue-t-il, en » tireroient un nouvel éclat ; il appuye- » roit avec force un sentiment juste, il » persuaderoit au lieu de commander, il » rendroit aimable tout ce qu'il propose- » roit...... il seroit écouté dans les Con- » seils avec admiration, &c. »

Rien n'est plus vrai ; mais cependant si votre élève manque absolument d'esprit, n'aspirez point à lui donner de l'éloquence, car vous ne le rendriez que pédant, bavard & ridicule. Pour le mien, qui montre autant de jugement qu'on en peut avoir à dix ans, je l'exerce déjà à parler de suite

& sans préparation. Tous les jours, après son dîner, toutes les personnes attachées à son éducation se rassemblent dans son cabinet, & là chacun est obligé de conter deux histoires, l'une d'invention & l'autre tirée de l'histoire ancienne ou moderne ; chaque faute de langage ou de prononciation coûte un gage, & entraîne des pénitences qui rendent ce jeu fort amusant pour le Prince, d'autant mieux que le Sous-Gouverneur & moi ne nous épargnons pas; nous ne nous passons rien : s'il m'échappe un mot impropre ou bien une réflexion qui ne soit pas parfaitement juste, l'impitoyable Sous-Gouverneur m'interrompt aussitôt, & avec beaucoup de politesse me fait remarquer ma faute ; quelquefois je ne me rends pas au premier mot ; je me défends doucement, je donne des raisons, des éclaircissemens; le Prince écoute attentivement cette dispute très-intéressante pour lui, puisqu'il s'agit de savoir si j'aurai une pénitence ou non ; & cependant il profite de la discussion, & voit en même temps un parfait modèle de la manière dont on peut se permettre de disputer.

car nous conservons toujours un sang froid admirable, une politesse charmante ; enfin, nous soutenons notre opinion tant que nous la croyons bonne ; & aussi-tôt que nous sommes persuadés qu'elle ne vaut rien, nous y renonçons avec une douceur & une franchise qui charment tous les spectateurs. Le Prince, depuis trois mois, préfère cette récréation à toute autre, & il en retire tout le fruit que nous en pouvions attendre. Il s'exprime avec beaucoup plus de facilité, & il conte souvent ses deux histoires d'une manière véritablement étonnante pour son âge. A l'égard de l'espèce d'instruction qui convient à un Prince, je pense qu'il doit avoir une connoissance générale de l'histoire, & qu'il est nécessaire qu'il sache parfaitement celle de son pays ; il faut qu'il ait une idée claire & distincte de la constitution de l'État qu'il doit gouverner ; qu'il connoisse l'étendue des droits qui lui seront donnés, afin de s'y maintenir, & de n'en point usurper d'autres. Je desirerois aussi qu'il ne fût absolument étranger à aucun genre d'administration; que son Éducation finie, il sût de l'art militaire tout ce que les livres & les Maîtres en peuvent apprendre; qu'il eût plus que des notions superficielles sur la navigation & la guerre de mer; & qu'enfin il connût, avec détail, les ressources, les besoins, les richesses & les forces de son Royaume. C'est exiger bien des choses, me direz-vous; je ne trouve pourtant rien de superflu dans tout cela; mais il est vrai que si l'on joint à ces différentes études, celles de la musique, du dessin, & dix ans de Latin, ce que je propose deviendra impossible. J'adopte pour lui, par rapport aux langues, la méthode que vous suivez pour votre fils; il n'apprend les langues vivantes que par l'usage; & on ne lui enseignera le Latin qu'à douze ou treize ans, jusqu'à quinze ou seize : il n'apprendra du dessin & de la géométrie que ce qu'il en faut pour les fortifications, & pour être en état de lever un plan, & jamais il ne saura une note de musique. Je veux qu'il ne soit pas sans littérature, car il doit un jour aimer & protéger les lettres, mais les livres d'histoire & de morale formeront, comme vous le croyez bien, nos principales lectures, & deviendront notre plus sérieuse étude.

Je sens comme vous, mon cher Baron, combien il est important d'inspirer aux Princes des sentimens de bienfaisance & de compassion pour les malheureux : tout ce que vous me dites à ce sujet est aussi vrai que touchant; mais, comme vous le remarquez, *on n'apprend point à son élève à être humain par des leçons & des phrases*; c'est à cet égard sur tout qu'il ne faut parler que par des tableaux & par l'exemple. Mon jeune Prince n'a point un mauvais cœur; mais il n'est pas naturellement très-sensible. D'ailleurs, les mots de *pauvreté*, de *malheureux*, n'ont presque aucun sens pour lui, parce qu'il est trop léger & trop enfant pour se représenter vivement & pour concevoir fortement des choses si tristes, & qu'il n'a jamais vues; mais il a de l'esprit, de l'amour-propre, un bon naturel & de l'imagination : il ne s'agit que de tourner sa vanité sur des objets dignes de la satisfaire, & de lui faire connoître la pitié, qui lui est étrangère, uniquement parce qu'on n'a jamais cherché à la développer dans son cœur, en lui présentant les tableaux touchans qui pouvoient l'exciter. Je lui prépare, depuis long-temps, une scène aussi nouvelle pour lui qu'intéressante, & qui, j'en suis sûr, ne s'effacera jamais de son souvenir. Vous aurez ce détail dans ma première lettre, car je veux vous réserver à vous-même le plaisir de la surprise. Adieu, mon cher Baron; je n'avois point ce soir de journal à écrire, mon jeune Prince a été presque irréprochable toute la journée; & je jouis doublement de la satisfaction qu'il me donne, puisqu'elle m'a procuré encore le plaisir de m'entretenir avec vous.

LETTRE XXXVII.

La Baronne à la Vicomtesse.

IL est vrai, ma chère amie, comme vous l'avez prévu, que votre Lettre m'a causé quelque surprise ; le mariage de votre fille avec M. de Valcé n'est pas renoué, mais il se fera, je vous le prédis, & le vois clairement. M. de Valcé vient d'être titré.... Et vous consentez à le recevoir chez vous, & vous voulez le connoître, quoique vous sachiez déjà qu'il est joueur & fat, ce qui me paroîtroit à moi une connoissance suffisante ; enfin, vous voilà presque raccommodée avec Madame de Gerville, qui, dites-vous, s'est bien conduite dans cette occasion, en engageant M. de Limours à vous témoigner des égards & de la déférence.... Mais ne voyez-vous pas que tous ces prétendus ménagemens ne tiennent qu'au desir & à la certitude de vous gagner. Ce mariage sera désapprouvé, parce que votre fille, avec le nom qu'elle porte & la fortune qu'elle aura, ne doit pas être éblouie d'un titre, & qu'il est affreux de la donner au fils d'une femme déshonorée, qui n'est d'ailleurs lui-même qu'un très-médiocre sujet. Je sais bien que M. de Limours est le maître; mais avec de la sagesse & de la fermeté, vous auriez pu le faire changer de dessein ; ou si du moins il eût persisté dans cette résolution, en cédant avec répugnance & chagrin, vous rendiez le rôle de Madame de Gerville véritablement odieux ; vous acquériez le droit de ne jamais la recevoir, vous la démasquiez aux yeux du public, & l'on n'eût pu vous reprocher d'avoir sacrifié votre fille par foiblesse & par vanité.

Quoique vous me mandiez que, depuis quelque temps, vous êtes infiniment plus contente de Flore, je ne puis vous dissimuler que la peinture que vous me faites de son caractère m'afflige beaucoup. Vous convenez que son éducation pouvoit être meilleure ; mais ce qui vous rassure est précisément ce qui me fait le plus de peine.

Elle n'annonce pas de grandes qualités, mais elle n'a pas de grands défauts, excepté celui d'une extrême vanité, & vous êtes bien sûre que ses passions ne seront jamais vives. Eh, combien il est facile & commun de s'égarer sans passions violentes ! & c'est sans doute la manière qui avilit le plus. Croyez qu'en général, la vanité des petites âmes cause seule presque tous les excès & les désordres qu'on attribue communément aux grandes passions. Une femme, prévenue de la ridicule idée que le bonheur de la vie consiste à surpasser toutes les autres en agrémens & en beauté, sacrifie tout à cette chimère extravagante, d'abord les bienséances, & bientôt l'honneur ; vous lui verrez toutes les fureurs de la jalousie, les emportemens de la haine ; enfin, vous pourrez croire qu'elle est agitée d'une violente passion. Mais ce sont de grands événemens produits par de petites causes ; il n'y a rien dans son cœur ; tout le mal vient uniquement de cette pensée qui l'occupe sans relâche : la félicité d'une femme est d'être belle & préférée. On retrouve souvent le même principe. Vous connoissez le Comte d'Orgeval; il passe dans le monde pour avoir des passions fougueuses & emportées, que l'éducation & sa raison n'ont pu vaincre ni modérer; on le croit encore méchant, dangereux & athée. Il n'est rien de tout cela; il a fort peu d'esprit, quoiqu'il sache s'exprimer avec assez de grâce & d'aisance; il a passé sa jeunesse dans la mauvaise compagnie, entouré de vils flatteurs dont l'intérêt étoit de le corrompre; on le loua sur sa prétendue facilité à dire des bons mots, le voilà méchant; on vanta ses bonnes fortunes & son penchant à la galanterie, le voilà fat & débauché; on admira la force de son esprit, le voilà impie déclaré; le vrai, c'est qu'il n'est que vain, foible & borné, & que le desir de la célébrité l'a perdu. Ce desir n'est dangereux que pour les sots & les âmes communes; mais heureux le génie, heureux le cœur noble & sensible qu'il peut enflammer! il change alors de nom comme de motif; ce n'est plus amour-propre ni vanité, c'est passion, enthousiasme pour la gloire, c'est cependant toujours le même principe; mais l'un ne produit que des travers & des vices, & l'autre que de l'héroïsme & des vertus. Flore touche à sa seizième année; &, si jeune, si peu formée, vous allez la marier, & lui donner, pour vous remplacer, une femme que vous méprisez avec tant de raison!........ Ah, ma chère amie, du moins balancez encore; songez bien que les vertus, le bonheur & la destinée de votre fille dépendent du choix que vous allez faire. Quel jour terrible & touchant à la fois que celui qui conduit une mère à l'Autel pour y remettre sa fille entre les mains d'un étranger, & pour lui donner un Maître, qui peut-être ne connoîtra ses droits que pour en abuser! Enfin, s'il devient un tyran, au lieu d'un protecteur, d'un ami; ou bien si, négligeant entièrement l'autorité douce & sainte qu'un père, qu'une mère, lui ont cédée, il dédaigne, il abandonne à elle-même celle qu'il devoit conduire, conseiller & gouverner; les parens seuls alors sont responsables des malheurs & des égaremens qui peuvent résulter de cette union mal assortie. Mais, direz-vous, avec de semblables craintes, on balanceroit éternellement, on n'établiroit jamais sa fille: ah, ne la mariez ni pour vous en défaire, ni par intérêt, ni par ambition, & soyez sûre que le choix que vous ferez assurera son bonheur.

LETTRE XXXVIII.

Réponse de la Vicomtesse.

Votre Lettre m'a vivement frappée; je sens toute la force d'une partie de vos raisons; je retarderai autant qu'il me sera possible l'établissement de Flore, & je me flatte que le choix que je ferai la rendra heureuse. Mais je vous avoue que la manière dont vous peignez le mariage ne me présente pour une femme qu'une chaîne cruelle & pesante. Je craindrois de l'offrir à ma fille sous des traits si sévères, je craindrois même de la tromper en lui traçant ces devoirs rigoureux d'obéissance qui n'existent pas. Pour vous accorder quelque chose, je veux bien qu'elle n'aspire pas à gouverner, mais du moins établissons l'égalité; l'amour, qui sait rapprocher tous les états & toutes les conditions, n'admet point ces différences injurieuses dont vous parlez, & qui le détruiroient. Je desire que l'époux de Flore soit aussi son amant, & alors elle n'éprouvera aucun des chagrins qui ont troublé ma vie, elle n'aura point de Maître à redouter; je veux enfin que ce mari soit aimable, puisqu'il faut qu'il soit aimé, & que ma fille suive son devoir en n'écoutant que son cœur. J'ai depuis deux mois sur-tout de longues conversations avec elle, & tels sont les tableaux que je lui offre d'une union qui doit être aussi délicieuse que sacrée; son imagination s'y arrête avec complaisance, & je lui répète sans cesse que la félicité la plus pure est de trouver dans son mari l'objet de son amour & de toutes les affections de son âme. Je lui parle aussi du monde, de ses dangers; ce n'est que sur les écueils qu'on y rencontre, que je me permets quelquefois un peu d'exagération, afin qu'en y entrant, elle sache se défier d'elle-même, & que cet effroi salutaire lui donne cette heureuse timidité si utile à une jeune personne pour la préserver de l'imprudence & de l'étourderie qui entraînent dans les fausses démarches. Voilà tout mon système, il est simple, il est peut-être connu ; mais s'il est bon, pourquoi chercher de vains raffinemens ? J'ai toujours peine à me persuader que la route la plus frayée ne soit pas la meilleure. Je vous conjure, ma chère amie, de lire cette Lettre attentivement, & de me répondre avec le plus grand détail. Je vous fais des objections, je vous propose des doutes, mais ma confiance en vos lumières n'en est pas moins entière & moins parfaite.

Madame d'Ostalis s'est enfin décidée à prendre la place que son mari desiroit si vivement qu'elle acceptât, & j'imagine que c'est vous qui avez su la déterminer. Elle a été d'autant plus effrayée de s'attacher à une Princesse, qu'elle ne prendra point une chaîne pour la porter de mauvaise grâce, & qu'elle ne s'imposera point un devoir pour ne le pas remplir. Adieu, ma chère amie, donnez-moi des nouvelles de Cécile; elle m'écrit assez régulièrement, mais elle ne me parle jamais de sa santé, & j'en suis bien vivement inquiette.

LETTRE XXXIX.

Réponse de la Baronne.

SI je ne vous présente pas la vérité que vous cherchez, du moins je vais remplir le devoir d'une amie tendre & sincère, en ne vous dissimulant rien de ce que je pense. Peut-être, en m'écartant de la *route frayée*, n'ai-je pas pris la meilleure, mais je suis de bonne-foi; & si je m'égare, si je m'éloigne du but, c'est que j'ai cru y arriver plus sûrement. L'amour égalise tout, dites-vous; oui, cet emportement d'un moment que la raison désapprouve & détruit; mais un sentiment réfléchi, né de l'estime & de la confiance, se conforme aux loix de la société, prises dans la nature, telles que celles qui donnent à l'homme le pouvoir & l'autorité. Vous avez offert à votre fille un tableau également infidèle & dangereux; vous lui avez dépeint l'amour, à présent elle veut un amant, ou, pour mieux dire, elle veut régner, & elle ne verra qu'un tyran dans celui qui ne sera pas son esclave; & si elle n'a pas pour l'époux que vous lui choisirez cet attrait dont vous lui avez donné l'idée, si elle ne l'éprouve pas elle-même, croyez-vous qu'après des chimères si séduisantes, elle puisse se contenter d'un ami ? Quand une femme suivra ses devoirs & connoîtra sa dépendance, l'homme le moins délicat, même sans amour, n'aura jamais la révoltante & basse dureté de la lui faire sentir; nous ne sommes jaloux que des droits qu'on nous dispute; plus on nous accorde, plus nous sommes généreux. Eh, quel est le cœur qui n'a pas l'expérience de cette vérité! Je vous avouerai avec la même franchise, que je n'approuve pas davantage tout ce que vous dites à votre fille sur les écueils du monde; je sais que la première chose qu'on apprend aux jeunes personnes, c'est qu'il y a des dangers presque inévitables dans le monde; à force de l'entendre répéter, elles se le persuadent; & quand elles y débutent, elles sont sans défense contre ces prétendus dangers qu'on leur a dépeints si terribles, qu'il faudroit une vertu plus qu'humaine pour en triompher. Je suppose une jeune personne sans expérience, sans conseil, aimable & belle, & paroissant dans le monde pour la première fois ; je veux qu'elle soit à la Cour, & mariée à un homme qu'elle n'aime point. Voilà à-peu-près tous les écueils réunis ; je ne demande pour l'en préserver que du bon sens, un peu de pénétration & de réflexion. Avec ce caractère, elle commencera par observer, elle verra avec quels égards & quel respect on traite les femmes d'une réputation sans tache ; elle verra le vice même rendre hommage à la vertu, ou du moins ne s'en moquer qu'en feignant de la croire fausse & en la calomniant ; elle verra les coquettes, au milieu de leurs succès, essuyer les mépris qu'elles méritent ; elle sera révoltée du rôle humiliant d'une femme de quarante ans sans mœurs ; elle entendra raconter les égaremens de sa jeunesse avec les couleurs de l'opprobre & de l'infamie ; elle pourra voir le contraste de ce tableau dégoûtant ; & de ce moment son choix est fait. Vous me répondrez peut-être qu'en débutant dans le monde, il est presque impossible, enivré de la dissipation, de pouvoir observer & réfléchir ; mais cependant il me paroît tout simple de regarder autour de soi des choses qu'on n'a jamais vues, de les observer avec curiosité, & de porter un jugement d'après cette observation. Le monde ne charme point au premier abord, on y est trop étranger pour s'y amuser ; la défiance, la timidité qu'on y porte ne peuvent s'accorder avec le plaisir ; aussi la première année qu'on y passe est-elle toujours ennuyeuse, fatigante & désagréable ; & voilà le temps que je demande. Qu'il peut être utilement employé pendant que la tête est encore froide, les goûts simples & le cœur pur ! Malheur à celui qui laisse échapper ce moment précieux sans en retirer de fruit ! Mais vous sentez bien, ma chère amie, que si votre Élève n'a reçu qu'une éducation frivole, si toutes ses idées ne roulent que sur une partie de bal ou sur le choix d'une parure, si vous la mariez à quinze ans, ou si, avant de l'établir, vous l'avez de trop bonne heure accoutumée au monde; si enfin elle a déjà tout vu avec les yeux de l'enfance, ceux de la raison ne lui feront rien découvrir de nouveau, rien ne l'étonnera, ne la frappera, & elle sera nécessairement entraînée par le torrent. Adieu, ma chère amie, je suis bien affligée de vous offrir de si tristes réflexions sur l'éducation d'un enfant, qui, je vous assure, m'est aussi chère qu'à vous-même; mon tendre intérêt m'exagère peut-être les dangers que j'y trouve, mais mon cœur tout entier s'ouvre à vous, & rien de ce qui s'y passe ne peut vous être caché.

Cécile est toujours dans le même état, mais sa tranquillité paroît inaltérable, & jamais elle n'a montré plus de douceur & d'égalité. Le Médecin de Carcassonne (qui est réellement à tous égards un homme de mérite) est venu hier, il a passé une heure avec elle, il est sorti de sa chambre avec un visage qui nous a tous effrayés, il avoit même l'air d'avoir pleuré; cependant il a dit à M. d'Aimeri, devant moi, que Cécile étoit bien pour le moment, & qu'il n'avoit pas d'inquiétudes sérieuses ; mais pour moi j'en ai beaucoup, & je ne serai rassurée que lorsqu'elle aura passé cet automne.

LETTRE XL.

La même à la même.

IL vous reste encore quelques doutes, ma chère amie; vous ne croyez pas qu'il soit inutile, par exemple, de prévenir une jeune & jolie personne sur cette foule d'amans dont vous supposez qu'elle sera entourée à son début dans le monde. Ce ne sont ni les grâces ni la beauté qui attirent cette foule dont vous parlez, c'est la coquetterie seule qui la rassemble; souvenez-vous de Madame de Clarcy, la plus belle personne de notre temps, & sans doute une des plus vertueuses; avez-vous jamais entendu dire que quelqu'un fût amoureux d'elle ? On la regardoit avec admiration, mais on ne la suivoit pas, parce qu'elle étoit véritablement honnête, modeste & réservée; tandis que sa cousine Madame de Clervaux, avec un figure si médiocre, étoit toujours environnée de tous les jeunes gens à la mode. L'amour ne peut naître sans l'espérance ; & quand une femme, quelque charmante qu'elle soit, inspire une grande passion, on doit être certain qu'au fond du cœur elle l'a bien voulu, & qu'elle n'a pas été exempte de coquetterie. Un homme sensible veut être aimé, & n'aime passionnément que lorsqu'il a reçu cet espoir ; l'homme qui n'est que vain, ne compromettra point son amour-propre avec des dédains qui l'humilieroient ; il ne cherche que des succès. Pourquoi voudroit-il s'exposer à des mépris certains ? Examinez bien votre conscience, ma chère amie, peut-être trouverez-vous que j'ai quelque raison. Rappelez-vous l'histoire du pauvre Chevalier d'Herbain, à qui vous aviez si bien tourné la tête ; en lui disant toujours, à la vérité, *que vous ne partageriez jamais ses sentimens, que vous finiriez par ne plus le recevoir*, &c. Mais vous le receviez, mais vous souffriez qu'il vous entretînt de sa passion de mille manières, qu'il vous suivît par-tout, qu'il ne parût occupé que de vous; n'étoit-ce pas lui donner des espérances?..... Vous savez le tort que cette conduite fit à votre réputation; vous savez que lorsque je vous en parlai avec tant de vivacité, & que vous me répondîtes, *mais je ne puis le guérir de cette fantaisie*, je me chargeai de sa guérison, si vous vouliez me seconder; & qu'en effet, dans une seule conversation, nous lui fîmes comprendre facilement qu'il n'avoit pas le sens commun en vous aimant si sérieusement. Vous n'avez pas oublié peut-être qu'il vous dit avec un peu d'humeur : cette explication vient un peu tard; si vous m'eussiez parlé de cette manière il y a six mois, je vous assure que jamais je n'aurois été amoureux de vous. Il avoit raison, & vous auriez bien mieux senti votre tort, si, au lieu d'être honnête & rempli de vertus, il eût été fat & méchant, car alors il auroit pu se venger bien aisément en vous calomniant ; & assurément, d'après votre conduite (quoique innocente au fond) il eût trouvé peu d'incrédules.

Venons à ce que vous me dites sur l'amour; vous prétendez qu'une femme qui n'aura pas d'amour pour son mari, ne pourra guères se dispenser de prendre un amant; si ce ne sont pas là vos expressions, en voilà du moins le sens; vous répétez, *le cœur est fait pour aimer*, j'en conviens; il lui faut un sentiment qui l'agite & l'occupe; mais est-il nécessaire que ce soit de l'amour? C'est une chose presque reçue, qu'on doit, dans le cours de sa vie, éprouver une grande passion; il n'y a point de jeunes personnes qui n'aient entendu parler de cette fatalité chimérique. Autrefois on amusoit la jeunesse par des contes ridicules souvent faits de bonne-foi, & toujours écoutés avec une crédule simplicité; aujourd'hui l'esprit est plus éclairé, ce n'est plus lui, mais c'est le cœur qu'on abuse. A force de disserter sur le sentiment, on n'a trouvé qu'une définition fausse, aussi loin de la nature, qu'elle est contraire à la raison. C'est une contradiction bien singulière d'entendre là-dessus le langage des femmes & celui des hommes: les unes s'épuisent en dissertations sur la force d'une passion, dont les autres, lorsqu'ils sont entr'eux, nient décidément l'existence: d'un côté, c'est la plus sublime métaphysique; & de l'autre, exactement tout l'opposé. On peut conclure de-là qu'il faut également se défier d'un pompeux étalage de sentimens outrés, & de l'affectation d'une vaine bravade. Dans les nouveaux principes d'éducation, une mère croit faire des merveilles en permettant à sa fille de lire ce qu'on appelle des *Romans moraux*, comme, par exemple, la Princesse de Clèves, où l'on trouve, dit-on, de si beaux exemples de vertu, où l'héroïne résiste avec tant de force & de courage à la plus violente passion. En voyant l'excès du sentiment qui la domine, & les combats affreux que le devoir excite en elle, si l'on peut croire que c'est-là une peinture fidelle du cœur, il faut croire aussi que l'amour est indépendant de notre volonté, qu'il est inutile de s'opposer à ses progrès, & qu'alors la vertu n'est qu'un tourment de plus. Voilà un but moral bien satisfaisant. Une jeune personne, nourrie d'une telle lecture, se

SUR L'ÉDUCATION.

marie sans goût pour celui qu'on lui donne ; elle sait cependant qu'elle doit avoir un jour une grande passion, elle attend l'instant fatal avec inquiétude : il arrive bientôt ; le premier qui lui parle d'amour est précisément celui que le Ciel a fait naître pour lui inspirer *un sentiment qui doit faire le tourment de sa vie* ; plus de repos, de sommeil, *la douce liberté* est perdue sans retour ; *une sombre mélancolie* succède à la gaieté : enfin, c'est la Princesse de Clèves elle-même ; & puis l'on vient à penser que l'on aime encore mieux que la Princesse, ou que l'Auteur a peut-être exagéré sa résistance ; on s'en étoit toujours un peu douté.... Un amant tendre & pressant arrache enfin l'aveu qu'il sollicite ; on n'est pas sans remords dans les premiers instans d'une foiblesse nouvelle ; on s'en afflige, on en gémit, & l'on s'en prend à la destinée ; mais bientôt le voile tombe ; les idées romanesques s'affoiblissent, l'héroïne s'apperçoit avec surprise qu'elle n'aime plus, ou, pour mieux dire qu'elle n'a jamais aimé ; elle voit qu'elle s'est trompée, & qu'elle n'a point trouvé objet chimérique qui devoit la rendre sensible; d'abord elle l'avoit attendu, cette fois-ci elle le cherche sans être plus heureuse; mais elle ne se rebute point, &, d'erreurs en erreurs, les beaux jours de sa jeunesse s'évanouissent comme un songe fatigant qui ne laisse après lui que des idées confuses & un souvenir vague de mille folies aussi étranges qu'absurdes. Alors elle fait d'amères réflexions, le passé l'humilie, l'avenir l'épouvante, l'illusion est détruite: abandonnée de cette Cour flatteuse qui l'environnoit, elle se trouve étrangère, isolée au milieu de sa famille & de ses enfans; elle lit sur leurs fronts l'arrêt affreux qui la condamne, le mépris la poursuit, le regret & l'ennui la consument, & pour comble de maux, elle n'est encore qu'à la moitié de sa carrière.

Je crois qu'il est infiniment plus aisé de trouver une femme qui n'ait point eu d'amant, que d'en trouver qui n'en ait eu qu'un : le premier pas est le plus difficile; quand il est franchi, le reste du chemin est bien glissant : cependant, je sais qu'il en est des exemples ; mais ils sont si rares, qu'on ne doit les regarder que comme des exceptions. L'amour, à sa naissance, n'est jamais bien vif, il n'est d'abord qu'un simple mouvement de préférence dont il est facile d'arrêter les progrès en cessant de voir l'objet qui l'inspire : c'est le moyen le plus sûr, & bientôt le souvenir se perd & s'efface sans beaucoup de peine ; mais si l'on balance, si l'on veut s'aveugler sur le sentiment qu'on éprouve, ou s'en exagérer la vivacité, la résistance deviendra plus pénible, & la victoire plus douloureuse. Il n'y a point de femme sensible qui se soit rendue, sans avoir depuis long-temps prévu sa défaite ; celle qui combat de bonne-foi ne sera jamais vaincue. Les résolutions d'une vertu ferme & solide ne peuvent être détruites dans un moment, ou la vertu ne seroit qu'une chimère vaine & désespérante ; c'est ici qu'il faut descendre au fond de son cœur : interrogeons-le, sa réponse vaudra mieux qu'un traité de morale. Il me vient une réflexion assez singulière. Paris est le centre du tumulte & de la dissipation ; la distraction qui naît de tant d'objets divers, devroit mal s'accorder avec l'amour qu'on peint toujours chérissant le mystère & la solitude, & cependant il y paroît continuellement sous toutes les formes; & dans les Provinces, loin du bruit & du tourbillon, on ne voit point les femmes retirées dans leurs châteaux, se prendre de grande passion pour leurs voisins; elles aiment communément leurs maris, & la vie champêtre ne leur inspire point d'idées romanesques : en se rapprochant plus encore de la nature, les paysans n'éprouvent point d'autre amour qu'un sentiment très-passager qui ne mérite assurément pas le nom de passion, quoiqu'ils soient cependant capables de beaucoup d'attachement pour leurs pères, leurs femmes & leurs enfans. Faudroit-il croire que notre imagination exaltée produit seule des effets si contraires, au lieu d'en chercher la source dans le cœur ?

Adieu, ma chère amie; Cécile, à qui j'ai remis moi-même votre dernière Lettre, m'a chargée de la réponse que je vous envoie; elle est touchée jusqu'au fond de l'ame de toutes les preuves d'amitié que vous lui donnez ; nous parlons sans cesse de vous ; & quand elle n'auroit d'autre mérite que celui de savoir vous apprécier si bien, je sens qu'il me seroit impossible de ne pas l'aimer encore à la folie.

LETTRE XLI.

La même à la même.

ENFIN, dites-vous, *le cœur de votre fille a parlé*, elle aime M. de Valcé, elle le préfère à tout autre, & vous avez donné votre parole. Vous avez tort, ma chère amie, de craindre à présent *ma censure*. Il est simple d'offrir des réflexions qu'on peut croire utiles, il est absurde de s'obstiner à condamner une chose faite ; c'est alors montrer de l'humeur, & non prouver de l'amitié. Ainsi, soyez donc bien sûre que maintenant je m'intéresse véritablement à M. de Valcé, & que je ne veux plus voir dans ce mariage que les avantages qui s'y trouvent. Votre fille ne vous quittera point, elle logera chez vous, c'est un grand point. Vous pourrez veiller sur sa conduite, gagner la confiance & l'amitié de son mari, & la préserver des conseils de sa belle-mère. Enfin, elle vous reste, voilà l'essentiel, je n'ai plus d'inquiétudes sur son sort.

Tout ce que je vous ai dit dans ma dernière Lettre, sur la lecture des Romans, vous paroît trop sévère ; vous pensez que la défense absolue ne feroit qu'inspirer un desir plus vif d'en lire, je suis de votre avis ; d'ailleurs, aussi-tôt qu'une jeune personne seroit sa maîtresse, elle se dédommageroit de cette contrainte, & les liroit tous avec avidité. Je ne condamne donc que la méthode de les permettre précisément à l'âge où ils peuvent faire le plus d'impression, c'est-à-dire, à seize ou dix-sept ans. Je ne connois que trois Romans véritablement moraux ; Clarisse, le plus beau de tous ; Grandisson & Paméla ; ma fille les lira en Anglois, lorsqu'elle aura dix-huit ans. Pour tous les autres, je les lui ferai connoître quand elle commencera à sortir de l'enfance ; à treize ans, elle lira le très-petit nombre d'Ouvrages véritablement distingués dans ce genre, & cette lecture, à cette époque, & faite avec moi, non-seulement ne sera point dangereuse pour elle, mais au contraire lui formera l'esprit & le jugement, en lui faisant sentir les défauts, les inconséquences, l'exagération & le peu de vérité qui se trouvent dans le Roman qui a le plus de réputation. D'ici-là, elle ne m'en verra point lire, elle n'en trouvera point dans ma bibliothèque, & elle ne m'en entendra jamais parler sans mépris ; avec ces précautions, je suis bien sûre qu'à vingt ans elle n'aura pas ce goût frivole, également fait pour gâter l'esprit & le cœur.

Vous me demandez des détails sur Adèle ; elle dessine une tête fort joliment, elle sait par cœur la chronologie de toutes nos tapisseries historiques ; ses exemples d'écriture lui ont appris, & avec détail, l'Histoire sainte ; elle parle Anglois comme Miss Bridget ; elle commence à le lire assez bien ; elle déchiffre passablement la musique vocale, & exécute sur la harpe à-peu-près tous les agrémens les plus difficiles ; elle ne sait encore que la première règle de l'Arithmétique, mais elle calcule singulièrement bien ; pour son écriture & son orthographe, vous en pouvez juger, & je crois qu'à cet égard il n'y a point d'ensant de son âge qui lui soit supérieure. Comme elle aura huit ans le dix d'Octobre prochain, c'est-à-dire, dans trois semaines, je vais lui faire lire un Ouvrage sur l'Histoire, que j'ai fait pour elle ; il est en six volumes, & il a pour titre : *Les Annales de la Vertu.* Il contient le détail des belles actions & des traits singuliers & mémorables, tirés de l'Histoire générale & particulière de tous les peuples de la terre, depuis la création du monde jusqu'à nos jours inclusivement, suivant un ordre chronologique, & renferme encore un Précis des plus belles loix de différens Législateurs, un Extrait de la morale & des sentimens des Philosophes les plus célèbres, & un Abrégé qui donne une connoissance assez détaillée des mœurs & des coutumes des anciens. J'ai placé chaque histoire suivant son degré d'ancienneté, ou quelquefois d'après la liaison que quelques-unes ont entre-elles, comme, par exemple, la Chine & le Japon, la France & l'Angleterre, &c. Chaque Histoire commence par un abrégé chronologique qui précède tous les traits détachés ; j'ai joint à cet abrégé une courte description géographique des Pays, situation, étendue, &c. Comme j'ai fait cet Ouvrage pour l'enfance, j'ai sur-tout desiré qu'il pût former le jugement & le cœur ; un enfant, depuis l'âge de huit ans jusqu'à douze, n'est pas en état de réfléchir, s'il n'est aidé ; & même, durant cet espace, je crois qu'il est très dangereux de leur faire lire des Historiens que nous regardons avec raison comme excellens ; ces Ouvrages, bons pour nous, parce que nous savons penser, ne valent rien pour eux : les enfans se laissent trop facilement éblouir par tout ce qui a quelque air de grandeur, & l'injustice ne peut leur paroître odieuse quand il en résulte une action brillante, & quand elle est couronnée par le succès. A combien de jeunes Princes la vie d'Alexandre le Grand n'a-t elle pas tourné la tête ! On sait à quel excès cette lecture enflamma l'imagination de Charles XII, encore enfant. Je me suis donc principalement attachée dans mon Ouvrage à ne juger des hommes & des choses que par leur prix réel, à ne louer que ce qui mérite d'être loué;

loué; & enfin, à offrir, sur chaque caractère & sur chaque événement, des réflexions qui puissent mettre Adèle en état un jour de juger, d'après elles, d'une manière juste, quand elle lira nos bons Historiens.

LETTRE XLII.

La Vicomtesse à la Baronne.

OH, ma chère amie, quel jour que celui qui vient de s'écouler!.... C'en est fait, Flore est mariée.... Enfin, elle a prononcé le serment redoutable qui l'engage à jamais.... Son sort, désormais indépendant de moi, est fixé.... Et c'est sans retour!.... Il y a des circonstances sans lesquelles on ne connoîtroit jamais toute la sensibilité dont on est susceptible; celle qui n'a jamais vu sa fille dangereusement malade, ou qui ne l'a point encore mariée, ne peut savoir parfaitement ce que c'est *qu'être mère*.... Je ne puis vous dépeindre tout ce qui s'est passé dans mon âme depuis hier; certainement j'ai un autre cœur, d'autres yeux, une autre manière de penser, je ne suis plus la même.... Tout-à-coup j'ai trouvé que ma fille est au vrai ce que j'aime le mieux au monde, & que tout mon bonheur est attaché à sa destinée ; je n'ai pu concevoir que le soin de son éducation n'ait pas toujours été l'affaire principale de ma vie.... Je me reproche cruellement & de l'avoir négligée, & de la marier si jeune, & d'avoir fait un choix dont je ne vois plus maintenant que les inconvéniens. La conduite de Madame de Valcé se retrace à ma mémoire sous les plus odieuses couleurs ; je rougis en entendant ma fille l'appeler sa mère..... Si j'en eusse été la maîtresse ce matin, si j'eusse pu tout rompre, ma fille seroit libre, elle seroit encore à moi.....M. de Valcé ne me paroît plus qu'un fat sans esprit & sans caractère.... Ajoutez à toutes ces peines la vûe de Madame de Gerville, qui a passé ici toute la journée, & qui triomphe & de son pouvoir & de tous les chagrins qu'elle me cause.... Ah, c'est à présent que je sens jusqu'au fond de l'âme combien je serois heureuse si j'avois suivi vos conseils !.... Je posséderois la confiance de M. de Limours, ma fille auroit une éducation parfaite, la foiblesse & la vanité ne m'auroient jamais fait faire d'imprudences, & je ne serois pas en proie à d'inutiles regrets!.... Je n'ai pas eu depuis vingt-quatre heures un moment de joie ni de consolation!.... Il est une heure du matin, tout le monde est encore dans le sallon, on joue ; & moi, à minuit, je me suis échappée pour venir m'enfermer dans ma chambre avec vous.... Avec vous!.... Je vous parle en effet, mais vous êtes à deux cent lieues de moi.... Ma chère amie, vous m'avez abandonnée.... J'ai bien encore quelques amis qui voient ce que je souffre, & qui me plaignent ; mais leur compassion m'humilie plus qu'elle ne me console ; elle ne me paroît qu'un reproche indirect de ma conduite, puisqu'enfin je ne suis malheureuse que par ma faute : cette espèce de pitié est toujours mêlée d'une sorte de mépris qui la rend insupportable : je ne veux que la vôtre ; quelle qu'elle soit, elle m'est précieuse, elle m'est nécessaire ; ah, ne me la refusez pas !.... Je pleure en vous écrivant.... Jamais, jamais je n'ai été si profondément affectée.... si triste, si découragée !.... Et le jour où j'ai marié ma fille, le jour qui devroit être le plus beau de ma vie!.... Mais il semble que je ne sois dans ma propre maison qu'une étrangère!.... Imaginez que M. de Limours, depuis deux jours, n'a pas desiré me voir seule un instant pour me parler de sa fille.... Ce soir il a été question de la présentation de ma fille; Madame de Valcé, sa belle-mère, l'a proposée pour après demain, ou d'aujourd'hui en huit, en laissant à M. de Limours la liberté du choix; j'ai fait sentir que j'aimerois mieux le terme le plus éloigné; M. de Limours n'a pas eu l'air de m'entendre, & s'est décidé pour le plus prochain. Mille autres petites choses de ce genre m'ont contrariée & affligée à un point sans doute déraisonnable; mais vous connoissez ma tête; vous le savez, je suis extrême en tout, je n'ai ni mesure ni modération; je ne suis pas susceptible d'inquiétudes, ce que je crains est certain à mes yeux; je ne sais point m'affliger à demi, je ne connois que le désespoir. Adieu, ma chère amie, adieu. Plaignez-moi, aimez-moi, écrivez-moi, & songez que vous pouvez seule me consoler ou du moins adoucir mes peines. Adieu, j'ai un mal de tête affreux ; je voudrois presque avoir une vraie maladie bien inquiétante, j'espère qu'alors vous reviendriez me soigner. Au reste, je vous assure que je quitterois la vie de fort bonne grâce, car elle ne m'est guère agréable.

LETTRE XLIII.

Madame d'Ostalis à la Baronne.

Rassurez-vous, ma chère tante, sur la situation de Madame de Limours; je ne suis pas surprise que vous ayant écrit le jour du mariage de sa fille, elle vous ait vivement inquiétée, car elle étoit dans un état affreux; mais heureusement qu'elle est aussi facile à calmer qu'à émouvoir. Le lendemain de la noce, je fus la voir le matin, & je la trouvai dans un abattement inexprimable; en sortant de sa chambre, sachant que M. de Limours étoit seul dans la sienne, j'y allai avec M. d'Ostalis; nous lui parlâmes l'un & l'autre très-naturellement sur sa conduite avec Madame de Limours; il sourit, & me demanda si vous m'aviez donné votre *procuration* pour le prêcher; je convins sans peine que je n'aurois jamais assez d'esprit pour vous remplacer, & que j'étois beaucoup trop jeune pour oser donner des conseils, si l'attachement le plus tendre n'autorisoit une semblable liberté. A ces mots, il a quitté le ton de la moquerie, & nous sommes entrés en explication sérieuse. Il s'est plaint avec quelque raison de l'humeur & des caprices de Madame de Limours, mais il a rendu justice aux qualités si aimables qu'elle possède d'ailleurs; & lorsque je lui ai dit qu'elle étoit réellement malade, il a paru disposé à faire tout ce que je jugerois nécessaire pour lui remettre la tête; & il m'a priée de revenir dîner, afin, m'a-t-il dit, de juger sa conduite. En effet, il a été rempli de grâces pour elle; ce qui a fait d'autant plus d'impression à Madame de Limours, qu'il y avoit quarante personnes à dîner; peu-à-peu elle s'est animée, elle a oublié sa migraine & ses maux de nerfs; & de sa vie elle n'a été aussi aimable. Vous savez, ma chère tante, combien elle est charmante quand elle éprouve un vrai desir de plaire; aussi a-t-elle fixé l'attention de tout le monde comme une personne qu'on verroit pour la première fois; & le Chevalier d'Herbain a raison de dire que *lorsqu'elle est dans ses bons jours, il n'y a pas moyen d'être occupé d'autre chose que d'elle*, quoiqu'une partie de ses grâces tienne cependant à ne jamais parler d'elle, & à ne songer qu'à faire valoir les autres. Madame de Gerville étoit à ce dîner, & elle y faisoit une triste mine, car tout son apprêt & ses petites phrases étudiées paroissoient bien insipides en comparaison des agrémens naturels de Madame de Limours ; & cette dernière, qui n'est jamais plus généreuse que lorsqu'elle triomphe, faisoit de vains efforts pour la consoler & la mettre à son aise ; mais Madame de Gerville, absolument dominée par le dépit & par l'humeur, reçut toutes ces attentions avec une sécheresse si ridicule, que M. de Limours lui-même en fut choqué, & le témoigna à Madame de Gerville, en employant ce persiflage piquant que vous lui connoissez. Madame de Gerville, outrée, déconcertée, alloit, je crois, faire une scène, si Madame de Limours ne se fût jointe à elle, &, avec une grâce, une gaieté & un art impossibles à dépeindre, n'eût tourné tout ce qui s'étoit dit en plaisanterie. Quel dommage qu'avec tant de générosité, d'agrémens & d'esprit, Madame de Limours n'ait pas plus de suite dans les idées, & un peu plus de fermeté dans le caractère! Enfin, elle est à présent parfaitement contente, enchantée de M. de Limours, charmée de sa fille, de son gendre, & même de Madame de Valcé. Vous me demandez, ma chère tante, des détails sur Flore, ou, pour mieux dire, Mme. la Marquise de Valcé, & je vous dirai franchement tout ce que je pense. Elle est fort grandie depuis votre départ; on trouve sa taille belle, parce qu'elle est excessivement serrée dans son corps, ce qui la fait paroître en effet assez mince; elle est fort brune, elle a des yeux presque aussi beaux que ceux de Madame de Limours, mais elle n'a ni sa charmante physionomie, ni ses grâces; la crainte de se décoëffer ou de chiffonner sa robe, donne à tous ses mouvemens une roideur extrêmement désagréable; pour ses talens & son instruction, une seule phrase les exprime; *elle danse parfaitement bien* : enfin, je crois qu'elle a très-peu d'esprit; &,

ce qui est pis que tout cela, je doute qu'elle ait un bon cœur, & elle a sûrement beaucoup d'artifice. Par exemple, elle joue l'ingénuité & l'innocence avec un art qui me paroît grossier, parce que je la connois depuis l'enfance; mais qui trompe beaucoup de gens, entr'autres, le Chevalier d'Herbain, qui a un recueil de ses prétendues naïvetés, qu'il débite avec une bonne foi qui m'impatiente toujours. Au reste, on la trouve jolie, sa jeunesse intéresse, & elle plaît généralement. Pour M. de Valcé n'est absolument rien; il a beaucoup d'airs, & pas une idée; il a la prétention d'être étourdi & distrait; sa conversation consiste à répéter d'un air capable ce que les autres viennent de dire; il n'a pas une opinion à lui, & il est également importun, bavard & familier. D'ailleurs, personne, je crois, n'a poussé plus loin *l'Anglo-Manie*; il a malheureusement passé quatorze jours à Londres; il parle sans cesse de ce voyage, il vante continuellement le génie & la profondeur des Anglois, il méprise les François de toute son ame, il n'a que des chevaux Anglois, il lit les papiers Anglois, il fait ses visites du matin en bottes avec des éperons, il prend du thé deux fois par jour, & il se croit le mérite de Locke ou de Newton.

A présent, ma chère tante, souffrez que je vous parle un peu de moi. J'ai laissé mes deux petites jumelles à ma belle-mère, mais seulement pour un an; aussi-tôt qu'elles auront cinq ans, je les prendrai avec moi. On trouve que ce projet n'a pas le sens commun, & qu'étant attachée à une Princesse, il me sera impossible d'élever mes deux filles; il est vrai que les petits voyages d'été m'éloigneront de Paris environ deux mois dans cette saison; mais pendant ce temps, mes filles, dans leur enfance, seront confiées aux soins d'une gouvernante sûre; & lorsqu'elles seront plus âgées, je les mettrai dans un Couvent pour ce seul moment de l'année; enfin, je ferai moins de visites, je n'irai au Bal & aux Spectacles que pour y suivre *la Princesse*, & je suis sûre que je trouverai tout le temps nécessaire pour remplir tous mes devoirs envers elle, & pour élever mes enfans. La seule privation que je sente vivement, est

SUR L'ÉDUCATION.

celle de ne pouvoir aller en Languedoc ; & quand je pense que je serai encore au moins dix-huit mois sans vous voir, j'éprouve alors que la raison même ne console pas toujours des sacrifices qu'elle exige. Adieu, ma chère tante ; daignez donc m'envoyer & les petits contes, & tous les papiers relatifs à l'éducation, que vous m'avez promis : car, que puis-je faire sans vous ?...

LETTRE XLIV.

Réponse de la Baronne à Madame d'Ostalis.

JE suis bien de votre avis, ma chère enfant; lorsque nos devoirs nous sont chers, il n'y a point de situation où nous ne puissions les remplir : quand la volonté est bien décidée, le temps ne manque jamais.

On m'a dit que, depuis votre dernière couche, vous aviez appris à monter à cheval ; j'avoue que je n'ai guères le droit de condamner cet exercice, car je l'ai beaucoup aimé ; mais cependant vous savez que j'y renonçai entièrement lorsque mes soins vous devinrent véritablement utiles. Je ne connois point, pour une femme, d'amusement plus dangereux à tous égards, & qui entraîne une plus grande perte de temps. L'on rencontre aux promenades où l'on peut aller, tous les jeunes gens de Paris, & vous n'ignorez pas combien souvent ces rencontres ont passé pour des rendez-vous, & que c'est ainsi que Madame de Tervure perdit sa réputation. D'ailleurs, comment pourriez-vous vous occuper de vos enfans, cultiver vos talens, remplir les devoirs de votre place, en montant à cheval deux ou trois fois par semaine, c'est-à-dire, en passant ces trois jours au Bois de Boulogne, & à vous habiller & vous déshabiller ? Je ne puis terminer cette lettre sans vous offrir encore quelques réflexions sur la manière dont vous devez vous conduire dans votre nouvel état. Premièrement, n'oubliez jamais que votre famille a desiré, sollicité pour vous cette place, & ce souvenir vous préservera du ridicule si commun de vous plaindre sans cesse des devoirs qu'elle impose. C'est une affectation fort à la mode que celle de paroître excédé de la société des Princes, & de gémir de l'obligation d'aller à Versailles, quoique, par une inconséquence aussi frappante qu'absurde, on fût au désespoir de quitter ces prétendues entraves si gênantes, pour cette liberté dont on vante les charmes avec tant d'emphase. D'ailleurs, songez que toute chaîne qu'on peut rompre devient avilissante dès qu'on la garde en paroissant la porter à regret ; car c'est dire alors je sacrifie à l'intérêt & à l'ambition mes plaisirs, mes goûts & le bonheur de ma vie. Pour vous, ma chère fille, j'espère que vous avez trop d'élévation pour vous laisser entraîner par de pareils exemples : ne vous permettez donc jamais le plus léger murmure à cet égard ; & comme le sentiment seul suffiroit pour tout ennoblir, aimez véritablement la Princesse à laquelle vous êtes attachée, puisqu'elle mérite d'être aimée par ses qualités personnelles. Je suis sûre qu'elle vous distinguera bientôt, quand elle connoîtra la sûreté de votre caractère & la bonté de votre cœur ; alors vous serez d'autant plus enviée que vous êtes jeune, belle, naturelle, & que vous ayez une réputation sans tache. Beaucoup d'efforts se réuniront, sans doute, pour vous perdre auprès de la Princesse ; chacun lui dira du mal de vous, les uns ouvertement, les autres avec plus d'art & d'adresse : à tout cela, n'opposez que de l'innocence & de la générosité ; soyez toujours noble, vraie, désintéressée ; ne cherchez

SUR L'ÉDUCATION.

jamais à profiter de votre crédit pour nuire à vos ennemis ; ayez l'air de les connoître, mais en même-temps rendez justice à ce qu'ils ont d'estimable ; ne vous plaignez point d'eux : au contraire, si la Princesse est irritée par leur méchanceté envers vous, mettez tous vos soins à l'adoucir ; & s'ils sollicitent auprès d'elle quelque grâce qu'elle n'ait nulle envie d'accorder, demandez-la vivement, & jouissez du noble plaisir de l'obtenir pour eux. Voilà, ma chère fille, l'art supérieur à l'intrigue, l'art ignoré des âmes communes, qui pourra vous venger de vos ennemis les plus dangereux, & vous faire triompher de l'envie. Adieu, mon enfant ; je vous envoie tout ce que vous desirez, & j'attends avec impatience les miniatures que vous m'avez promises. On me mande que, depuis mon départ, vous avez encore fait des progrès étonnans, & qu'à présent vous peignez véritablement en maître. Adieu, cultivez toujours vos talens, & songez que vos succès, dans tous les genres, font la gloire & le bonheur de ma vie.

LETTRE XLV.

La Baronne à la Vicomtesse.

Enfin, ma chère amie, il n'y a plus d'espoir pour notre aimable Cécile; elle touche au terme de ses longues souffrances, & dans quelques jours peut-être elle n'existera plus. Il y a plus de deux mois qu'elle connoît son état, & qu'elle a forcé M. Lambert (le Médecin de Carcassonne) de lui parler sans détour, en lui défendant expressément d'éclairer sa famille sur le danger pressant de sa situation. Hier matin je reçus un billet écrit de sa main, par lequel elle me prioit de l'aller voir, s'il m'étoit possible, sur le champ. Je partis au moment même; M. d'Aimeri & Madame de Valmont étoient allés faire une visite dans le voisinage, & je trouvai Cécile seule dans le Château : elle étoit dans un fauteuil, car elle n'a pas encore gardé le lit un seul jour; je fus frappée de son abattement & de sa pâleur. Cependant elle parut se ranimer à ma vûe, & me faisant asseoir à côté d'elle : je connois, me dit-elle, votre sensibilité; ainsi, Madame, souffrez qu'avant de m'expliquer je vous assure qu'il est impossible d'être plus parfaitement heureuse que je le suis à présent..... Ce début ne me prépara que trop à ce qu'elle vouloit m'annoncer. Eh quoi ! m'écriai-je, M. Lambert vous auroit-il dit.... = Je l'ai vu ce matin.... = Eh bien !... = Eh bien ! Madame, je dois vous dire un éternel adieu.... A ces mots, quelques pleurs mouillèrent ses paupières; pour moi, je fondois en larmes.... Nous fûmes un moment sans parler..... Enfin, Cécile reprenant la parole : Eh quoi, Madame, me dit-elle, mon bonheur vous afflige !... Ah ! Cécile, interrompis-je, vous nous trompiez donc quand vous nous assuriez que vous pourriez aimer la vie ?... Non, répondit-elle, je ne vous trompois pas; si Dieu vouloit prolonger mon exil, je me soûmettrois à sa volonté, non-seulement sans murmure, mais sans chagrin; depuis ma dernière maladie, il a changé

mon cœur, ce cœur jadis si foible !....
C'est dans la cabane de Nicole que j'ai reçu le coup qui me prive de la vie....
Ce que je souffris alors ne peut ni s'exprimer, ni se concevoir !... J'abhorrois mon existence, & cependant je n'envisageai la mort qu'avec effroi, qu'avec horreur ; & j'éprouvai que dans ces terribles momens, sans l'innocence & la pureté de l'âme, il n'est point de vrai courage : enfin, lorsqu'on me crut hors de danger, je sentis bien que je n'étois arrachée du tombeau que pour quelques instans ; je profitai du délai qui m'étoit accordé, je reconnus mes fautes & la coupable illusion de toutes les passions humaines ; j'osai m'adresser avec confiance à Dieu ; il exauça mes prières, il me rendit la paix & la tranquillité ; il éleva mon âme jusqu'à lui, & devint seul l'objet de toutes mes affections & de mes plus chères espérances. A mesure que Cécile parloit, je voyois sa pâleur se dissiper, ses yeux s'animer & sa physionomie s'embellir par l'expression la plus touchante & la plus noble ; le ton ferme de sa voix, la douceur de ses regards, l'auguste sérénité

répandue sur son visage, me faisoient passer insensiblement de l'attendrissement à l'admiration ; je croyois voir, je croyois entendre un Ange ; je la regardois avec avidité, je l'écoutois avec respect ; & lorsqu'elle eut cessé de parler, je la contemplois toujours avec ravissement, & j'étois affectée d'une manière trop extraordinaire pour pouvoir rompre le silence. Enfin, elle m'expliqua les raisons qui lui avoient fait souhaiter de me voir en particulier ; elle desiroit que je préparasse doucement son père & sa sœur *à l'événement*, ajouta-t-elle, *qu'elle sentoit devoir être infiniment prochain*..... Vous jugez avec quelle répugnance je me chargeai d'une semblable commission, & avec quel chagrin je m'en acquittai. Monsieur d'Aimeri & Madame de Valmont ne voyoient dans la situation de Cécile, que cette langueur peu dangereuse qui suit si souvent les grandes maladies ; ils étoient rassurés par sa jeunesse & son air de sécurité, & ils ignoroient absolument les symptômes & les accidens qui rendoient son état mortel. Cependant, comme un vif intérêt nous fait aisément passer en un moment d'une extrêmité à l'autre. M. d'Aimeri, dès les premiers mots que je prononçai, pressentit son malheur ; mais, comme s'il eût voulu nourrir encore un foible rayon d'espoir, il cessa tout-à-coup de me questionner, & un instant après il me quitta & fut s'enfermer dans sa chambre. Pour Madame de Valmont, elle eut tant de peine à me comprendre, qu'elle me força de lui répéter presque tout ce que m'avoit dit Cécile. Je restai avec elle jusqu'au soir ; il y a trois jours que je ne l'ai vue : elle m'écrit que sa sœur est toujours dans le même état, que M. d'Aimeri est accablé de la plus profonde douleur ; mais que cependant la parfaite résignation & l'angélique piété de Cécile lui procurent les seules consolations qu'il soit susceptible de recevoir. Adieu, ma chère amie ; tout ceci m'a tellement troublée & touchée, que j'en ai été malade. J'irai après demain passer la journée chez Madame de Valmont, & je vous écrirai le soir même avant de me coucher.

LETTRE XLVI.

De la même à la même.

Hélas !.... elle n'est plus !..... ô de quel spectacle j'ai été témoin !..... Cet infortuné M. d'Aimeri, c'est lui seul qu'il faut plaindre maintenant !.... Ah ! si pour une faute, irréparable à la vérité, mais expiée par dix ans de repentir, le Ciel le punit avec autant de sévérité, que doivent donc craindre les pères dénaturés qui cherchent à s'aveugler sur l'atrocité de leur injustice !.... J'ai l'imagination si remplie de tout ce que j'ai vu aujourd'hui, mon cœur en est si affecté, que je ne puis parler d'autre chose. Écoutez donc ce triste récit ; il sera fidèle & vrai, & il me semble que je suis trop vivement frappée pour ne pas vous communiquer une partie des profondes impressions que j'ai reçues. J'arrivai ce matin chez Madame de Valmont, à l'heure

du dîner; je trouvai toute la maison consternée, & l'on me dit que Cecile avoit été si mal dans la nuit, qu'on avoit envoyé chercher le Médecin; qu'elle avoit reçu tous ses sacremens, mais que cependant elle étoit mieux, & que même elle venoit de se lever. J'entrai dans sa chambre; elle étoit couchée sur une chaise longue; son père & sa sœur étoient assis à ses côtés, & le Médecin lui faisoit boire une potion. Aussi-tôt que je parus, Madame de Valmont vint à moi, & me dit avec un air de satisfaction qui me confondit : » elle » a eu une crise affreuse; mais elle est » bien, elle est étonnamment bien à présent «. A ces mots, je jetai les yeux sur le Médecin, comme pour l'interroger, & il y répondit par un regard qui me fit frémir..... Je me sentis un tel battement de cœur que je fus contrainte de m'asseoir..... Dans ce moment, M. de Valmont prenant la parole: » Certainement, » dit-il, dès qu'elle a eu la force de supporter la crise de cette nuit, on a tout » lieu de croire qu'elle est absolument » hors d'affaire «. En effet, ajouta Madame
de

de Valmont, en regardant le Médecin, il faut voir bien en noir pour penser autrement.... Ah! ma sœur, ma sœur, interrompit Cécile, que vous avez peu de raison!... M. d'Aimeri, qui, jusqu'alors, avoit gardé le plus profond silence, leva dans cet instant, sur Cécile, des yeux remplis de larmes, & saisissant une de ses mains : eh pourquoi, lui dit il d'une voix étouffée, pourquoi vouloir nous ravir l'espérance ?... Pour toute réponse, Cécile jeta ses deux bras autour du cou de son père, & le tint embrassé quelque temps sans parler; ensuite, s'adressant à Madame de Valmont, elle demanda où étoit le jeune Charles, & parut desirer de le voir : on fut le chercher, il vint; Cécile le fit asseoir sur le pied de sa chaise longue, & remarquant qu'il avoit les yeux rouges : Charles, lui dit-elle en souriant, vous avez donc aussi pleuré? Charles, à ces mots, lui baisa la main, & resta la tête appuyée sur les genoux de sa tante, n'osant plus montrer son visage, parce qu'il pleuroit encore. Cécile, sentant sa main mouillée de larmes : Charles, ajouta-t-elle, si vous étiez moins jeune, vous comprendriez que, lorsqu'on a bien vécu, le moment où vous me voyez est le plus beau de la vie, même la plus heureuse.... Mon corps est bien foible & bien languissant, mais mon âme est calme & satisfaite. ... J'emporte de si douces idées! Je suis sûre, Charles, que vous ferez toujours le bonheur de mon père, & que vous l'aimez autant que je l'aime..... Comme elle achevoit ces paroles, Charles, baigné de pleurs, se leva impétueusement, & fut se jeter dans les bras de son grand père.... Je ne puis vous exprimer le sentiment & la grâce qu'il mit à cette action. M. d'Aimeri le pressa contre son sein avec la tendresse la plus passionnée, & le prenant par la main, il sortit avec lui de la chambre de sa fille, pour aller, sans doute, se livrer sans contrainte à tout l'attendrissement dont il étoit pénétré. Un moment après, Cécile nous conjura tous d'aller nous mettre à table. Vous jugez bien que le dîner ne fut pas long. Madame de Valmont s'obstinoit toujours à conserver de l'espérance; pour moi, je n'en avois aucune, car le Médecin m'avoit dit positivement que Cécile n'avoit pas vingt-quatre heures à vivre. En sortant de table, nous retournâmes chez elle ; nous la trouvâmes très-calme ; & le Curé, qui ne l'avoit point quittée, nous dit qu'elle lui paroissoit beaucoup mieux que la veille. Nous nous assîmes autour de sa chaise longue, & au bout d'un moment, Cécile dit qu'elle avoit envie d'essayer si elle pourroit marcher ; son père & le Médecin l'aidèrent à se lever, & la soutinrent sous les bras ; mais à peine avoit elle fait cinq ou six pas, que, s'arrêtant brusquement, elle s'écria : O mon Père !.... A ce cri plaintif & déchirant, M. d'Aimeri, hors de lui, la prit dans ses bras ; elle s'y pencha doucement, les yeux à moitié fermés..... Le Médecin saisit sa main, & après lui avoir tâté le pouls, fit un signe au Curé, qui, au moment même, prit un Crucifix, s'approcha de Cécile, & lui dit d'une voix forte, ces terribles paroles : *Recommandez votre âme à Dieu !* A ces mots, Cécile r'ouvrant les yeux, les éleva vers le Ciel, en pressant le Crucifix contre sa poitrine ; & dans cette attitude, son visage & toute sa personne avoient une expression & une noblesse qui donnoient à sa beauté quelque chose de véritablement céleste. Après avoir fait sa prière, tout-à-coup elle se jette à genoux, en disant : mon Père, donnez-moi votre bénédiction. M. d'Aimeri se précipite à côté d'elle ; ses bras tremblans s'ouvrent pour recevoir encore une fois cette fille chérie...... Cécile tombe sur le sein de son malheureux Père..... & c'en est fait....... elle expire !......

Après ce triste récit, vous n'attendez pas de moi d'autres détails ; il vous suffira de savoir que la douleur de M. d'Aimeri est au-dessus de tout ce que peuvent imaginer ceux qui n'ont jamais eu d'enfans... Je l'ai forcé de venir avec moi à B.... le soir même, avec Madame de Valmont & le jeune Charles ; & quand il sera en état de recevoir les conseils de l'amitié, nous l'engagerons à voyager avec son petit-fils ; car cette espèce de distraction est la seule qu'on puisse supporter dans sa situation. Adieu, ma chère amie, écrivez-moi, je suis bien triste ; vous savez que je ne m'affecte pas foiblement ; vous savez à quel point me deviennent chers mes amis lorsque je les vois, souffrans & malheureux ; ainsi jugez combien je suis pénétrée, & combien vos lettres me sont nécessaires !

LETTRE XLVII.

Le Comte de Roseville, au Baron.

JE vous ai promis, mon cher Baron, de vous donner le détail d'une scène réellement intéressante que je préparois à mon Élève. Je n'ai pu satisfaire plus tôt votre curiosité à cet égard, parce que je voulois un tableau auquel rien ne manquât, & il m'a fallu six mois de recherches pour le trouver tel que je le desirois.

Je vous ai déjà dit que mon jeune Prince annonce des qualités brillantes ; il a de l'esprit, de l'imagination, un bon naturel ; mais je remarquois en lui une certaine sécheresse qui m'affligeoit, quoique je ne l'attribuasse cependant qu'à son peu d'expérience. Si l'on n'a jamais été malheureux, ou si l'on n'a jamais vu de près le spectacle terrible de l'infortune & de la misère ; il n'est pas possible d'être véritablement compatissant. Ce ne sont pas des récits qui peuvent graver au fond du cœur des sentimens qui seront combattus par toutes les passions factices, mais contagieuses, que la corruption enfante. Il faut, pour ce grand ouvrage, non des paroles, mais des exemples, & surtout de vives images qui laissent à jamais dans une âme flexible, neuve & pure encore, un souvenir ineffaçable. Pénétré de ces idées, je me décidai donc à chercher dans la ville même & aux environs, une malheureuse famille prête à succomber sous le poids affreux de la misère. Pour être plus sûrement éclairé dans cette recherche, je m'adressai à un homme bienfaisant, qui consacre aux infortunés plus des trois quarts d'une fortune considérable acquise par ses travaux & des entreprises de commerce. Cet homme est étranger, s'appelle M. d'Anglures, & l'on ignore quelle est sa naissance & sa patrie ; il parle également bien plusieurs langues ; il y a environ dix ans qu'il vint s'établir ici dans une petite maison sur les bords du Lac *** ; la singularité de son genre de vie piqua la curiosité du Prince, qui voulut le voir. On suppose que M. d'Anglures lui conta une histoire digne de l'intéresser, car le Prince, de ce moment, lui témoigna une estime particulière, peu de temps après l'employa dans différentes négociations, & par la suite l'honora de sa confiance & le combla de bienfaits. Depuis deux ans, M. d'Anglures s'est retiré de la Cour, & vit paisible & solitaire sur les bords du Lac ****, dans sa première habitation, qu'il a rendu une des plus charmantes maisons des environs de cette Capitale. J'ai été le trouver, il y a plus de trois mois, pour lui faire part de mon projet. Il me donna tous les renseignemens que je pouvois desirer ; mais j'étois trop difficile sur le choix pour me décider légèrement ; je sentois que tout étoit perdu si je ne produisois qu'une foible impression ; & lorsque j'eus enfin trouvé ce que je cherchois, je pensai qu'il étoit encore nécessaire d'employer toutes les préparations dont vous allez voir le détail. Le jeune Prince, comme tous les enfans, est excessivement curieux ; j'affectai plusieurs fois devant lui de parler bas avec un grand air de mystère à M. de Sulback, son Sous-Gouverneur ; le Prince ne manqua pas de me questionner ; je lui répondis que j'étois occupé d'une affaire qui m'intéressoit au-delà de l'expression, & j'ajoutai: « Si vous aviez quelques années de plus, » je vous la confierois ; mais vous êtes » trop enfant.... » A ces mots je fus pressé, comme vous pouvez l'imaginer ; je tins bon, & le Prince ne put arracher de moi que des réponses vagues qui ne firent qu'augmenter & enflammer sa curiosité. Le soir il fut encore bien plus mécontent, lorsqu'il apprit que le fils de M. de Sulback étoit dans notre secret ; il m'en fit des plaintes amères ; je me contentai de lui répondre simplement : le jeune Sulback n'est plus un enfant, il a treize ans, d'ailleurs il est singulièrement raisonnable pour son âge, & je parlai d'autre chose. Le Prince prit de l'humeur & me bouda ; je lui fis observer que ce n'étoit pas le moyen d'obtenir une confidence ; ce n'est point par méfiance, ajoutai-je, que j'ai refusé de vous faire le détail de l'affaire qui nous occupe, c'étoit uniquement parce que je vous croyois trop enfant pour y prendre part ; cependant, il seroit très-possible qu'à dix ans & demi vous fussiez en état de comprendre & de sentir des choses si touchantes par elles-mêmes...... J'ai vu plusieurs exemples d'enfans de votre âge, assez avancés pour cela. Si vous ne m'eussiez pas montré une curiosité si indiscrette, tant d'humeur, & si peu d'empire sur vous-même, j'aurois certainement fini par vous dire ce que vous desirez savoir; mais à présent il vous sera bien difficile d'obtenir cette grâce; & je vous préviens que si vous ne réparez pas votre tort par une douceur extrême & une conduite prudente & réservée, & si enfin vous faites encore la plus légère question, vous n'aurez jamais ma confiance. Lorsqu'on promet pour récompense à un enfant la chose précisément qu'il desire avec ardeur, on peut exiger de lui tout ce qu'on veut. Le Prince, dans le moment même, dérida son visage, vint à moi d'un air timide & caressant, & me promit qu'il me prouveroit *qu'il avoit de l'empire sur lui-même*, & en effet il me tint parole. Le lendemain, après le dîner, nous étions ensemble dans son cabinet, lorsque M. de Sulback & son fils entrèrent tout-à-coup avec précipitation ; & le premier venant à moi : enfin, s'écria-t-il, *je l'ai trouvé*.... A ces mots, j'affectai la plus grande joie, & je dis : allons-y sur le champ. Quoi, me demanda le Prince, d'un air également inquiet & curieux, vous allez sortir ? Oui, répondis-je, pour deux ou trois heures.... Emmenerons-nous mon fils, reprit M. de Sulback ; ah ! je vous en conjure, interrompit le jeune homme, je serois inconsolable si vous me priviez de ce bonheur. Pendant tout ce dialogue, le Prince nous regardoit tour à tour, & se faisoit une extrême violence pour cacher l'excès de son dépit & de son chagrin. Je prends mon chapeau, mon épée, je m'apprête à sortir ; le Prince s'avance vers moi ; j'envoie chercher les personnes qui doivent rester avec lui dans mon absence, & je l'embrasse & lui dis adieu : alors il n'y peut plus tenir, & n'osant parler, il fond en larmes.... Je parois ému, touché, je le questionne ; il m'avoue qu'il est au désespoir : M. de Sulback me presse de lui conter *l'intéressante histoire*.... Le

Prince m'en conjure.... j'hésite encore; enfin je me rends. Je prends le Prince sur mes genoux : tout le monde s'assied ; & m'adressant au Prince, dont j'étois bien sûr alors de fixer l'attention : M. de Sulback & moi, lui dis-je, nous sommes dans l'usage de mettre tous les mois à part une portion de notre revenu pour le soulagement des infortunés que la misère accable, & nous faisons l'un & l'autre beaucoup de recherches, afin de bien placer cet argent, & de ne le donner qu'à des gens aussi honnêtes que malheureux. Il y a six semaines que nous mîmes ensemble à la loterie, & nous gagnâmes trente mille francs; nous formâmes aussitôt le projet de faire, avec la moitié de cette somme, le bonheur d'une famille entière; en conséquence nous achetâmes à trois lieues d'ici une jolie petite ferme pourvue avec abondance de tout ce qui est nécessaire à la vie, & nous la fîmes meubler avec une extrême propreté. Pendant ce temps nous cherchions une famille bien pauvre & bien vertueuse; enfin nous l'avons trouvée: elle existe dans un des fauxbourgs de cette ville, & nous voulons l'aller chercher & la conduire à la charmante petite ferme. Ici, M. de Sulback prenant la parole : quelle sera votre joie, me dit-il, en voyant ce malheureux Alexis Stezen & sa famille, en rendant la vie & donnant le bonheur à quatre jolis enfans, un père, une mère & un vieillard, tout cela prêt à expirer de faim, lorsque notre messager est arrivé chez eux ce matin ! A ces mots le jeune Prince saisissant une de mes mains, & jetant son autre bras autour de mon cou : ah, mon ami, s'écria-t-il, emmenez-moi avec vous, que je voie cela ! .... & en disant ces paroles, il avoit les larmes aux yeux ; je l'embrassai tendrement, & je lui dis : puisque vous êtes sensible, je ne vous regarde plus comme un enfant, vous viendrez chez Alexis Stezen ; oui, vous êtes digne en effet de voir un tel spectacle. Les transports & la joie du Prince à ce discours, furent inexprimables ; il m'accabloit de remerciemens, de caresses ; il nous embrassoit tous : il pressoit notre départ, & en attendant, il se promenoit dans la chambre avec le jeune Sulback, qu'il tenoit affectueusement sous le bras ; son air triomphant sembloit dire : *Si je n'ai pas treize ans, que m'importe ? on ne me traite plus en enfant.*

Enfin, nous sortons par des escaliers dérobés ; nous montons dans une voiture de louage, &, suivis seulement de deux valets-de-pieds, vêtus d'habits gris, nous partons, le Prince, M. de Sulback, son fils & moi. Il n'étoit que cinq heures après midi ; mais comme nous sommes dans le cœur de l'hiver, le jour étoit absolument fini, & le froid excessif nous faisoit d'autant plus souffrir, que notre voiture fermoit très-mal, & que nous n'avions ni peaux d'ours ni tapis. Le Prince, sans se plaindre, le remarqua : jugez, Monseigneur, dit M. de Sulback, par cette légère épreuve, du mal que peut causer le froid ; jugez des souffrances que doit avoir endurées cette malheureuse famille que nous allons secourir, car elle a passé tout l'hiver dans un grenier, sans poêle, sans habits !.... & vous, Monseigneur, couvert d'un habit chaud, d'une longue pelisse de fourrure, & d'un gros manchon, vous trouvez le froid insupportable !...... Le jeune Prince, pour toute réponse, fit un profond soupir plein d'expression & de sentiment : son cœur enfin s'ouvroit à l'humanité ; je jouissois délicieusement de mon ouvrage, & j'éprouvois une émotion si douce & si vive, qu'il m'étoit impossible de proférer une seule parole. Cependant, au bout d'une demi-heure, nous entrons dans une petite rue bien étroite, & notre voiture s'arrête. Le Prince s'écrie : « C'est ici, sans doute, nous sommes » arrivés.... » & dans son empressement, il se précipitoit pour ouvrir la portière & pour descendre ; je le retins & je lui dis : Je parie que le cœur vous bat ?.... Oui, répondit-il, & bien fort !.... On apporte un flambeau, nous entrons dans une maison délabrée, nous montons cent vingt marches, ensuite nous grimpons, avec beaucoup de peine, une mauvaise échelle de bois qui nous conduit au grenier habité par l'infortunée famille.... Nous trouvons dans un galetas, éclairé par une triste lampe, un homme de trente & quelques années, couché sur de la paille : il étoit évanoui ; une femme jeune, belle & baignée de larmes, le soutenoit dans ses bras, tandis qu'un vieillard vénérable lui faisoit respirer un peu de vinaigre ; trois petits garçons étoient à ses pieds, & une jeune fille, d'une figure ravissante, âgée de neuf ou dix ans, ayant pour tout vêtement une chemise déchirée, étoit à genoux devant lui, & prioit Dieu en versant un déluge de pleurs !...... Ce spectacle, auquel je ne m'attendois pas, me surprit & me toucha également ; mais au même moment, le malade reprit sa connoissance, & nous apprîmes que cet accident n'avoit été causé que par la nourriture que nous lui avions envoyée, & qu'il avoit prise dans la journée pour la première fois depuis trois jours ; car cet infortuné, afin de laisser un peu plus de pain à son père, à sa femme & à ses enfans, s'étoit obstiné à ne vouloir pas manger.... Je lui fis boire un peu d'eau des Carmes, & il se trouva parfaitement soulagé ; alors nous lui donnâmes une bourse qui contenoit cinquante louis. A cette vûe il s'écria : O mes enfans, remerciez ces généreux inconnus ; & vous, ma femme, mon père, tombez à leurs pieds !...... Toute la famille nous entoure, en nous prodiguant les plus touchans témoignages de la plus vive reconnoissance, excepté la jeune fille, qui, honteuse de paroître à nos yeux presque nue, se tenoit retirée dans un coin & n'osoit approcher....... Au milieu de toute cette scène, vous croyez bien que rien ne pouvoit me distraire de mon Élève; il considéroit ce tableau, si nouveau pour lui, avec autant de curiosité que d'attendrissement; il écoutoit & regardoit avec une si profonde attention, qu'il pleuroit, pour ainsi dire, sans s'en appercevoir. Pendu à mon bras, respirant à peine, observant avidement tout ce qui se passoit, il remarqua, le premier, l'embarras naïf & modeste de la charmante petite fille; aussi-tôt il quitte mon bras, il s'avance vers elle, il détache sa pelisse, la jette sur les épaules de la jeune fille, en disant, d'une voix entrecoupée : *Je vous donne cela, venez à présent....* Comment vous exprimerai-je la surprise & la joie délicieuse que me causa cette action ?......

Je m'élance vers le Prince, & le prenant dans mes bras : ô cher enfant, m'écriai-je, me voilà payé de ma tendresse & de mes soins !.... Je n'en pus dire davantage, mes pleurs me coupèrent la parole.... Dans cet instant un de nos gens entra avec un gros paquet qui contenoit plusieurs pelisses de fourrures communes que j'avois fait faire pour la malheureuse famille. Le Prince ayant donné la sienne, il s'en trouva une de trop ; je la lui présentai : gardez-la toujours, lui dis-je, elle est moins chaude & moins belle que celle que vous avez donnée, mais avec quel plaisir vous la porterez, puisqu'elle vous rappellera le doux souvenir d'une action qui vous rend digne d'être aimé !.... Le Prince s'en revêtit au moment même, & jamais la plus brillante parure n'inspira plus de satisfaction & de joie qu'il en éprouva en se voyant enveloppé de cette lourde & grossière pelisse. Cependant nous faisons transporter Alexis Stezen au premier étage de la même maison, dans une chambre commode ; son père, sa femme & ses enfans l'y suivent ; & quand nous les eûmes établis dans ce nouveau domicile, nous les quittâmes, en leur disant, qu'aussi-tôt que le malade seroit en état de se lever, nous les conduirions à la ferme que nous leur destinions. Nous ne rentrâmes au Palais qu'à huit heures passées; nous retrouvâmes du feu avec un plaisir qui nous fit mieux sentir encore le bonheur que nous avions procuré aux infortunés dont nous venions de changer le sort; nous veillâmes ce soir-là beaucoup plus tard qu'à l'ordinaire : le Prince ne se sentoit nulle envie de dormir ; il se plaisoit à se rappeler jusqu'aux plus minutieuses circonstances d'une journée si intéressante ; & je suis bien certain que le souvenir de ce tableau frappant des misères humaines, ne s'effacera jamais de son cœur. Cependant, je n'approuverois pas que des scènes semblables fussent renouvelées trop souvent : le plus grand de tous les dangers seroit d'accoutumer à ces objets pathétiques & terribles; il s'agit de frapper l'imagination, de lui laisser un point de vûe sur lequel à jamais elle puisse se fixer ; il faut développer la sensibilité, mais sur-tout craindre de l'affoiblir & de l'épuiser par trop d'épreuves: & c'est ainsi, mon cher Baron, que l'écueil est sans cesse à côté du bien! Quel est l'esprit assez délicat pour s'arrêter toujours au point juste qu'il est dangereux de franchir! Voilà du moins cequ'il est utile de savoir, pour n'agir qu'avec précaution & prudence.

Mais revenons à mon Élève; le soir avant de nous coucher, nous le priâmes, M. de Sulback & moi, de ne parler de notre aventure à personne, *parce que nous ne voulions pas avoir l'air de nous glorifier d'un acte d'humanité aussi simple, & auquel d'ailleurs la vanité n'avoit eu nulle part.* Le jeune Prince convint qu'il n'en parleroit qu'au Prince, son Père, qui, vous le croyez bien, étoit déjà dans notre confidence, & nous avoit fourni les moyens de donner une leçon de bienfaisance si magnifique, car elle a coûté plus de vingt mille francs; mais c'est de l'argent bien placé, & qu'un grand Souverain & un bon père ne regrettera sûrement jamais. Le lendemain, le jeune Prince, qui brûloit de voir Alexis Stezen établi dans sa ferme, envoya de bonne heure savoir de ses nouvelles ; & nous apprîmes avec une extrême satisfaction qu'il étoit levé, & en parfaite santé : aussi-tôt il fut décidé que nous leur enverrions une voiture le jour même pour les conduire à la ferme, & que nous nous y rendrions de notre côté. En effet, nous partîmes après le dîner, & nous arrivâmes à leur habitation un peu avant eux. Le Prince, de lui-même, leur avoit porté plusieurs présens, & les attendoit avec une impatience inexprimable. Lorsqu'il entendit le bruit de leur voiture, il courut précipitamment au-devant d'eux, ensuite les suivit par-tout, jouissant de leur surprise, de leur bonheur, avec une joie qui alloit jusqu'au transport. Avant de partir, le Prince s'approcha de moi, & me sautant au col : » O mon ami, s'écria-t-il, » que je vous remercie de m'avoir fait voir » cela !.... Et que vous devez être heureux » en contemplant la satisfaction de ces hon: » nêtes gens !.... » Oui, je le suis en effet, répondis-je, & au-delà de l'expression : voilà le vrai bonheur, je vous l'ai fait connoître ; & quand je vous en verrai jouir, rien ne manquera plus à ma félicité. Huit

jours après, un matin que nous étions seuls avec le Prince, M. de Sulback & moi, l'on vint me dire qu'un Artiste, fort distingué par ses talens, & que nous connoissions de réputation, demandoit à me parler; je sortis, & je rentrai un moment après, en tenant un grand dessin fait à la mine de plomb, & superbement encadré: ah, m'écriai-je de la porte, notre secret est divulgué; nous voilà tous représentés chez Alexis Stezen...... Regardez....
A ces mots, le Prince surpris considère le tableau, & ne voit pas sans émotion qu'on a justement choisi le moment où il avoit jeté sa pelisse sur les épaules de la jeune fille.... Il rougit & me dit : Je vous assure que l'indiscrétion ne vient pas de moi..... Je n'en doute pas, repris-je, & je suis certain aussi qu'aucun de nous n'a parlé de cette histoire; mais je ne suis cependant point étonné qu'elle ait été sue.... — Pourquoi donc ? — Parce que vous étiez avec nous. — Eh bien ! — Eh bien, les démarches des Princes ne peuvent jamais être cachées, trop de gens les éclairent & les épient; je ne puis être fâché que le

secret soit découvert; vous avez fait une bonne action; mais soyez sûr que si vous en eussiez fait une mauvaise, on le sauroit de même. Ce discours a paru le frapper. Du reste, je vis facilement qu'il étoit au fond très-flatté que le Peintre eût choisi *la pelisse donnée* pour le sujet principal du tableau; il le regardoit avec une extrême complaisance, & il me sut fort bon gré de le destiner au Prince, son père, certain alors que toute la Cour le verroit. Je lui pardonnai d'autant plus volontiers cette petite vanité, que depuis l'aventure d'Alexis Stezen, c'étoit à cet égard le premier mouvement d'orgueil que je remarquois en lui. Voilà, mon cher Baron, l'histoire que je vous avois promise; je ne vous fais point d'apologie pour la longueur démesurée de cette Lettre, car ce que vous faites pour vos enfans doit me convaincre que tout ce qui a rapport à l'éducation est fait pour vous intéresser.

J'ai appris avec un sensible chagrin le mariage de ma nièce: quelle belle-mère on lui donne!... Vous savez si je la connois, & vous jugez combien je dois être affligé en me rapelant tout ce qui la rend si dangereuse & si méprisable !... Mais j'ose me flatter, mon chér Baron, que ma sœur jouira du bonheur de marier du moins sa seconde fille suivant son cœur, & que je ne retournerai dans ma Patrie que pour me trouver aux noces de Théodore & de Constance : ah, si je puis voir cette union si desirée, & si mon jeune Prince confirme les espérances que je conçois de lui, quel mortel sur la terre pourra comparer sa félicité à la mienne !

LETTRE XLVIII.

Le Baron au Vicomte.

Oui, mon cher Vicomte, vous ne reconnoîtriez pas Théodore; il n'a plus en effet ce teint blanc & délicat des enfans élevés à Paris; il est grandi de la tête, & fortifié à proportion; & cette métamorphose est dûe, non-seulement à l'air pur qu'il respire ici, mais aussi à la vie active qu'il y mène. Il est également accoutumé à supporter, sans en être incommodé, le chaud, le froid, le soleil & la pluie; je ne lui ai fait prendre ces différentes habitudes que peu-à-peu, sans précipitation comme sans excès; car, pour fortifier son corps, je n'ai pas eu la cruauté de le faire souffrir, ou l'imprudence d'exposer sa vie. Rousseau veut qu'on ne prenne aucune précaution pour les enfans; qu'on les laisse tomber, se blesser, qu'on les expose sans cesse aux plus grandes rigueurs des saisons : en prescrivant toutes ces choses, il tombe dans l'inconvénient qu'il recommande tant d'éviter, celui de rendre les enfans malheureux ; ensuite il dit : » Que faut-il donc penser de cette édu- » cation barbare qui sacrifie le présent à » un avenir incertain ?... &c. » Et dans le même volume, il dit aussi : » Armons » toujours l'homme contre les accidens » imprévus ; qu'Émile coure les matins » à pieds nuds, en toute saison, par la » chambre, par l'escalier, par le jardin ; » loin de l'en gronder, je l'imiterai, &c. »

Cette imitation n'est pas si facile. Pour moi, j'avoue que je n'imiterai point Théodore, si, au mois de Janvier, il se promène dans mon parc sans bas & sans souliers. Rousseau, toujours pour *armer son Elève contre les accidens imprévus*, trouble son repos, interrompt son sommeil, le réveille brusquement, & le fait lever au milieu de la nuit ; enfin, je ne vois point d'enfant plus tourmenté & plus malheureux que ce pauvre Émile. Une autre idée de Rousseau me paroît encore plus dangereuse : » Accoutumez l'Élève,

» dit-il, à ne compter ni sur la naissan-
» ce, ni sur la santé, ni sur les richesses;
» ébranlez, effrayez son imagination des
» périls dont tout homme est sans cesse
» environné; qu'il voie autour de lui tous
» ces abîmes, & qu'à vous les entendre
» décrire, il se presse contre vous de peur
» d'y tomber. »

Tout cela afin de rendre l'enfant compatissant; mais pour cet objet, prenons une autre méthode, car celle-là ne le rendroit que poltron. En lui apprenant à ne compter ni sur la santé ni sur les richesses, montrez-lui toutes les ressources qui, dans les plus affreux revers, restent toujours à l'homme courageux & vertueux; peignez-le cet homme, noble, patient, supérieur à sa destinée, il n'en sera que plus intéressant, votre Élève ne l'en plaindra que davantage; mais cette compassion, loin d'amollir son âme, ne fera que lui donner plus d'élévation & de grandeur: la pitié devient sublime quand elle est unie à l'admiration. Enfin, de cette manière, l'enfant sera profondément touché de la situation de votre héros, mais il ne sera point épouvanté de son sort, & il se promettra de supporter une semblable destinée avec la même vertu, si jamais elle doit être son partage. Adieu, mon cher Vicomte; je vous assure que malgré tout le bonheur dont je jouis ici, je pense avec un grand plaisir que j'en partirai dans un an, puisque cet instant doit nous réunir.

M. d'Aimeri est parti hier avec son petit-fils; il commence ses voyages par le Nord, qu'il ne connoît point, & va directement en *****. Je lui ai donné une Lettre pour le Comte de Roseville, qui sûrement prendra de l'amitié pour lui, car ces deux hommes ont trop de mérite pour ne pas se convenir mutuellement.

LETTRE XLIX.

La Baronne à la Vicomtesse.

ADÈLE & Théodore, depuis quinze jours, ont été mis à de rudes épreuves, mais enfin ils s'en sont tirés à ma satisfaction. Ils sentent depuis long-temps l'un & l'autre combien il est important d'avoir de l'empire sur soi-même, & combien l'on est méprisable quand on est capable de manquer à sa parole. Comme Adèle a neuf ans, & son frère dix, nous avons pensé qu'après beaucoup de petites épreuves, qui presque toutes ont réussi, nous en pouvions risquer une véritablement séduisante, & qu'il étoit temps (pour me servir de l'expression de M. d'Almane) de leur faire commencer sérieusement leur *cours de vertu expérimentale*. Il faut vous dire d'abord que depuis deux ou trois mois, l'espèce d'antipathie qui existoit entre Miss Bridget & Dainville, paroît fort diminuée; Dainville a fait les premières avances, Miss Bridget les a reçues avec dignité, mais sans humeur, & les anciennes querelles sont presque entièrement oubliées. Enfin, Dainville dit hautement que Miss Bridget est une *personne d'un vrai mérite*, & Miss Bridget convient que M. Dainville est au fond un très-bon garçon. C'est d'après toutes ces circonstances que nous avons formé notre plan. Vous n'avez point oublié qu'Adèle, il y a environ dix-huit mois, se moqua cruellement de Miss Bridget, en plaçant dans sa chambre ce fatal profil de l'Empereur Vespasien, & que ce procédé diminua beaucoup en apparence la tendresse de Miss Bridget pour Adèle, & surtout sa confiance : enfin, il faut que vous sachiez encore que mon fils, de son côté, donna vers le même temps plusieurs sujets de plaintes à Dainville : ressouvenez-vous de tout cela ; maintenant je commence mon récit.

Adèle remarque un matin que Miss Bridget est excessivement rêveuse & distraite, elle lui en demande la raison ; Miss Bridget soupire, rougit, pâlit, se con-

SUR L'ÉDUCATION.

fond, & garde le silence ; les questions redoublent d'un côté, le trouble augmente de l'autre : alors Adèle éprouve le mouvement de curiosité le plus vif qu'elle ait jamais ressenti ; elle presse, prie, conjure ; Miss Bridget hésite, & lui dit : Ah, si je pouvois compter sur votre amitié, sur votre discrétion !... ▬ Eh quoi, vous doutez de moi !... Je suis bien jeune, mais j'aimerois mieux mourir que de trahir un secret. Ma chère Miss Bridget, me croyez-vous donc un monstre ? ▬ Eh bien, je vous dirai tout ce soir, si nous nous promenons seules.... ▬ Pourquoi pas à présent ? ▬ Je ne le puis ; ce que j'ai à vous confier est d'un trop long détail. ▬ O, Ciel, attendre jusqu'à ce soir !... ▬ Il le faut, & je vous préviens même que si, d'ici-là, vous faites la plus légère indiscrétion, c'est-à-dire, si vous paroissez desirer vivement de vous trouver seule avec moi, si vous me faites le moindre signe d'intelligence, je ne vous dirai rien... ▬ Un seul mot ; Maman sait-elle ?... ▬ Non, personne au monde. Mon projet est bien de le déclarer un jour à Madame votre mère, mais ce ne sera que dans quelques mois ; ainsi, vous voyez que vous ne pourrez même pas lui en parler. Vous savez qu'elle vous a dit cent fois que vous ne devez pas lui dire le secret d'un autre ; il est vrai qu'elle vous a bien répété que toute confidence qu'on ne veut pas lui faire, doit vous être suspecte, &... = Mais de vous, qu'elle estime tant !... = Il est certain que c'est un cas différent ; d'ailleurs, je vous jure qu'elle le saura un jour.... = De tout autre, je refuserois d'apprendre un secret qu'on me défendroit de lui dire, mais..... = Vous acceptez le mien, n'est-ce pas ?... = Je crois que je le puis sans scrupule = Eh bien, vous me donnez donc votre parole d'honneur de le garder fidèlement ?... = Je vous la donne. = Il suffit... Dans ce moment, la conversation fut interrompue au grand regret de la curieuse Adèle ; un domestique lui vint dire que je la demandois, & elle quitta Miss Bridget avec une émotion qui paroissoit encore sur son visage lorsqu'elle entra dans ma chambre. Pendant ce temps, Dainville avoit avec mon fils exactement le même

entretien, & en reçut la même promesse. Vous jugez bien qu'Adèle & Théodore attendirent impatiemment l'heure de la promenade; mais ils furent trompés dans leur espérance; nous ne les quittâmes pas un instant, & l'on fut se coucher sans savoir le secret. Adèle, en se déshabillant, pria Mlle. Victoire d'aller chercher Miss Bridget *pour un moment seulement*. Miss Bridget fit répondre qu'elle ne pouvoit venir, & la pauvre Adèle se coucha fort tristement. Le lendemain, Miss Bridget l'accabla de reproches : " Vous avez fait,
» lui dit-elle, dix *indiscrétions* ; vous m'a-
» vez fait demander hier au soir ; vous
» qui paroissez ordinairement si contente
» lorsque vous êtes avec Madame votre
» mère, vous aviez l'air distrait, inquiet ;
» vous me regardiez fixement, vous n'é-
» tiez occupée que de moi : enfin, tout le
» monde a remarqué que vous n'étiez point
» dans votre état ordinaire ; & d'après ce-
» la, je suis décidée à vous éprouver encore
» avant de vous confier mon secret ; ainsi,
» vous ne le saurez que d'aujourd'hui en
» huit, si, à cette époque, je n'ai rien à

» vous reprocher. » Vous jugez combien cet arrêt parut cruel, mais il fallut s'y soumettre ; & Théodore, de son côté, subit la même loi. Enfin, au bout de ces huit mortels jours, Adèle & Théodore reçoivent le prix de leur patience & de leur parfaite discrétion ; le grand secret leur est révélé, & ils apprennent que Miss Bridget & Dainville sont mariés secrètement depuis deux mois. Vous concevez sans peine à quel excès cette nouvelle dut paroître surprenante ; on ne sentit d'abord que la joie que devoit inspirer l'honneur d'être jugé digne d'une confidence si importante ; mais on connut bientôt qu'un secret peut quelquefois être pesant & difficile à garder. Le soir même, me trouvant seule avec Adèle, je veux, lui dis-je, vous faire part d'une chose qui vous intéressera, c'est que je m'occupe d'un établissement avantageux pour Dainville, d'un mariage qui feroit sa fortune...... A ce mot de mariage, Adèle changea de visage ; je feignis de ne pas remarquer son trouble ; & poursuivant mon discours, je veux, ajoutai-je, le marier à une veuve fort riche qui demeure à Carcassonne ; je suis sûre de son consentement ; & pour lui réserver le plaisir de la surprise, je ne l'instruirai de cette affaire que lorsqu'elle sera tout-à-fait arrangée ; ainsi, je vous défends d'en parler à qui que ce soit, pas même à Miss Bridget..... Pourquoi rougissez-vous, Adèle ?.... = Moi, Maman ?... = Oui, vous avez rougi quand j'ai prononcé le nom de Miss Bridget.... = C'est que.... = Vous imaginez peut-être que Miss Bridget a toujours la même aversion pour Dainville.... = Oh non, Maman, au contraire.... = Comment au contraire, que voulez-vous dire ?... = Rien, Maman.... = Sauriez-vous quelque chose de particulier là-dessus ?... = Mais.... = Pour moi, je suis persuadée que Miss Bridget en effet conserve encore quelque rancune contre Dainville. Quoi qu'il en soit, je vous le répète, je vous défends absolument de lui dire un mot de ce mariage projeté. Après ces mots, je changeai d'entretien. Adèle tomba dans la plus profonde rêverie ; &, sous je ne sais quel prétexte, je l'envoyai à Miss

Bridget. Elle ne lui parla point de notre conversation, mais elle la conjura avec instance de me tout avouer, & s'offrit même à me préparer à cette nouvelle, ce que Miss Bridget refusa positivement. Le lendemain, seule à la promenade avec Adèle, je lui témoignai de l'inquiétude sur sa santé ; vous êtes triste, mon enfant, qu'avez-vous ? ⸺ Rien, Maman.... = Vous paroissez rêveuse, préoccupée ; à quoi pensez-vous ?... = Maman ! = Comment, cette question vous embarrasse ? Vous m'avez assuré si tendrement, il n'y a pas encore quinze jours, (& c'étoit dans ce même jardin) que dans aucun moment vous n'hésiteriez à me dire votre plus secrète pensée, quelle qu'elle fût, si je vous la demandois.... Sans une parfaite confiance, il n'est point de tendresse véritable.... = Aussi, Maman, je vous dirai toujours tous mes secrets. = Eh bien, à quoi pensiez-vous tout-à-l'heure ?... Répondez donc.... Mais, que vois-je ! vous pleurez !.... = C'est de ne pouvoir vous dire..... Pourtant.... je ne vous mentirai sûrement pas.... = Qu'avez-vous donc ? =

Maman, dois-je vous dire le secret d'un autre quand vous me le demandez?.... — Le secret d'un autre! vous savez un secret que j'ignore!... — Oui, Maman, & un bien grand secret.... — Apparemment que le hasard vous l'a fait découvrir? — Non, Maman, on me l'a confié, & l'on m'a fait donner ma parole d'honneur que je ne vous le dirois pas. — Et vous avez pu prendre un semblable engagement!.... Vous n'avez pas senti que vous vous exposiez, ou à manquer à votre parole, ou à me tromper en ne répondant point à mes questions avec vérité? Voyez combien la curiosité peut être dangereuse!... — Maman, j'espérois que vous ne me questionneriez pas. — Au moins falloit-il, avec ce desir, avoir plus d'empire sur vous-même, & ne pas paroître si distraite & si préoccupée; mais quand vous auriez eu à cet égard toute la prudence imaginable, pouviez-vous échapper à cette question si simple que je vous fais si souvent? *Adèle, à quoi pensez-vous?* Il eût toujours fallu alors me mentir, (mentir à votre mère, à votre seule, votre véritable amie) ou manquer à votre parole, & découvrir le secret. ═ J'ai pensé, Maman, que j'en serois quitte pour avouer que je savois un secret, & que lorsque vous sauriez que j'avois promis de le garder, vous ne m'ordonneriez point de vous le dire. ═ Mais seulement avouer qu'on sait un secret, c'est toujours le trahir à moitié, & souvent le découvrir tout-à-fait. Par exemple, dans votre situation, de qui pouvez-vous tenir un secret important ? De votre père ? Il n'en a point pour moi. D'une Femme-de-chambre ? Je vous ai défendu toute espèce de conversation avec elles. Il n'est pas possible que ce soit d'un homme ; il est donc facile de deviner que ce secret n'a pu vous être confié que par Miss Bridget ; & c'est en savoir assez pour pénétrer le reste avant la fin du jour : ainsi, vous n'avez pas tenu l'engagement que vous aviez pris de n'avoir jamais rien de caché pour moi ; vous avez donné légèrement votre parole d'honneur, vous avez fait depuis quelques jours cent indiscrétions indirectes, & vous découvrez enfin le secret dont vous étiez dépositaire : voyez combien de torts réunis! tout cela faute de réflexion, & pour n'avoir pu résister aux mouvemens d'une curiosité frivole. Cette exhortation finit par l'ordre positif de ne point parler à Miss Bridget de ce dernier entretien. Je la laissai pendant huit jours dans une incertitude cruelle pour un caractère aussi impatient & aussi curieux que le sien; elle ignoroit que je m'étois expliquée avec Miss Bridget, si cette dernière étoit instruite de l'aveu que j'avois arraché, & si moi-même je l'étois, ou non, du mariage secret. N'osant faire de questions, ne pouvant rien pénétrer par notre conduite, elle étoit dans un doute qui ne fut pas pour elle l'épreuve la plus facile à supporter; mais instruite dejà par l'expérience de ses premières fautes, elle eut assez de pouvoir sur elle-même pour se taire constamment, & pour montrer un visage serein & tranquille. L'instant fixé pour le dénouement étant arrivé, Miss Bridget m'amène un matin Adèle, & lui dit en l'embrassant: le secret que je vous ai confié n'en est plus un, & maintenant je vais vous apprendre la vérité. Comme vous m'aviez donné lieu de douter de votre amitié pour moi, j'ai voulu vous éprouver avant de vous rendre toute la mienne : en conséquence, je vous ai confié un secret imaginaire, vous l'avez gardé assez fidèlement à certains égards, vous n'en avez point parlé à M. votre frère, vous n'avez point laissé soupçonner à M. Dainville que vous le sussiez, vous avez évité l'occasion de le révéler à Madame votre mère ; en même-temps vous m'avez soigneusement caché ce qu'elle vous avoit défendu de me dire, & vous avez témoigné que vous preniez un intérêt véritable à mon sort ; tout cela sans doute est beaucoup pour votre âge, puisque vous n'avez que neuf ans & demi ; je vois que vous avez un bon cœur, & que vous serez discrète quand vous serez moins dominée par la curiosité, & que vous aurez plus de force & plus de pouvoir sur vous-même. Quoi, s'écrie Adèle, vous n'êtes point mariée à M. Dainville ?.... Mais pouviez-vous penser, répondit Miss Bridget, que si la chose eût été véritable, je vous l'aurois confiée de préférence à Madame votre mère ?... Je vous l'avois dit, Adèle, ajoutai-je, que vous deviez regarder comme suspecte toute confidence qu'on vous recommanderoit de me cacher; & avec un peu plus de raison, n'auriez-vous pas dû deviner que Miss Bridget ne vouloit que vous éprouver, & qu'elle connoît trop combien vos devoirs envers moi sont sacrés, pour vous proposer sérieusement de vous y faire manquer? Ces réflexions si simples ne se sont point présentées à votre esprit. Pourquoi? Parce que vous n'étiez occupée que du desir de savoir ce secret important, parce que vous vous laissiez maîtriser par une ardente curiosité, & que toute passion, lorsqu'on s'y livre, ôte le jugement & rend aveugle. J'espère, ma chère amie, que vous me pardonnerez ce détail si long & si minutieux en apparence, mais qui ne vous sera pas inutile, si vous voulez réellement adopter ma méthode ; cette manière de donner des leçons est la seule profitable, & c'est ainsi que je ferai passer mon Élève par toutes les épreuves qui pourront former son caractère & fortifier ses principes. Quand elle débutera dans le monde, elle connoîtra parfaitement par sa propre expérience, & sans que ce soit aux dépens de sa réputation & de son bonheur, tous les inconvéniens de la légèreté, de la précipitation, de l'indiscrétion, de la curiosité, de la foiblesse, &c; elle saura enfin combattre ses passions & en triompher. Théodore recevra la même éducation; il a supporté l'épreuve que je viens de vous détailler mieux encore qu'Adèle, car il a été irréprochable dans son maintien, & n'a pas fait une mine qui pût donner lieu de soupçonner qu'il fût dépositaire d'un grand secret; mais il est plus âgé que sa sœur d'un an; & quand l'éducation est véritablement bonne, une année de plus est beaucoup.

LETTRE L.

Madame d'Ostalis à la Baronne.

J'AI aujourd'hui vingt-trois ans, ma chère tante, & je ne puis mieux célébrer le jour de ma naissance qu'en m'entretenant avec vous ; mais quand je pense qu'il y a trois mortelles années que je suis séparée de vous, & que je serai encore privée du bonheur de vous voir au moins un an, mon cœur est bien triste.... Du moins j'éprouve une grande consolation, c'est de m'être conduite loin de vos yeux, comme j'aurois pu le faire si vous eussiez toujours daigné me servir de guide ; d'avoir enfin suivi avec la plus scrupuleuse exactitude le plan que vous m'aviez tracé, & tous les conseils que vous m'avez donnés dans vos Lettres, ces Lettres si précieuses où je trouve avec tant de détail tout ce qui peut me dédommager de l'éloignement qui nous sépare. On ne vous dira sûrement point à votre retour que votre fille a de *la coquetterie*, ce vice odieux pour lequel vous m'avez inspiré une si juste & si profonde aversion : aussi n'ai-je tourné la tête de personne, & je puis même me vanter qu'il n'a jamais été possible de dire qu'aucun homme fût amoureux de moi. Il est vrai, comme vous me l'aviez recommandé, que j'ai conservé ce maintien simple, naturel & tranquille que vous m'aviez donné; que je ne fais point de mines; que je ne vas seule, c'est-à-dire, sans ma belle-mère, que depuis deux ans, & presque toujours avec M. d'Ostalis; que je ne reçois du monde chez moi que de l'année passée; que ma société n'est composée que de gens raisonnables; que je ne vas point au Bal de l'Opéra; que je ne monte point à cheval, & qu'ainsi il n'est pas étonnant que j'aie eu le bonheur d'obtenir une réputation sans tache. Je jouis bien de ce bonheur, & j'en sens trop tout le prix pour ne pas le conserver.

Je n'ai toujours rien de satisfaisant à vous dire de Madame de Valcé; Madame de Limours, aveuglée sur elle à tous égards, est persuadée qu'elle aime son mari avec passion, mais je n'en crois rien; elle a déjà une excessive coquetterie; & quand elle n'est pas sous les yeux de sa mère, elle s'en vante, & elle a assez peu d'esprit & d'élévation pour penser que cet aveu *a beaucoup de grâces*, & qu'il montre une franchise très-aimable. J'imagine, ma chère tante, que vous ne trouverez pas cette espèce *d'ingénuité* de bien bon goût; pour moi, elle me paroît aussi ridicule qu'indécente. Au reste, elle s'est bien corrigée de cet air empesé qu'elle avoit dans les commencemens de son mariage; vous n'avez jamais rien vu de plus *sémillant*; elle est toujours en l'air, & sa tête surtout est dans un mouvement perpétuel. Il me semble que si j'étois coquette, je chercherois à plaire par ma conversation & par mes talens autant que par ma figure; mais Madame de Valcé prend des moyens tout-à-fait différens: pour vous en donner une idée, je vais vous rendre compte d'un déjeûner qu'il y eut hier chez Madame de Limours. Il n'y avoit en femmes que Madame de Limours, Madame de Valcé

& Madame la Comtesse de Germeuil, jeune personne de mon âge, mariée depuis quatre ans, qui n'est ni jolie ni aimable, mais qui a de l'élégance, assez bonne grâce, & beaucoup d'étourderie & d'affectation, & avec laquelle Madame de Valcé est intimement liée depuis six mois. Le déjeûner étoit médiocrement gai, lorsque Madame de Limours reçut une Lettre qui l'obligeoit de sortir dans l'instant même; elle nous quitta en me disant qu'elle me chargeoit d'être le chaperon de sa fille; un moment après son départ, on annonça le Chevalier de Creni & le Marquis de L.... On dit que le premier est amoureux de Madame de Valcé, & que le second a les mêmes sentimens pour Madame de Germeuil. J'étois placée entre ces deux Dames, & dans le moment je remarquai dans leur maintien, & (comme elles disent) dans leur *manière d'être*, un changement surprenant. Madame de Valcé devint tout-à-coup d'une tendresse extrême pour moi; elle m'embrassoit, se penchoit sans cesse à mon oreille pour me dire en secret la chose la plus commune, & puis ensuite elle fai-

SUR L'ÉDUCATION.

soit des éclats de rire aussi forcés qu'immodérés, tout cela accompagné de tournoyemens de tête impossible à dépeindre, mais dont je souffrois extrêmement, car, à toute minute, je me trouvois ses plumes & ses nattes sur le visage : enfin, voyant que j'étois très froide, & que je la secondois mal, elle se leva, ainsi que Madame de Germeuil, & toutes deux se promenèrent dans la chambre ; elles se tenoient de manière que leurs bras étoient entrelacés autour de leurs tailles ; & après avoir marché ainsi nonchalamment un demi-quart d'heure, elles furent ensemble s'asseoir sur un canapé, s'y placèrent en attitude, & n'y restèrent que le temps nécessaire pour nous laisser remarquer qu'elles formoient dans cette position le plus joli tableau du monde.

Enfin, je revins chez moi sans pouvoir comprendre qu'on soit assez stupide pour avoir le projet & l'espérance de tourner les têtes avec de semblables moyens. J'aime bien mieux l'espèce de coquetterie d'une Angloise que le Chevalier d'Herbain a connue dans ses voyages ; elle étoit fort belle; mais par un caprice assez nouveau, elle dédaignoit une conquête qui n'étoit dûe qu'aux charmes de sa figure; lorsqu'elle vouloit *tourner une tête*, elle renonçoit à toute parure, cachoit ses beaux cheveux & la moitié de son visage sous un grand chapeau; &, enveloppée d'un manteau, elle déroboit aux yeux la plus élégante taille du monde, mais elle déployoit tous les agrémens de son esprit; & par les grâces séduisantes d'une conversation aussi piquante qu'intéressante, elle l'emportoit toujours sur ses rivales les plus jolies, les mieux coëffées & les mieux mises. Aussi, avec de tels moyens, cette dangereuse coquette, ajoute le Chevalier d'Herbain, n'a point fait naître de fantaisies, & n'a jamais inspiré que de grandes passions. Adieu, ma chère tante, je pars dans l'instant pour Versailles, j'en reviendrai après demain, & je vous écrirai encore en vous envoyant la petite caisse de musique que vous m'avez demandée..... On m'envoie chercher, on m'attend; adieu, votre fille vous embrasse aussi tendrement qu'elle vous aime.

LETTRE LI.

La Vicomtesse à la Baronne.

JE suis tous les jours plus contente de ma situation, ma chère amie, c'est-à dire, de ma fille, car mon bonheur dépend de sa conduite & de sa tendresse pour moi. Je vous ai fait part de tous les petits sujets de mécontentement qu'elle m'a donnés dans les commencemens de son mariage; mais enfin ces légers nuages se dissipent, & je commence à croire qu'en doutant de sa sensibilité, la mienne me rend souvent injuste. Elle aime son mari avec passion : en général, tous les mouvemens de son âme sont violens; & quoiqu'il y ait plus de dangers pour de tels caractères que pour les autres, vous conviendrez cependant que ce sont les seuls attachans. Je dois bien m'applaudir de lui avoir donné l'objet qu'elle avoit choisi : impétueuse, franche & sensible comme elle l'est, comment auroit-elle supporté un engagement contraire à son inclination, elle qui ne peut souffrir l'ombre de la contrariété dans les choses qui lui sont les plus indifférentes ? Elle a de grands défauts, je l'avoue, mais ils tiennent presque tous à sa vivacité & au peu de dissimulation dont elle est capable. Vous m'avez vu la soupçonner de fausseté en quelques occassions ; cette idée m'affligeoit mortellement : grâces au Ciel, j'en suis bien désabusée ; comme elle le dit elle-même, ce qu'on seroit tenté d'attribuer à l'artifice, n'est que de l'inconséquence & de l'étourderie, & voilà ses deux défauts dominans. D'ailleurs, son âme est susceptible de tous les sentimens honnêtes, & veut s'y livrer. Elle a fait choix d'une amie, & elle l'aime avec excès ; c'est une jeune personne plus âgée qu'elle de quelques années, mariée depuis quatre ans, & également distinguée par sa naissance, sa conduite & l'existence agréable qu'elle a dans la société ; & je vois avec plaisir ma fille se livrer à ces transports, à cet enthousiasme qu'inspire à la jeunesse vive

& sensible les charmes d'une première amitié. Parlons à présent d'un objet plus intéressant pour vous, puisque vous devez l'adopter un jour. Constance n'annonce aucuns des agrémens piquans de sa sœur; mais sa beauté régulière & touchante, sa douceur, son ingénuité, la parfaite égalité de son caractère, attirent déjà tous les cœurs vers elle; sa raison est fort au-dessus de l'âge de sept ans. Sensible, mais timide & peu démonstrative, toujours la même, toujours sérieuse, craintive & soumise, malgré les charmes de sa figure, elle paroît plus faite pour être aimée que pour plaire; je crois que son caractère & le genre de son esprit vous conviendront également, & que vous trouverez en elle une femme simple, raisonnable & réfléchie, ce qui me paroît être l'objet de tous nos vœux. Puisse-t-elle faire le bonheur de notre aimable Théodore, de cet enfant si précieux & si cher! & puissions-nous alors, réunies l'une & l'autre, nous applaudir & jouir ensemble de leur félicité commune! O ma chère amie, que ces

temps heureux sont encore éloignés!....
En attendant, quels sacrifices vous faites!
Je les admire, mais j'en gémis chaque
jour davantage, & je n'ai pour les supporter ni votre courage, ni votre enthousiasme, ni votre philosophie. Adieu,
pardonnez-moi cette foiblesse, en songeant au sentiment si tendre qui la produit.

LETTRE LII.

Réponse de la Baronne.

JE vous félicite, ma chère amie, du bonheur dont vous jouissez à présent : sûre du cœur de votre fille, je pense comme vous, que vous devez en effet supporter & tolérer ses défauts; qu'elle vous aime, c'est assez: l'âge & le temps, n'en doutez pas, réformeront insensiblement son caractère. Vous me dites que déjà elle a fait choix d'une amie ; permettez-moi de vous communiquer là - dessus quelques réflexions que j'ai faites autrefois dans le monde, lorsque j'étois observatrice & témoin des événemens de la société ; cette partie de votre lettre me les rappelle, & peut-être ne vous seront-elles pas inutiles. C'est en prodiguant à des goûts passagers & frivoles les noms sacrés de confiance & d'amitié, qu'on est parvenu à faire presque douter de l'existence du sentiment qu'on a méconnu. Cette succession rapide de mouvemens vifs & tumultueux épuise & dessèche le cœur sans l'avoir jamais pu remplir. L'inconstance naît du besoin d'aimer; on veut s'attacher, on change par le desir ou l'espoir de se fixer enfin, & la vie se passe à chercher ce qu'on finit par croire une chimère, parce qu'on ne l'a point trouvé. Toutes ces erreurs viennent des préjugés qu'on nous donne, & qui se multiplient tous les jours. Un seul sentiment bien vrai suffiroit au cœur, & l'on nous persuade que pour être parfaitement heureux, il faut les éprouver tous en même-temps. Comme pour rendre le bonheur une chose moins commune, on établit des différences qui n'existent point, on donne au même sentiment une infinité de noms, on le partage ainsi en plusieurs branches, & l'on assure que la félicité parfaite consiste à trouver les objets qui doivent remplir cette liste nombreuse : je vais vous en faire le calcul suivant les idées reçues. Une jeune femme instruite de cette manière, si elle n'aime point son mari, sait qu'il lui faut de l'amour, & elle cherche un amant; elle sait de même qu'elle doit avoir de la tendresse pour ses parens, ce qui forme un sentiment à part qui n'a rien de commun avec l'amitié; elle leur rend *des soins*, leur fait des visites, voilà cette espèce de sentiment établi, & tout ce qu'il exige; elle a des frères, des sœurs, autres sentimens auxquels elle applique des noms particuliers: tout cela ne suffit pas, elle a besoin d'une amie; la sympathie vient à son secours, & lui découvre au bout de six mois l'objet digne de posséder toute sa confiance; outre cela, il faut encore ce qu'on appelle *des amis*, car il est nécessaire de pouvoir dire, *mon amie intime & mes amis*, ce qui est fort différent. Ces amis ont pour leur partage les démi-confidences, les secrets du moment, & sont toujours sur la petite liste: d'ailleurs, s'ils sont malades, on court s'enfermer avec eux; on les garde, on les soigne, on les voit tous les jours; ils doivent être au nombre de cinq ou six, ont tous le même rang & les mêmes privilèges, & ne sont subordonnés qu'à l'amie intime: voilà donc déjà, sans compter les sentimens de la nature & l'amour, deux espèces d'amitié très-différentes. Pour l'amie intime, c'est une passion qui doit durer toute la vie ; on a son portrait, de ses cheveux ; l'on a toujours deux ou trois secrets à lui dire à l'oreille quand on la rencontre, ne l'eût-on perdue de vûe que depuis un quart-d'heure ; & l'on n'est jamais prié à souper qu'avec elle : au lieu que pour les *amis*, on n'éprouve qu'un sentiment tendre, mais tranquille, fondé sur l'*estime* & la *convenance*, & qui n'a rien de violent. Si l'on est doué d'un peu de délicatesse, il y a encore un cinquième sentiment qu'on appelle de l'*intérêt* ; il tombe sur une douzaine de personnes de la société générale, qu'on choisit communément parmi celles qui ont le plus de considération par leur rang ou par leur fortune : ce sentiment exige dans l'absence une Lettre tous les mois ; dans les maladies, on est obligé d'envoyer savoir des nouvelles trois ou quatre fois par jour ; & dans les cas de mort, on doit s'abstenir des Spectacles au moins le reste de la semaine. Toutes ces choses sont marquées d'une manière si précise, & suivies si exactement, qu'il est aisé de voir qu'elles ont été apprises par cœur dès l'enfance, & que l'éducation & l'exemple les ont gravées de bonne heure dans la tête. N'est-il pas aussi plaisant que ridicule qu'une jeune personne qui trouve si naturellement dans sa famille les objets qui doivent remplir son cœur, aille former au-dehors & parmi des étrangers ces nœuds frivoles qui, sans l'attacher, l'éloigneront insensiblement pour jamais de tout ce qu'elle doit aimer ?..... Croyez-moi, ce n'est point une amie qu'on cherche à dix-huit ans; ce n'est point un guide, un conseil qu'on desire, puisqu'on le trouve dans sa mère, dans son mari, & qu'on néglige l'une & l'autre. On ne songe d'abord qu'à former une liaison brillante; c'est toujours pour la personne qu'on croit de meilleur air & le plus à la mode, que la sympathie se déclare. D'ailleurs, on veut aussi une confidente complaisante & facile; & presque toujours l'intimité de deux jeunes personnes peut faire soupçonner entre-elles quelque intrigue imprudente ou dangereuse. On commence par dire des secrets innocens, peu-à-peu les têtes s'échauffent; pour remplir l'engagement d'une confiance entière, on rend un compte plus détaillé qu'exact de tous ses sentimens, on disserte, on parle sur-tout de l'amour, on s'en communique mutuellement une idée fausse & exagérée, ensuite on se vante de ses conquêtes, des passions qu'on inspire. Dans ces petites histoires, l'amour-propre altère presque toujours les faits, & déguise souvent la vérité; on prend le goût de l'intrigue, l'habitude du mensonge, & l'on s'accoutume à la fausseté en prodiguant à cette amie, qu'on n'aime que pour être écoutée, tous les témoignages de la tendresse la plus vive & la plus passionnée. Voilà ce que j'ai observé, voilà ce qu'il faudroit faire remarquer aux jeunes personnes, en causant, en plaisantant, & en tâchant de jeter du ridicule sur des choses qui en sont si susceptibles. Adieu, ma chère amie; l'on m'apporte une Lettre de vous; & de cette manière je termine la mienne sans regret, puisque ce ne sera pas pour vous quitter.

LETTRE LIII.

Réponse de la même à la même.

Quelle attention il faut avoir avec les enfans jusques dans les plus petites choses!.... Adèle est naturellement vraie, l'Éducation n'a fait que fortifier en elle cette vertu ; jamais elle n'aura recours au plus léger déguisement pour tâcher de s'excuser d'une faute, & cependant je me suis apperçue que, depuis quelques jours, elle mentoit de gaieté de cœur & pour s'amuser ; voici comment. Dainville, la semaine passée, a fait un rêve très-plaisant qu'il a conté, & dont on a beaucoup ri. Le lendemain Adèle a rêvé aussi, & m'a fait part de son rêve, auquel j'ai donné peu d'attention. Deux jours après, autre songe, & enfin aujourd'hui elle m'en a conté un si joli, que j'ai vu clairement qu'elle l'avoit composé à loisir ; elle en est convenue en avouant aussi que tous les autres étoient pareillement de son invention. Je n'ai pas eu de peine à lui faire comprendre que s'il est affreux de mentir pour son intérêt, il est encore plus inexcusable de mentir sans motif: je vous ai fait connoître, ai-je ajouté, combien le mensonge est un vice odieux & bas; vous savez à quel point un menteur est digne de mépris; je dois vous apprendre encore qu'il ne peut jamais être véritablement aimable. Il y a beaucoup de gens qui se plaisent à composer des histoires qu'ils donnent pour vraies sans scrupule, parce qu'elles ne font tort à personne; ils n'ont d'autre projet, en exagérant & en mentant, que celui d'amuser & de se rendre agréables à la société; mais ils manquent absolument leur but, & seulement choisissent, pour se déshonorer, la manière la plus frivole & la plus absurde. Un homme qui ment ainsi pour son plaisir, n'est cru sur rien; ses récits, quelque agréables qu'ils puissent être, n'intéressent jamais, parce qu'ils ne peuvent inspirer ni curiosité ni confiance, & il est à peine écouté; tandis qu'une personne bien vraie, en supposant même qu'elle n'eût point d'esprit, si elle a une chose extraordinaire à conter, est toujours sûre de captiver l'attention, & d'être écoutée avec plaisir : outre l'estime qu'elle mérite, l'idée qu'on doit croire tout ce qu'elle dit, rend sa conversation intéressante, & sa société pleine d'agrémens : & n'eût-elle enfin que cette précieuse vertu, elle seroit aimable & recherchée. Après ces réflexions, j'ai prié Adèle de ne plus conter ses rêves à l'avenir.

Je viens de recevoir une Lettre de Madame d'Ostalis, qui ne me parle que de notre charmante Constance ; elle me dit que je la trouverai embellie à un point surprenant, & qu'elle est véritablement jolie comme un Ange ; j'en suis presque fâchée : la laideur révoltante est sans doute un malheur très-réel ; mais une beauté parfaite est un don de la nature toujours dangereux & souvent nuisible & funeste : une belle personne, en attirant tous les regards, n'en est jugée qu'avec plus de sévérité, même sans que la jalousie s'en mêle ; la curiosité qui nous est naturelle, cherche à pénétrer si cet objet, dont les charmes nous intéressent, possède encore les autres qualités que nous lui desirerions. Une âme honnête & douce éprouvera ce sentiment; la vûe de ce qui plaît inspire l'envie de le connoître davantage; ce mouvement désintéressé ne cause point de défiance: on ne réfléchit pas que la haine & l'amour s'aveuglent; que l'indifférence n'examine rien, & que la bienveillance est seule clairvoyante & juste; & voilà le sentiment général. C'est ainsi qu'un avantage, si précieux en apparence, n'est en effet qu'un danger de plus. Telle est à-peu-près, dans un autre genre, la situation d'un homme médiocre, élevé à d'éclatans emplois; tous les yeux fixés sur lui découvrent facilement jusqu'à ses moindres défauts; pendant que la flatterie l'encense, la haine le noircit, la calomnie le déshonore, & la vérité même le démasque & l'accuse. Toutes ses fautes sont observées, comptées, exagérées; ôtez lui ce titre brillant qui le décore & l'expose, la moitié de ses ridicules sera ignorée; personne ne se donnera la peine nécessaire pour dévoiler ses vices, ils resteront secrets au fond de son âme, & l'on ne portera point le jour sur les actions qu'il veut cacher.

Il est rare qu'une femme parfaitement belle soit aimable; elle croit communément que la nature a tout fait pour elle, qu'il lui suffit de se montrer pour enchanter & pour séduire, & que ce moyen les vaut tous: voilà les idées qu'elle apporte dans la société; aussi tous ses succès se bornent à la frivole admiration qu'excite sa première vûe; ce mouvement passager, en se dissipant, ne laisse après lui que l'ennui, l'insipidité & même le dégoût. Près d'elle, l'esprit est oisif, le cœur est froid, & c'est une remarque très-vraie, que les passions les plus vives ne sont pas inspirées par les plus belles personnes.

Un extérieur qui n'offre rien de choquant, une physionomie caractérisée, d'une expression intéressante ou spirituelle, voilà les avantages desirables; ajoutez à ce portrait, des grâces simples & naïves, de la douceur, de l'esprit sans affectation, & vous verrez si la beauté seule pourra lui disputer le prix. Ainsi, ma chère amie, redoublez donc vos soins pour Constance, persuadez-lui bien que, dans la société, la beauté ne peut suppléer aux autres agrémens; qu'elle expose à toutes les noirceurs de l'envie des femmes & de la fatuité des hommes; qu'en attirant l'attention générale, elle ne sert souvent qu'à faire observer des défauts & des foiblesses qu'on ne remarqueroit pas sans elle; mais que c'est elle aussi qui rend la modestie plus intéressante, & qui donne à la vertu l'éclat le plus brillant. Ne cherchez point à lui dissimuler qu'elle est belle, c'est une chose impossible à cacher; dites-le lui simplement, froidement, sans paroître attacher de prix à cet avantage; en même-temps, répétez lui que si elle conserve sa figure jusqu'à vingt-cinq ans, ce qui est fort incertain, elle se verra successivement préférer, dans cet espace, cent femmes qui n'auront ni sa régularité, ni sa beauté, mais que la mode & la fantaisie feront trouver charmantes. N'avons-nous pas vu Madame de Gerville passer un moment pour la plus jolie personne de Paris, malgré la chanson qui critiquoit si cruellement, mais si justement, sa taille, ses dents, son teint, sa bouche & son nez? Comme nulle figure n'est absolument parfaite, en ne cachant point à votre fille qu'elle est belle, dites-lui aussi naturellement les défauts qui peuvent se trouver dans sa personne, afin qu'elle ne se croye pas un chef-d'œuvre de la nature, & qu'elle s'accoutume à s'entendre critiquer à cet égard, sans éprouver du dépit ou du chagrin ; & pour cela, faites-lui remarquer ses petites imperfections, non avec l'air d'en être affligée, mais avec le ton qu'on prend en parlant de choses indifférentes. Adèle est véritablement jolie, elle le sait, & n'y pense jamais. J'ai donné un grand dîner, il y a quelques jours ; j'avois rassemblé presque tous mes voisins, l'assemblée étoit fort brillante, Adèle très-bien mise, & singulièrement en beauté : toute la compagnie se récria sur sa figure, & chacun répéta qu'on n'avoit jamais rien vu de si charmant & de si agréable. Le soir, quand nous fûmes en famille, Miss Bridget me demanda le nom d'un grand homme qui s'étoit mis à table à côté de moi, & dont la conversation avoit paru m'intéresser ;

je répondis qu'il s'appeloit M. de l'Orme, qu'il avoit beaucoup voyagé, qu'il étoit fort instruit & très-aimable; mais un peu caustique, répondit Miss Bridget; & il m'est arrivé avec lui, poursuivit-elle, une petite aventure assez drôle, & que je conterai sans crainte devant Mademoiselle Adèle, parce que je suis bien sûre qu'elle en rira toute la première. Je parie, interrompit M. d'Almane, que vous lui aurez entendu dire qu'il ne trouvoit point Adèle jolie? Oh! cela, reprit Miss Bridget, ne vaudroit pas la peine d'être conté, car enfin chacun a son goût; & quand Mademoiselle seroit belle comme le jour, elle ne pourroit pas plaire à tout le monde; mais c'est que M. de l'Orme m'a choisie pour sa confidente à ce sujet, ce qui est assez singulier; voici comment: il a cru que j'étois une Dame des environs; & une demi-heure avant le dîner, pendant que tout le monde étoit dans le sallon, je me promenois sur la terrasse, il est venu m'y joindre; & pour entrer en conversation, je lui ai demandé comment il trouvoit que Mademoiselle Adèle expli-

SUR L'EDUCATION.

quoit les tapisseries historiques ; à merveille, a-t-il répondu ; & ce que j'ai surtout admiré, c'est qu'elle les explique sans pédanterie, & n'en parle que lorsqu'on la questionne : elle fera bien de conserver cette simplicité & cette modestie, car sans ces deux qualités, toute l'instruction du monde, loin d'être agréable aux autres, ne sert qu'à rendre celui qui la possède importun, ennuyeux & même ridicule : voilà, continua-t-il, ce que j'aurois desiré qu'on eût loué dans cette jeune personne, au lieu de s'extasier, comme on fait, sur sa figure, qui est infiniment médiocre. En effet, ai-je dit, on lui donne-là des louanges bien frivoles ; il est vrai qu'elle est jolie ; mais.... Jolie ! a-t-il interrompu, voilà ce que je ne trouve point du tout ; elle a une petite figure sans aucune régularité, un minois de fantaisie extrêmement commun ; & je vous assure que la plupart des personnes qui disent là-dedans qu'elle est charmante, n'en pensent pas un mot ; cette sotte flatterie m'indigne, je vous l'avoue, & je voudrois que cette enfant, qui m'intéresse réellement par son éducation, je voudrois qu'elle pût savoir combien tous ces complimens sont faux & même injurieux pour l'objet auquel ils s'adresent; car on ne les fait qu'en supposant une personne assez stupide & assez vaine pour les prendre au pied de la lettre, & pour en être enchantée. Ce discours, continua Miss Bridget, me parut de très-bon sens, & j'aurois fort desiré prolonger cet entretien, lorsque Mademoiselle Adèle vint me trouver pour me dire qu'on alloit se mettre à table. A la manière dont elle me parla, M. de l'Orme vit bien que j'étois une personne du château; & Mademoiselle Adèle peut se rappeler qu'il parut très-embarrassé, & que je lui parlai bas, parce qu'il me pria de ne point le compromettre, ce que je lui promis. Ainsi, interrompit Adèle en rougissant un peu, il a cru que si j'apprenois qu'il m'a trouvée *laide*, je serois au désespoir; je voudrois bien qu'il fût désabusé d'une idée semblable..... Elle a raison, ajoutai-je; mais comment faire, il ne reviendra plus ici, & il part dans deux jours; il faut, dit M.

SUR L'ÉDUCATION.

d'Almane, que Miss Bridget lui écrive; & comme c'est un homme de mérite, & qui d'ailleurs a 50 ans, Adèle, si sa mère le permet, pourroit ajouter quelques lignes dans la Lettre de Miss Bridget. J'approuvai fort cette idée : Adèle eut quelque peine à se décider, par la crainte de faire quelques fautes d'orthographe; mais enfin Miss Bridget la détermina; & lorsque cette dernière eut écrit une Lettre par laquelle elle apprenoit à M. de l'Orme qu'elle avoit trouvé ses réflexions si sensées, qu'elle n'avoit pu se défendre d'en faire part à sa jeune amie, Adèle s'enferma dans un cabinet pour écrire ses quatre lignes : elle y resta fort long-temps, en sortit extrêmement rouge, & nous donna un billet écrit *à main posée*, parfaitement bien, & conçu dans ces termes :

» Oui, Monsieur, je ne suis ni surprise
» ni fâchée que vous m'ayez trouvée si
» laide, cela est tout simple; & lorsqu'on
» me dit que je suis jolie, je me doute
» souvent qu'on se moque de moi, &
» j'aime bien mieux être louée sur le peu
» que je sais & sur mon caractère, parce

» que ces louanges-là sont pour Maman
» comme pour moi. Je vous prie, Mon-
» sieur, de ne me pas croire une jeune
» personne *absurde* & *frivole* ; avec la
» mère que j'ai, je ne serai jamais ni l'un
» ni l'autre. »

J'approuvai fort ce billet ; nous le donnâmes sur le champ à un postillon, avec ordre de le porter à M. de l'Orme, qui devoit passer encore trois jours chez un de nos voisins qui n'est qu'à deux lieues d'ici. Adèle vit monter le postillon à cheval, qui revint à neuf heures avec les réponses de M. de l'Orme. Voici celle qui s'adressoit à Adèle.

MADEMOISELLE,

» Je ne puis croire que *Madame de*
» *Bridget* vous ait dit que je vous trou-
» vois *laide* ; je ne me suis certainement
» pas servi de cette expression ; je hais
» trop l'exagération pour l'employer ja-
» mais, sur-tout quand elle est désobli-
» geante & malhonnête. Je conçois même
» qu'on puisse trouver votre figure très-
» agréable, car les opinions & les goûts

SUR L'ÉDUCATION.

» n'ont rien de fixe & d'arrêté relative-
» ment à la beauté ou à la laideur ; cha-
» cun en juge diversement ; & très-sou-
» vent le visage le plus médiocre est pré-
» féré au plus parfait : voilà pourquoi
» celles qui veulent plaire universellement
» par ce petit moyen, sont en effet aussi
» *absurdes* que *frivoles*. Mais vous, Ma-
» demoiselle, vous n'aurez certainement
» pas cette platte & ridicule prétention ;
» c'est par les charmes de votre caractère,
» par votre douceur, votre égalité, votre
» esprit & vos talens, que vous desirerez
» plaire ; & si vous profitez de l'éduca-
» tion que vous recevez, vous aurez dans
» la société le rang le plus distingué com-
» me le plus agréable ; alors, quand le
» hasard, dans huit ou dix ans, me pro-
» curera l'honneur de vous rencontrer,
» ce sera avec un grand plaisir que je
» verrai ma prédiction accomplie. »

Adèle parut assez contente de cette Lettre, elle dit même qu'elle la conserveroit & la liroit de temps en temps ; elle ajouta que ce M. de l'Orme n'étoit pas *d'une politesse bien parfaite*, mais qu'il avoit beaucoup de raison & de bon sens. Vous ne sauriez croire, ma chère amie, combien cette manière de donner des leçons est amusante; au lieu de ces froids sermons si ennuyeux à répéter & à entendre, & qui fatiguent également les Instituteurs & les Élèves, nous avons le plaisir d'inventer de jolis plans, que nous mettons en action, & de faire jouer les principaux Acteurs, sans qu'ils aient la peine d'apprendre leurs rôles; & je vous assure que ces petites Comédies, qui durent souvent dix ou douze jours, ont pour nous un intérêt, & nous procurent un plaisir dont vous ne pouvez vous faire une idée.

LETTRE LIV.
Le Comte de Roseville au Baron.

J'AI à vous mander un événement si extraordinaire, mon cher Baron, que je ne veux pas perdre un moment à vous en instruire, d'autant plus que M. d'Aimeri est le héros principal de cette histoire singulière. Les sentimens que vous avez pour lui, suffiroient pour m'inspirer en sa faveur le plus vif intérêt ; mais d'ailleurs son mérite & l'excès de son malheur lui ont acquis pour jamais toute mon amitié. Je conçois quelle doit être votre curiosité, je vais la satisfaire. M. d'Aimeri est arrivé ici, il y a environ huit ou dix jours. D'après tout ce que vous m'aviez écrit à son sujet, j'avois engagé un de mes amis à le loger, & le soir même je fus le voir : une légère indisposition lui fit garder sa chambre quelques jours, au bout desquels il parcourut la Ville, & vit ce qu'elle offre de plus curieux. On lui vanta la maison de M. d'Anglures (cet homme singulier & bienfaisant dont je vous ai déjà parlé;) il me témoigna le desir d'y aller ; & comme je suis présentement fort lié avec M. d'Anglures, je promis à M. d'Aimeri de l'y mener. Le lendemain, en effet, nous partîmes aussi-tôt après le dîner, M. d'Aimeri, le jeune Charles & moi, dans la même voiture : en arrivant, on nous dit que M. d'Anglures étoit sorti pour se promener dans la campagne, mais que sûrement il rentreroit bientôt, & l'on nous ouvrit tous les appartemens. Au bout d'une demi heure, voyant que M. d'Aimeri ne pouvoit s'arracher du cabinet d'Histoire naturelle, je lui offris de conduire son petit-fils dans les jardins, qui méritent d'être vus, & dont je vous ferai la description dans ma première Lettre. A peine étions nous sortis de la maison, qu'un domestique vint nous dire que M. d'Anglures revenoit de sa promenade & me cherchoit ; au même moment il parut au bout d'une allée, & nous le joignîmes. Aussi-tôt qu'il eut jeté les yeux sur le jeune Charles, je remarquai sur son visage une altération singulière ; il le regardoit d'un air étonné, attendri ; & après un moment de silence, il s'écria : Grand Dieu ! quelle ressemblance !.... & détournant la tête, il essuya ses yeux remplis de larmes ; ensuite se rapprochant de Charles, & le prenant par la main : pardonnez, lui dit-il, ma curiosité, mais.... quel âge avez-vous ?.... Quinze ans & demi, répondit Charles..... O Ciel ! reprit M. d'Anglures, jusqu'au son de sa voix !..... Ah ! Monsieur, continua-t-il, en m'adressant la parole, quel est ce jeune homme, quel est son nom ?.... = Le Chevalier de Valmont..... A peine eus-je prononcé ces mots, que M. d'Anglures, saisissant Charles dans ses bras, le serra contre son sein avec un transport qui m'auroit dans l'instant fait deviner la vérité, si j'eusse été mieux instruit de l'histoire de M. d'Aimeri ; mais n'en sachant aucun détail, je contemplois cette scène avec une surprise inexprimable, lorsque M. d'Anglures se retournant vers moi : vous saurez aujourdhui même, me dit-il, le motif de l'état où vous me voyez ; vous me connoîtrez, vous me plaindrez, j'en suis sûr..... Mais avec qui cet aimable enfant voyage-t-il ? est-ce avec un Gouverneur ? Non, répondis-je, avec son grand-père..... Son grand-père ! reprit M. d'Anglures, d'un air égaré. = Oui, M. d'Aimeri.... Que dites-vous, interrompit-il encore, M. d'Aimeri est ici, il est dans ma maison !.... Il prononça ces paroles d'une voix si forte & en même-temps si tremblante, une colère si vive se peignit dans ses yeux encore remplis de pleurs, que je compris facilement que s'il voyoit en Charles un objet intéressant & cher, il retrouvoit dans M. d'Aimeri un ennemi détesté. J'espère, lui dis-je, que vous connoissez tous les droits de l'hospitalité, & que vous ne ferez rien qui ne justifie la haute idée que j'ai de votre sagesse & de votre vertu. Ah, si vous saviez, s'écria-t-il,.... Il s'arrêta, parut rêver un moment, & tournant les yeux sur le Chevalier de Valmont, sa colère, loin de se dissiper, sembla se ranimer encore ; & Charles, jusqu'alors immobile d'étonnement, rompant enfin le silence : mais, Monsieur, lui dit-il, connoissez-vous mon grand-père ? auriez-vous à vous plaindre de lui? Dans ce cas, je suis prêt à vous offrir pour lui toutes les satisfactions que vous pouvez desirer.... Généreux enfant, interrompit M. d'Anglures, en l'embrassant.... = Encore une fois, reprit Charles, connoissez-vous mon grand-père?... M. d'Anglures hésita un moment à répondre; ensuite prenant un air plus doux & plus calme: il ne me connoît pas, dit-il, vous devez le savoir; par un hasard singulier, son nom me rappelle de douloureux événemens, je desire même le voir un instant; attendez-nous dans ce jardin.... Non, non, interrompit vivement Charles, vous ne le verrez qu'en ma présence....

Jeune homme, reprit M. d'Anglures, avec un peu de sévérité, je pardonne l'outrageante défiance que vous me montrez, à la cause respectable qui vous l'inspire; mais songez que je consens à prendre le Comte de Roseville pour témoin de cet entretien; songez que je suis chez moi; & que quand il seroit vrai que votre père fût mon ennemi, il seroit ici dans un asyle sacré. M. d'Anglures a raison, ajoutai-je, & croyez que M. d'Aimeri lui-même blâmeroit beaucoup le mot qui vient de vous échapper; restez donc ici, dans un quart-d'heure nous reviendrons vous rejoindre. A ces mots, nous nous éloignâmes du jeune Charles, que nous ne laissâmes pas entièrement exempt d'inquiétudes. Pour moi, surpris, confondu de tout ce que je venois d'entendre, j'attendois avec quelque crainte & une extrême curiosité, le dénouement de cette aventure extraordinaire, & je n'osois questionner M. d'Anglures, qui me dit en entrant dans la maison : Allez, mon cher Comte, retrouver M. d'Aimeri; je vous demande votre parole de ne lui rien dire de tout ce que vous avez vu; je vous la donne, répondis-je. Eh bien, reprit-il, attendez que je vous envoie chercher : en disant ces paroles, il me quitta sans me laisser le temps de lui répondre. Je trouvai encore M. d'Aimeri dans la galerie d'histoire naturelle; & il étoit si profondément occupé, qu'il ne s'apperçut même pas que je revenois sans son petit-fils. Au bout de dix minutes, un valet-de-chambre vint nous avertir que M. d'Anglures nous attendoit dans son cabinet. Cette invitation me causa un trouble que M. d'Aimeri, toujours en distraction, ne pouvoit remarquer; je le pris sous le bras, & nous suivîmes le valet-de-chambre, qui, après nous avoir fait traverser plusieurs appartemens, nous montra une porte, nous en donna la clef, & s'en alla. A l'instant même, j'ouvris cette porte mystérieuse, & je passai le premier. Je croyois connoître toute la maison que j'avois parcourue cent fois, & je vis avec surprise que ce cabinet, aussi singulier que magnifique, m'étoit absolument inconnu; les murs & le plancher en sont revêtus d'un marbre blanc d'un éclat éblouissant; & dans le fond, vis-à-vis de la porte, quatre superbes colonnes de porphire soutiennent un élégant baldaquin de drap d'argent orné de franges brillantes, auquel sont attachés des rideaux de gaze, qui, tirés alors entièrement, nous cachoient l'intérieur du pavillon; mais au moment où M. d'Aimeri parut dans le cabinet, ces rideaux s'ouvrirent tout-à-coup, & nous découvrîmes M. d'Anglures, qui, s'adressant à M.

d'Aimeri, lui dit d'une voix terrible : Lève les yeux, barbare, & contemple ton ouvrage!... M. d'Aimeri tressaille, & porte ses regards sur le touchant objet qui devoit r'ouvrir toutes les plaies de son cœur.... Il voit sur un piédestal une statue de marbre blanc représentant la fidélité éplorée ; cette figure tenoit d'une main une longue chevelure blonde, & de l'autre, pressoit contre son cœur une Lettre à moitié ployée, dont on ne pouvoit lire que ce seul nom tracé en grosses lettres d'or : *Cécile.* A cette vûe, votre malheureux ami, glacé d'étonnement & pénétré de douleur, reste un instant immobile ; ensuite, jetant un œil égaré sur M. d'Anglures, il frémit, il chancelle ; & s'appuyant contre une colonne : Quoi, dit-il, le Chevalier de Murville !.... Oui, lui même, interrompit M. d'Anglures ; oui, je suis cet infortuné.... Le Chevalier de Murville, ton plus implacable ennemi.... O, ma fille !.... s'écria M. d'Aimeri ; il n'en put dire davantage, ses sanglots lui coupèrent la parole. *Cruel*, reprit M. d'Anglures, *de quel bonheur ton exécrable ambition m'a privé !* Il est juste qu'enfin cette même ambition serve aujourd'hui à redoubler ta confusion & tes remords ; songe à la fortune que je possède, à ces richesses que je méprise, & dont je ne pouvois sentir le prix qu'en les partageant avec l'objet que j'adorois, cette innocente victime de ta barbarie, aussi sensible, hélas! que malheureuse; car, si tu l'ignores, apprends que j'étois aimé!…. Oui, barbare! Cécile m'aimoit; & malgré ton atroce cruauté, c'est elle qui m'ordonna de respecter ta vie ; c'est elle seule qui pouvoit retenir ce bras désespéré…. J'abandonnai ma Patrie, je vins au fond du Nord chercher en vain le repos que tu m'as ravi pour toujours…. Un ami fidèle, le seul que j'aie conservé en France, me donne tous les ans des nouvelles de Cécile, je sais qu'elle existe encore…. Rends-en grâce au Ciel…. Tant qu'elle vivra, tu n'as rien à redouter de mon ressentiment; mais…. Eh bien, interrompit enfin M. d'Aimeri, satisfaites donc votre rage…. Votre ami vous abuse…. Cécile n'est plus !…. Elle n'est plus ! s'écria le Chevalier de Murville, Cécile n'est plus, & tu respires encore!.... A ces mots, éperdu, hors de lui, il s'avança impétueusement vers M. d'Aimeri.... Je m'élançai entre-eux ; dans cet instant, le jeune Charles, guidé par son inquiétude, entra précipitamment, & voyant que je retenois le Chevalier de Murville : Quoi ! lui dit-il, me trompiez-vous ? Que signifie ce transport furieux ?... Si mon père en est l'objet, c'est moi qui vous en demande raison.... Ces paroles rendirent enfin le Chevalier de Murville à lui-même, le visage de Charles & le son de sa voix avoient pour lui un charme irrésistible : à la fureur succéda l'attendrissement, ses yeux se remplirent de larmes; & se tournant vers M. d'Aimeri : Ah, s'écria-t-il, donnez-moi cet enfant, & je pourrai vous pardonner les maux dont vous avez empoisonné ma vie !... M. d'Aimeri, loin de pouvoir lui répondre, ne l'entendoit même pas; plongé dans la plus profonde rêverie, les yeux fixement attachés sur les cheveux de sa malheureuse fille, il n'étoit occupé que de ce triste objet. Je m'approchai de

SUR L'ÉDUCATION.

lui, & le prenant par le bras : venez, lui dis-je, laissons M. de Murville livré à ses réflexions, il se reprochera sans doute bientôt d'avoir aggravé des peines mille fois plus vives que les siennes ; oui, Monsieur, continuai-je, en m'approchant du Chevalier de Murville, j'ignorois & votre nom & votre passion pour l'infortunée Cécile, mais je savois que c'est dans les bras de son père qu'elle a rendu le dernier soupir, & que ce père malheureux, inconsolable de sa perte, accablé de regrets, de douleur, ne supportoit la vie que pour ce jeune homme.... le neveu de Cécile, & l'unique fils que le Ciel lui ait laissé..... Quoi, reprit le Chevalier de Murville, son fils est mort !.... & il regrette Cécile !.... Ah, s'il est malheureux, je suis maintenant le seul coupable !... Va, s'écria M. d'Aimeri, cesse de te reprocher un emportement qui n'est à mes yeux que l'effet du courroux céleste qui me poursuit..... S'il est vrai qu'un vif ressentiment puisse durer toujours dans un cœur généreux, vous ne devez jamais me pardonner, & moi je dois tout excuser de vous.

A ces mots, M. d'Aimeri s'appuya sur le bras de Charles, je le soutins de l'autre côté, & nous sortîmes tous les trois. Vous concevrez facilement la cruelle & profonde impression que produisit cette scène sur M. d'Aimeri; je le ramenai à ***** dans un état digne de pitié; je passai la soirée avec lui; il me conta, devant le Chevalier de Valmont, toute son histoire, & la termina par cette exhortation qu'il adressa à son petit-fils : « Tu seras père
» un jour, lui dit-il, garde-toi d'oser
» choisir parmi tes enfans un objet de pré-
» dilection; défends-toi d'un mouvement
» de préférence, qui, devenant bientôt
» un sentiment exclusif, te plongeroit
» dans un funeste aveuglement sur les
» défauts & les vices de cet enfant chéri,
» & te rendroit injuste & barbare envers
» les autres. »

Le lendemain matin je retournai seul chez le Chevalier de Murville, que je trouvai dans le plus grand abattement, & se reprochant vivement son emportement de la veille; je portai ses regrets au comble, en l'instruisant de tout ce que m'avoit dit M. d'Aimeri; il fondit en larmes au récit de la scène qui se passa chez la jeune fermière où Cécile reçut l'impression fatale qui lui coûta la vie, & vous jugez de ce qu'il dût éprouver pendant le détail de sa maladie & de sa mort. Après avoir répondu à toutes ses questions, je lui en fis à mon tour : il me dit qu'il avoit changé de nom & qu'il s'étoit expatrié, afin que Cécile n'entendît plus parler de lui, & afin de ne jamais rencontrer M. d'Aimeri; qu'il avoit conservé une correspondance en France avec une seule personne, mais qu'en même-temps il l'avoit priée de ne jamais lui prononcer le nom de M. d'Aimeri; que le temps & la raison, en calmant les transports de son désespoir, n'avoient pu détruire sa passion, & que Cécile vivroit toujours au fond de son cœur. Qu'enfin le desir de justifier les bontés & la confiance d'un grand Prince, avoient fait naître dans son âme quelques mouvemens d'ambition, mais qu'il n'avoit trouvé de véritables consolations que dans la retraite, l'étude & le plaisir de faire du bien. Avant de nous séparer, il écrivit à M. d'Aimeri la lettre d'excuses la plus touchante, & me pria de la lui remettre. M. d'Aimeri la reçut avec sensibilité ; le soir même nous apprîmes que le Chevalier de Murville avoit envoyé chercher un Médecin, & qu'il étoit sérieusement malade : il est beaucoup mieux aujourd'hui ; quand il sera parfaitement rétabli & en état de nous recevoir, je menerai chez lui mon jeune Prince, qui ne connoît, ni sa maison, ni son jardin ; & M. d'Aimeri m'a demandé d'y conduire en même-temps le Chevalier de Valmont ; ainsi je me flatte que toute animosité de part & d'autre sera totalement détruite avant le départ de M. d'Aimeri, qui, sachant que je vous rends compte de tous ces détails, me charge de vous dire qu'il vous écrira par le prochain courier, & vous enverra tous les mois, suivant sa promesse, une copie de son Journal. Je ne puis finir cette Lettre sans vous parler encore du Chevalier de Valmont : Je n'ai jamais vu de jeune homme de son âge, plus formé, plus instruit, & en même-temps plus simple & plus intéressant; il me parle sans cesse de vous & de votre aimable famille, & il assure qu'il n'existe point d'enfant dans le monde qu'on puisse comparer à la charmante petite Adèle: le jeune Prince a pris pour lui la plus vive amitié; & je profiterai de cette liaison que j'approuve, pour établir entr'eux, par la suite, une correspondance suivie qui contribuera sûrement beaucoup à former mon Élève.

LETTRE LV.

La Vicomtesse à la Baronne.

JE suis triste, mécontente, ma chère amie; depuis quelques jours, des tracasseries, des chagrins domestiques m'ont vivement occupée, & je vais soulager mon cœur en vous les détaillant. M. de Valcé jusqu'ici s'étoit conduit de manière à me satisfaire sur tous les points; il paroissoit aimer sa femme, mais en même temps il lui laissoit une entière liberté, & jamais personne n'a semblé plus éloigné que lui de toute jalousie, & plus ennemi de toute contrainte. Lundi dernier, ma fille devoit aller à un Bal paré; Madame de Valcé, sa belle-mère, est venue la prendre; Flore étoit dans son lit, elle a prétexté une migraine; la partie de Bal n'a point eu lieu. Informée de ce caprice, j'ai passé dans son appartement; avant d'entrer, j'ai entendu de grands éclats de rire qui m'ont un peu rassurée sur l'état de la malade; je suis entrée, je l'ai trouvée tête à tête avec la Comtesse de Germeuil, cette amie dont je vous ai parlé : en me voyant, elles ont pris l'une & l'autre un air composé, & il y a eu entre nous un moment de silence causé par leur embarras : enfin, j'ai fait des questions; ma fille m'a répondu qu'elle se portoit à merveille, qu'elle étoit au désespoir de ne point aller au Bal, & que c'étoit une fantaisie de M. de Valcé qui l'avoit obligée à ce sacrifice : j'ai demandé pourquoi. Eh, mon Dieu ! m'a-t-elle dit en riant, ne connoissez-vous pas son humeur bizarre, & ignorez-vous son extravagante jalousie ?... Je l'ai cachée autant que je l'ai pu, a-t-elle continué d'un air plus sérieux, mais les scènes deviennent si ridicules & si multipliées, qu'il n'est plus possible de n'en pas convenir. Pendant ce discours, j'étois restée debout, immobile de surprise. Quoi, dis-je enfin, M. de Valcé est jaloux, & vous l'avouez avec cette légèreté ! C'est ainsi que vous parlez du plus grand malheur que puisse éprouver une femme honnête & sensible !

Pourquoi, reprit Flore, s'affliger d'une folie? Je l'excuse, je la plains, je cède aux caprices qu'elle inspire, mais je ne croyois pas qu'il fût de mon devoir de m'en désespérer. Cette réponse, qui vouloit donner un tour ridicule à ce que je venois de dire, m'a choquée, j'ai pris un ton sévère : alors Flore a mis en usage tant de grâces & de douceur pour m'appaiser, qu'elle y a réussi. Elle m'a conté que son mari devoit aller au Bal avant qu'elle en fût priée, & que depuis il avoit témoigné beaucoup d'humeur, & avoit déclaré qu'il n'iroit point; que toute cette journée il l'avoit traitée de la manière la plus dure, ce que Madame de Germeuil affirma comme en ayant été témoin, en ajoutant beaucoup d'autres circonstances dont le détail seroit trop long. J'ai fait là-dessus les réflexions, & donné les leçons que je croyois nécessaires, & j'ai été me coucher. Le lendemain matin, j'ai fait venir M. de Valcé, & je lui ai parlé de sa jalousie; il s'est mis à rire : c'est la folie de Madame de Valcé, m'a-t-il dit, de vouloir absolument que je sois jaloux; en vérité, je n'y comprends rien, elle m'en fait chaque jour des reproches ; elle le persuade à ses amis, & m'en paroît elle-même convaincue ; mais je vous proteste que rien n'est plus faux : je fais ce que je peux pour lui ôter cette idée ; elle a liberté entière de recevoir toutes les personnes qui lui plaisent ; je ne l'observe ni ne la suis jamais, & je n'ai d'humeur que lorsqu'elle s'obstine à m'accuser d'un tort que je n'ai dans aucun moment de ma vie. Cependant, ai-je repris, elle n'a point été hier au Bal, dans la crainte de vous déplaire, & c'est un grand sacrifice pour elle. Oui, m'a-t-il répondu ; & si j'étois jaloux comme elle le prétend, je n'en serois pas plus tranquille, car elle a passé la nuit au Bal de l'Opéra, où j'étois masqué, & où le hasard me l'a fait rencontrer & reconnoître. Mais, ajouta M. de Valcé, en voyant à ces mots l'étonnement peint sur mon visage, je ne la désapprouve nullement ; elle est jeune, elle a trouvé plus amusant d'aller au Bal de l'Opéra avec son amie, que de suivre à un Bal paré ma mère qui l'ennuie ; cela me paroît tout simple : & vous ne devez pas être plus sévère que moi. Mettez-vous un moment à ma place, ma chère amie, & représentez-vous, s'il se peut, la douleur que dût me causer cette explication qui me prouvoit la sincérité & l'indulgence de M. de Valcé, & qui me découvroit dans la conduite de sa femme un tissu de fausseté, d'artifices & d'intrigues. Au désespoir, & furieuse, j'ai été la trouver, & nous avons eu ensemble la scène la plus vive & la plus violente ; elle a beaucoup pleuré, m'a protesté que lorsqu'elle m'avoit vue le soir, elle ne songeoit point au Bal de l'Opéra ; que cette idée étoit venue depuis à Madame de Germeuil, qui l'avoit persécutée pour y aller, & qu'enfin elle avoit eu la foiblesse de céder à ses instances ; elle m'a toujours soutenu que son mari étoit jaloux, & que la vanité seule l'empêchoit d'en convenir, en lui inspirant la crainte de se donner un ridicule. J'ai tracé à ma fille un plan de conduite qu'elle m'a promis de suivre avec exactitude ; ensuite elle m'a fait des protestations si touchantes de tendresse & de confiance, elle est convenue de ses torts avec tant d'ingénuité & de regrets, que, soit justice, soit peut-être foiblesse, elle a fini par me calmer; mais j'ai remarqué avec chagrin qu'elle avoit peine à se défendre d'une humeur qui perçoit, malgré elle, contre son mari : cependant, depuis deux jours, elle paroît être entièrement dissipée, & la bonne intelligence est rétablie entr'eux. Ce qui me fâche, c'est que cette histoire a fait du bruit, qu'on la conte d'une manière fort infidelle, & toute au désavantage de M. de Valcé, qu'on prétend injuste, jaloux & tyrannique. On croit ma fille fort malheureuse, on la plaint, on s'attendrit sur son sort, & je ne puis me dissimuler que ces idées fausses, répandues dans le monde, viennent directement d'elle & de sa société. Tout cela, ma chère amie, m'afflige au dernier point; je me flatte encore que ma fille s'abuse elle-même, & qu'elle connoît mal son mari, ce qui cependant paroît incroyable, avec l'esprit qu'elle a; mais si elle n'étoit pas de bonne-foi, si c'étoit une comédie, afin de se rendre intéressante, & pour se fournir un prétexte, en apparence légitime, de cesser d'aimer

celui qu'elle a choisi de préférence à tous....
Cette idée m'accable, elle est affreuse, &
remplit mon âme d'amertume : elle sup-
poseroit une combinaison, un sang-froid,
un artifice dont une jeune personne de dix-
neuf ans ne peut être capable. Adieu, ma
chère amie, j'ai grand besoin de vos
réflexions, de votre sagesse, de votre
amitié ; conseillez-moi, éclairez-moi,
voilà ce que j'attends de vous seule ;
adieu, répondez-moi le plus promptement qu'il vous sera possible.

LETTRE LVI.

La Baronne à Madame d'Oftalis.

JE me flatte, ma chère fille, que vous recevrez cette lettre avec plaisir, puisqu'elle vous annoncera que votre mère aura enfin le bonheur de vous embrasser dans quelques jours. Je pars vendredi prochain ; & malgré toute votre tendresse pour moi, souffrez que je vous dise qu'il n'est pas possible que vous puissiez vous former une juste idée de l'excès de joie que j'éprouverai en vous revoyant. Non, mon enfant, nul sentiment humain ne peut se comparer aux sentimens d'une mère tendre. Si la nature ne vous a pas fait naître ma fille, n'êtes-vous pas l'enfant de mon choix ? & croyez-vous que je puisse jamais aimer davantage ceux que le hasard m'a donnés ? Enfin, je vais donc recevoir le prix du courage & de la raison qui m'ont fait résister pendant si long-temps aux instances, que vous me renouvelliez tous les trois mois, de vous permettre de venir en Languedoc. Il étoit trop nécessaire aux intérêts de votre mari & à votre bonheur, pour la suite de votre vie, que vous restassiez à Paris, pour que je cédasse au desir passionné que j'avois de vous voir : c'est ainsi, ma chère fille, qu'il faut aimer. Enfin, je puis vous dire à présent que, depuis un an surtout, je brûlois de retourner à Paris, & qu'il m'a fallu bien de la force pour consentir de bonne grâce à rester ici six mois de plus que les quatre ans convenus ; mais M. d'Almane a pensé, avec beaucoup de raison, qu'il falloit ne quitter la campagne qu'au mois d'Août, temps des vendanges & d'un grand amusement pour mes enfans, afin de leur donner un sujet de plus de regretter la vie simple & champêtre, & le séjour où ils doivent être élevés. Adieu, ma chère fille ; voilà, depuis notre séparation, le premier adieu que je vous dis sans peine ; vous me trouverez sans doute, comme le prétend la Vicomtesse, *bien vieillie & bien brûlée* de notre beau soleil de Languedoc, pour lequel elle

elle a tant d'aversion : pour vous, mon enfant, je suis bien sûre que quatre ans & demi n'auront fait qu'ajouter aux charmes de cette figure si noble & si intéressante que j'aime tant. Adieu, ma chère enfant; mon cœur palpite en songeant que dans quinze jours je serai dans vos bras.

LETTRE LVII.

La Baronne à Madame de Valmont.

De Paris.

JE suis arrivée, Madame, hier à midi ; je trouvai sur le grand chemin, à vingt-cinq lieues de Paris, Madame d'Ostalis & Madame de Limours ; ainsi, vous croirez facilement que, malgré ma lassitude & mon aversion pour la voiture, les vingt-cinq lieues qui me restoient à faire m'ont paru bien courtes. En arrivant à Paris & en entrant dans ma maison, Madame d'Ostalis m'a conduite dans un petit cabinet que j'aimois particulièrement ; j'ai vu avec surprise qu'il étoit orné d'une manière toute différente : j'ai voulu vous prouver, me dit Madame d'Ostalis, que je n'ai pas été oisive en votre absence ; tout cela est mon ouvrage ; j'ai brodé ce meuble, j'ai dessiné ces paysages, & j'ai peint ces fleurs, ces fruits, ces oiseaux & ces miniatures.

Cette attention si charmante a d'autant plus de prix, que Madame d'Ostalis cultive encore beaucoup d'autres talens, qu'elle s'occupe infiniment de ses enfans, & remplit, avec la plus scrupuleuse exactitude, tous les devoirs de sa place. Mais on n'a pas d'idée de tout ce qu'on peut faire quand on a le goût de l'occupation, & qu'on ne perd jamais un moment. Au reste, elle est belle comme le jour ; son âme est aussi paisible que pure ; elle ne veille point, n'intrigue point ; elle ne prend ni thé, ni café à la crême ; ainsi, elle conservera long-temps sa brillante santé, sa beauté & sa fraîcheur.

Adèle & Théodore ont déjà regretté le Languedoc ; ils ont été se promener aujourd'hui au Palais Royal, & m'ont fait de grandes plaintes de la poussière & de la foule ; ils me trouvent aussi bien malheureuse de n'avoir à Paris qu'un petit jardin dont on fait le tour en dix minutes : Miss Bridger les entretiendra parfaitement dans ces dégoûts ; car le chagrin de manger seule dans sa chambre, lui rend le séjour de Paris extrêmement désagréable.

M. d'Almane vient de recevoir une lettre de M. d'Aimeri, qui lui mande qu'il compte rester en **** jusqu'au mois de Novembre; qu'alors il ira en Russie, & viendra au mois de Juin à Paris; il y passera trois mois, & delà conduira Charles à sa garnison. Adieu, Madame; donnez-moi de vos nouvelles: vous devez juger, par mon empressement à vous écrire, du prix infini que j'attacherai à votre exactitude.

BILLET de la Vicomtesse à la Baronne.

Ah! ma chère amie, si vous pouvez disposer d'un moment, venez me voir...... venez...... je suis affligée..... bien cruellement affligée...... l'aventure du jardin n'est que trop vraie...... elle se perd!.... Venez, de grâce, il faut absolument que je vous parle.

BILLET de la Marquise de Valcé à la Comtesse de Germeuil.

Notre promenade nocturne n'est plus un secret..... & vous imaginez le train

les cris, les sermons qu'il faudra essuyer.....
Je ne puis sortir; mais allez sur le champ
conter notre désastre à Madame de Gerville; dites-lui bien qu'on veut donner le
tour le plus noir à ce qui n'est au fond
qu'une étourderie.....elle intriguera pour
nous.....Adieu.....car je crains une surprise.

LETTRE LVIII.

La Baronne à Madame d'Ostalis.

JE ne sais, ma chère enfant, si l'on parle, à Fontainebleau, de l'aventure de Madame de Valcé; la voici dans l'exacte vérité. Lundi dernier, 20 Octobre, Madame de Valcé dit à sa mère qu'elle iroit souper au Palais Royal; en effet, le soir elle sortit à neuf heures & demie, avec la Comtesse de Germeuil qui la vint prendre, & elle ne rentra qu'à trois heures & demie après minuit. Le lendemain elle dit à sa mère qu'elle avoit soupé en effet au Palais Royal; qu'à minuit on avoit entendu, du sallon, une musique charmante; que Madame de Germeuil l'ayant *persécutée* pour l'engager à descendre un moment dans le jardin, elle y avoit consenti, & qu'au bout d'un quart-d'heure, elle avoit reconduit Madame de Germeuil chez elle, s'y étoit déshabillée pour y prendre du thé tête-à-tête avec elle, & qu'enfin elle s'y étoit oubliée jusqu'à trois heures. Le soir, le Chevalier d'Herbain avertit Madame de Limours qu'on prétendoit avoir vu sa fille, avec Madame de Germeuil, se promener avec M. de Creni & M. de L***, depuis une heure jusqu'à trois. Madame de Limours n'en voulut rien croire ; mais le lendemain, un des gens qui avoient suivi Madame de Valcé, vivement pressé par Madame de Limours, lui avoua que sa maîtresse étoit sortie à onze heures du Palais Royal, avoit été se déshabiller chez Madame de Germeuil, étoit ensuite revenue au Palais Royal, & avoit passé trois heures dans le jardin. Toute cette intrigue a été sue dans le monde par M. de B***, amoureux de Madame de Valcé depuis six mois ; il soupoit aussi au Palais Royal, & prétend avoir entendu Madame de Valcé donner rendez-vous à M. de Creni. M. de B*** est descendu dans le jardin avec deux de ses amis ; & là, ils ont vu M. de Creni & M. de L*** attendre une demi-heure, rejoindre ensuite Madame de Valcé & Madame de Germeuil, & se promener avec elles le temps que je vous ai dit.

M. de B***, pour se venger de la coquetterie de Madame de Valcé, & des fausses espérances qu'elle lui a données, a été lui-même assez malhonnête pour divulguer toute cette histoire, & malheureusement avec des circonstances qui ne permettent pas d'en douter. Madame de Valcé a supporté les reproches de sa mère, & voit sa douleur avec un sang-froid & une indifférence qui m'ôtent tout espoir de la ramener de ses égaremens. Ce qu'il y a de plus extraordinaire, c'est que son père lui donne presque raison, & traite tout ceci *d'enfantillages* : il a même eu, à ce sujet, une scène très-vive avec Madame de Limours. Malheureuse mère !.... que je la plains.... Elle est désabusée, elle connoît enfin sa fille, elle voit qu'il n'y a pas de ressources, elle est véritablement au désespoir..... Si l'on vous parle de cette cruelle aventure, niez tout avec assurance ; soutenez que vous êtes certaine que Madame de Valcé n'a pas même mis le pied au Palais Royal, qu'elle étoit rentrée ce soir-là avant minuit.... Il n'y a pas d'autre moyen de défendre une mauvaise cause ; car si l'on convient d'une circonstance, c'est comme si l'on avouoit tout le reste. Adieu, chère enfant ; revenez le plus promptement que vous pourrez.

Je r'ouvre ma lettre pour vous dire que j'apprends dans l'instant que M. de Creni & M. de B*** se sont battus ce matin ; le dernier se porte à merveille, & le premier en est quitte pour une égratignure à la main. Au reste, si le résultat du combat n'est pas tragique, les détails en sont superbes, & les témoins en racontent les plus belles choses du monde..... Générosité, présence d'esprit, délicatesse, de tout enfin, excepté des coups d'épée donnés, & du sang répandu. En un mot, les deux rivaux, charmés de leur bravoure mutuelle, se sont embrassés, raccommodés ; &, ce qui me paroît encore plus sûr que le rapport des témoins, c'est que voilà cette pauvre Madame de Valcé plus affichée que jamais.

Billet de Madame de Valcé à M. de Crení.

Ne songez plus à venir chez moi, cela est impossible; mais puisque Madame de Gerville a envoyé savoir de vos nouvelles, saisissez ce prétexte, allez la voir, liez-vous avec elle & avec ma belle-mère; *à quelque prix que ce puisse être*; c'est le seul moyen qui nous reste, pour nous voir aussi souvent qu'autrefois. Louez Madame de Gerville sur ses agrémens, son air de jeunesse, & parlez-lui de Versailles; jouez au quinze avec ma belle-mère, & tout ira bien. Je ne vous parle point de *mon sentiment*, vous ne le connoissez que trop; que du moins le vôtre me dédommage de tout ce que j'ai sacrifié pour vous convaincre de sa vérité.

LETTRE LIX.

Madame de Valcé à Madame de Germeuil.

RÉELLEMENT, ma chère amie, vous n'avez pas le sens commun : vous êtes, dites-vous, *au désespoir* ; vous ne vous consolerez jamais d'un *égarement* qui n'est excusé par rien : *l'illusion est détruite*, &c, &c,... Enfin tous les grands mots !... Quelles expressions, quel style romanesque ! & tout cela pour dire que vous avez un amant, & que vous n'éprouvez pas pour lui ces sentimens exagérés ou chimériques qui n'existent que dans l'imagination ! Vous le préférez, vous l'aimez mieux qu'un autre : eh bien, voilà l'amour, non pas tel que nous l'admirions jadis dans Cléveland ou dans Zaïde, mais tel qu'il est véritablement.... Eh ! comptez-vous pour rien le charme d'être aimée, d'être obéie, de commander ?.... Vous serez toujours malheureuse, parce que vous avez une excessive délicatesse, & une tête froide; c'est ce qu'il y a de pis: l'on n'est jamais contente, & l'on n'a pas la ressource de pouvoir s'abuser. Pour moi, je possède assez l'art heureux de monter ma tête à mon gré, du moins pour quelque-temps; & lorsqu'une illusion se dissipe, j'en répare la perte par une autre: c'est ainsi qu'on me voit tour à tour indifférente, sensible, coquette, passionnée, & jamais fausse, car je me pénètre de mon rôle; mon imagination s'échauffe, je crois agir naturellement; voilà tout mon artifice: vous conviendrez qu'il est excusable, puisqu'avant d'abuser les autres, je commence par me tromper moi-même.

Je pense bien, comme vous, que si l'on pouvoit lire dans l'avenir, on n'auroit jamais d'amant; si l'on savoit que ce trouble, ces émotions si vives qu'on éprouve avant *l'aveu fatal*, sont les plus grands charmes de l'amour, & que l'instant où l'on s'égare, détruit sans retour un si doux enchantement. J'étois mille fois plus heureuse, il y a six mois, que je ne le suis à présent, remords & préjugés à part. Un moment d'entretien, un mot dit à la dérobée, un regard, une rencontre dans la rue ou à l'Opéra, tout cela m'enchantoit ; l'habitude & la certitude d'être aimée m'ont infiniment blasée sur ces petits détails ; mon imagination n'a plus rien à faire, elle est oisive & froide ; je reste avec mon cœur, & je vous avouerai naïvement que la vanité l'occupe beaucoup plus que l'amour. La vanité !.... Oui, c'est elle seule qui régle la destinée d'une femme. Sans une petite rivalité, causée par la jalousie la plus frivole, je n'aurois point d'amant, ou j'aurois fait peut-être un autre choix. Une Cosaque décida de mon sort ; Madame de **** dansa mieux que moi, mais on me trouva plus jolie qu'elle ; cette nuit célèbre nous rendit ennemies : vous savez comme je me suis vengée depuis : elle pleure l'amant que je lui ai enlevé, & moi je regrette la tranquillité que j'ai perdue : voyez un peu l'influence d'une Cosaque sur la destinée de trois personnes ! Mais, puisque la vanité nous égare, du moins qu'elle serve à nous consoler ; ne cherchons point à lire dans l'avenir, il est trop incertain pour être effrayant. Plaire, réussir, être à la mode, s'amuser, voilà ce qui doit étouffer de vains remords & de tristes préjugés. Vous me demandez des conseils, ma chère amie, & je vous donne celui de renoncer à la folie de prétendre cacher un secret qui n'en peut être un lorsqu'on est répandu dans le grand monde : l'afficher seroit indécent ; mais en convenir avec quelques personnes sûres, est un des plus grands moyens de s'attacher des amis & de se rendre intéressante. Vous me paroissez regretter amèrement ce que vous appelez votre *ancienne réputation* ; on vous citoit, dites-vous, pour n'avoir jamais eu d'amant ; cela est vrai : si vous aviez trente ans, je trouverois ce regret assez simple ; mais enfin l'on ne vous accordoit point une réputation parfaitement établie, & l'on disoit seulement : *elle n'a point encore d'amant*. D'ailleurs, on peut vous citer à présent pour n'en avoir eu qu'un ; cette gloire-là n'est pas si brillante que l'autre, cependant elle est aussi rare ; & au fond, je n'en suis pas surprise, car un premier amant, c'est presque un mari : communément on le prend si jeune, que c'est moins un choix du cœur qu'un engagement formé par la vanité & l'étourderie ; & le moyen que cela dure ?.... Adieu ; revenez donc de la campagne, j'ai besoin de vous voir & de causer avec vous. Votre Lettre, vos complaintes, vos délicatesses, tout cela me trouble malgré moi, & me donne de l'humeur. Justement je soupe ce soir avec une femme qui aime son mari, qui n'a jamais eu d'amant, qui est belle & qui a plus de trente ans ; vous savez bien de qui je veux parler : en vérité, dans la disposition où je suis, sa présence me déplaira plus que jamais. A propos de femmes à grande réputation, je dois vous dire que j'ai fort à me louer de Madame d'Ostalis ; elle m'a défendue dans le monde avec une extrême chaleur, comme vous savez : depuis, elle a réussi à me racommoder entièrement avec ma mère, & tout-à-l'heure elle a encore eu plusieurs procédés très-honnêtes pour moi ; je vous ferai ce détail quand je vous verrai. En vérité, je me reproche beaucoup à présent toute l'aversion que j'ai eue pour elle. Adieu, revenez promptement, vous m'êtes plus nécessaire que jamais ; je vous attends Lundi à souper.

LETTRE LX.

La Baronne à Madame de Valmont.

Vous desiriez savoir, Madame, l'impression que produiroit sur Adèle un Bal d'après-midi, & je puis à présent satisfaire votre curiosité. Je l'ai menée hier au Bal avec son frère pour la première fois ; vous savez que je lui ai donné un Maître à danser en arrivant ici, & six mois de leçons l'ont mise en état d'aller au Bal, & d'y danser comme toutes les jeunes personnes de son âge, d'autant plus facilement qu'elle a sur elles l'avantage de courir & de sauter à merveille, ce qui la rend infiniment plus légère. Adèle, prévenue par la petite Comédie de *la Colombe*[1], n'avoit qu'une médiocre envie d'aller au Bal, & *la toque*, la coëffure haute, *la considération*, & l'ha-

---

[1] Petite Pièce du Théâtre d'Éducation.

bit garni de fleurs, lui parurent en effet un attirail fort incommode pour danser. Quand elle fut habillée, je la menai dans un sallon, où nous trouvâmes Madame d'Ostalis & quelques personnes qui avoient dîné chez moi. Chacun loua son habit, mais sans dire un mot de sa figure ; & Madame d'Ostalis prenant la parole : Adèle est, dit-elle, ce qu'on appelle *très-bien mife* ; mais ne trouvez-vous pas que le lévite blanc qu'elle porte tous les jours, lui sied mille fois mieux que toute cette parure ? Tout le monde fut de cet avis, & convint qu'une élégante simplicité est toujours ce qui a le plus de grâce. Cette dissertation rendit Adèle encore plus mécontente de son habillement ; elle ajouta que les fils d'archal de ses guirlandes de fleurs lui écorchoient les bras, qu'elle ne pouvoit se remuer avec son panier, & que sa coëffure lui donnoit un mal de tête affreux. Au milieu de toutes ces complaintes, cinq heures sonnèrent, & nous partîmes. En traversant l'anti-chambre, Brunel nous arrêta un moment, parce qu'il s'approcha pour voir Adèle dans sa parure ; mais à peine eut-il jeté les yeux sur elle, qu'il se retourna en éclatant de rire. Adèle, un peu déconcertée, lui demanda raison de cette incartade. Excusez-moi, Mademoiselle, reprit Brunel, mais c'est que ce rouge & tout cet équipage-là donnent à Mademoiselle une si drôle de figure.... A ces mots, les rires de Brunel recommencèrent ; alors nous continuâmes notre chemin, assez attristées par l'impertinente gaieté de Brunel, & nous montâmes en voiture en fort mauvaise disposition pour aller au Bal. Quand nous fûmes arrivées dans la salle, à peine Adèle étoit posée sur sa banquette, qu'elle me pria de lui ôter une petite fourmi qui couroit sur sa joue ; vous devez souffrir cela, dis-je en riant, sans quoi vous barbouillerez tout votre rouge, & vous serez hideuse. Adèle murmura fort contre le rouge ; & un moment après, ne pouvant résister à la démangeaison, elle passa sa main sur son visage deux ou trois fois, se dessina plusieurs raies sur la joue, & se couvrit de rouge & les yeux & le nez ; je l'engageai à se retourner vers une glace, elle s'y regarda,

& ne s'y vit pas avec satisfaction : cependant, prenant son parti d'assez bonne grâce : je ne crois pas, me dit-elle, qu'en cet état j'aie ici beaucoup de succès, & qu'aucun Danseur veuille se charger d'une semblable figure. Et bien, repris-je, si vous ne dansez pas, nous pourrons causer. Par exemple, dites-moi ce que vous pensez de cette petite Demoiselle qui danse-là avec Théodore ? — Ah, il y a déjà long-temps que je la remarque. — Eh bien, comment la trouvez-vous ? — Mais elle a l'air d'une folle ; regardez donc, Maman, dans le repos de la contredanse, comme elle s'agite, avec quel air familier elle parle à tous ces jeunes gens, quelles mines elle fait !... Réellement c'est une girouette que sa tête.... Ah, elle danse à présent... Mon Dieu, comme elle saute & comme elle tourne, cela est fort drôle, mais cela est fort laid ; n'est-ce pas, Maman ? — Oui, elle a la prétention d'être excessivement leste, & elle ignore apparemment qu'il faut, avant tout, qu'une jeune personne ait l'air noble & modeste : d'ailleurs, on peut danser très-légèrement, & sûrement avec beaucoup plus de grâce, sans faire toutes ces contorsions & tous ces sauts ridicules.... ⸺ Mais, Maman, je m'apperçois que ce genre de danse est très à la mode; tenez, voyez-vous ces deux jeunes personnes, l'une en couleur de rose, & l'autre en blanc.... C'est la même chose... ⸺ Oui, en effet, c'est le goût dominant, & cela est fort simple; tout ce qui est bien est toujours rare, le nombre des gens raisonnables & de bon goût est très-borné, & c'est ce qui fait aussi que chaque personne de cette petite classe est si admirée; car si la vertu, l'esprit, les talens & les grâces étoient des avantages très-communs, une personne honnête & aimable trouveroit sûrement dans la société infiniment plus d'agrément & de bonheur; mais confondue dans la foule, elle ne pourroit s'y distinguer, & n'auroit que bien peu de moyens d'y acquérir de la gloire, & de s'y faire admirer. ⸺ Oui, j'entends cela, Maman; *tout ce qui est bon est toujours rare*; & voilà pourquoi il y a un si grand nombre de coquettes, de personnes oisives, paresseuses, ignorantes, étourdies,

& de petites Demoiselles qui ont des airs évaporés, & qui font tant de pirouettes, & de bonds pour se donner l'air leste. Il faut pourtant être bien bête pour aller se placer dans cette foule-là, au lieu de choisir *la petite classe* qui est si charmante,.... où l'on sera distinguée, admirée !.... Adèle en étoit là de son discours, lorsqu'enfin un jeune homme vint la prier à danser ; elle quittoit une conversation qui l'amusoit, elle savoit qu'elle étoit mise à son désavantage : d'ailleurs, n'ayant jamais été parée, elle étoit fort gênée & par sa coëffure & par son habit, de manière qu'elle dansa mal, & vit bien qu'on la critiquoit & qu'on ne la trouvoit point du tout jolie; aussi revint-elle sur sa banquette, avec le ferme projet de ne plus danser. De temps en temps, on passoit devant nous de grandes corbeilles remplies de rafraîchissemens, & de tartelettes, qui tentoient beaucoup Adèle : accoutumée à ne manger que du pain ou du fruit à son goûter, elle ne touchoit à rien ; mais je m'apperçus que les corbeilles lui arrachoient quelques soupirs, & la faisoient tomber dans la rêverie.

Adèle, lui dis-je, vous commencez à n'être plus enfant, vous avez onze ans; ainsi, mangez si vous avez faim, & de tout ce que vous voudrez, pourvu que ce soit sans excès : au reste, je m'en rapporte à vous, & je vous assure que je n'y regarderai même pas. Adèle profita de cette permission avec grand plaisir ; & moi, toutes les fois que je voyois arriver les corbeilles, je tournois la tête d'un autre côté, je parlois à mes voisins ; & croyant que je ne l'observois pas le moins du monde, Adèle mangeoit toutes les tartelettes qu'on lui présentoit. J'allois quitter le Bal, lorsque Théodore, fort ému, accourut à ma banquette, & me dit tout bas : « Il vient
» de m'arriver un malheur en jouant tout
» seul dans un petit cabinet, j'ai cassé une
» belle glace, & je vous prie, Maman, d'en
» instruire la maîtresse de la maison, afin
» que personne n'en soit soupçonné injus-
» tement. »

Vous concevez, Madame, le plaisir que me causa cette candeur & cette délicatesse : j'embrassai Théodore ; & après avoir fait l'aveu de sa faute à la maîtresse de la maison, je l'emmenai avec sa sœur, & nous partîmes. Adèle étoit triste & silencieuse; je lui en demandai la raison; elle me répondit qu'elle avoit un peu mal à la tête: c'est, repris-je, parce que vous avez une indigestion. — Moi, Maman? — Oui, vous avez mangé dix tartelettes, six méringues, & pris deux tasses de glaces à la crême, ainsi il n'est pas étonnant que vous soyez malade. — Je ne croyois pas avoir autant mangé. — Ni que je vous eusse si bien observée. Ceci doit vous apprendre deux choses: premièrement, que la sobriété est une vertu aussi utile qu'elle est estimable; & secondement, que rien ne peut me distraire de vous; & que même, en ne paroissant pas vous regarder, je vous vois parfaitement. D'ailleurs, Adèle, quand on a de la générosité, on n'abuse jamais de la confiance que les autres nous témoignent.... — Oh, Maman! je sens mon tort, je le réparerai. — Je l'espère; mais faut-il, mon enfant, que vous ayez toujours besoin d'une fâcheuse expérience pour vous persuader de ce que vous pourriez apprendre parfaitement, si vous ajou-

riez

SUR L'ÉDUCATION.

tiez plus de foi à mes discours?.... — Ah, Maman, je crois tout ce que vous dites....

Pourquoi donc ne me le prouvez-vous pas dans l'occasion ? Par exemple (sans parler des tartelettes), pour votre habit de Bal, je vous avois conseillé d'en préférer un bien simple : ma petite Comédie de la Colombe avoit paru vous inspirer même de l'aversion pour une parure si recherchée, & cependant, quand vous avez vu, chez Mademoiselle Hubert, un habit garni de fleurs, vous avez desiré d'en avoir un semblable; vous voyez le succès qu'il vous a procuré, ainsi que l'énorme quantité de rouge que vous avez mis.... — Oh, c'en est fait; je n'aurai jamais d'habit garni de fleurs, & je ne mettrai jamais de rouge. — Ne soyez extrême en rien; il faut suivre les modes, mais toujours avec modération : je desire seulement que vous ayez assez bon goût pour préférer en général une noble simplicité, à la fois modeste, élégante & commode, à la vaine affectation d'une parure éclatante & surchargée d'ornemens. Comme j'achevois ces mots, la voiture s'arrêta : la pauvre

Tome I. Y

Adèle ne pouvant se soutenir, descendit avec beaucoup de peine : arrivée dans sa chambre, elle se trouva mal, vomit prodigieusement, & n'éprouva pas même la consolation d'inspirer la plus légère compassion à tout ce qui l'entouroit ; au contraire, elle entendoit chacun s'étonner qu'elle eût eu si peu de sobriété, & témoigner un extrême dégoût pour l'espèce de mal qui la faisoit souffrir ; & enfin, ne prononcer le mot *indigestion* qu'avec un grand air de mépris, excepté moi cependant, car je me taisois, & seule je soignois Adèle avec l'air de l'intérêt & de la pitié ; aussi me témoignoit-elle une reconnoissance, une tendresse & un repentir qui me touchoient véritablement, & qui m'assuroient qu'elle n'auroit jamais d'indigestion par sa faute.

Tout ceci m'a fait faire une réflexion qui prouve bien la bonté de notre plan d'éducation ; c'est que l'enfant le mieux né ne supportera jamais parfaitement une épreuve absolument nouvelle. Par exemple, vous avez vu Adèle dans une chambre remplie de bonbons & de confitures, & se croyant seule, sans être tentée d'y toucher, parce qu'elle avoit donné sa parole de n'en point manger; vous avez vu aussi combien il a fallu de punitions & d'épreuves pour l'amener à ce point de probité, elle y est parvenue; mais comme jusqu'ici elle n'avoit été sobre que par obéissance & par un sentiment d'honneur, aussi-tôt qu'elle a été livrée à elle-même à cet égard, elle a oublié tous les éloges qu'elle a entendu faire de la tempérance, & elle a mangé avec excès. Mais si l'on oublie facilement des discours, on se souvient éternellement des faits, sur-tout lorsqu'ils ont été accompagnés de circonstances fâcheuses. Il est donc nécessaire, il est donc indispensable d'instruire les enfans sur tous les points, non par des raisonnemens, mais par l'expérience même : je n'exclus assurément pas le raisonnement, mais il faut toujours, je le répète, que l'expérience en démontre la solidité. Pour revenir à Adèle, elle avoit encore mal à la tête ce matin, & elle étoit très-fatiguée : Madame d'Ostalis l'a beaucoup sermonée; enfin, a-t-elle ajouté, vous me trouvez de belles dents & de la fraîcheur ; Madame de Germeuil ne vous paroît pas jolie, parce qu'elle n'a plus ces avantages, elle est cependant plus jeune que moi de deux ans.... ⸺ Mais jamais elle n'a eu votre teint & vos dents ?..... ⸺ Pardonnez-moi, quand elle s'est mariée, elle étoit d'une fraîcheur parfaite ; mais elle est gourmande, elle mange beaucoup de *tartelettes*, elle a souvent des indigestions, & vous voyez comme elle est couperosée. Adèle a paru très-frappée de ce discours ; & deux jours entiers d'une diette bien austère, donneront encore plus de profondeur aux réflexions qu'elle pourra faire sur ce sujet. Adieu, Madame ; vous voyez avec quelle exactitude je vous obéis ; & il faut en effet que je compte bien sur votre bonté particulière, & même sur votre prévention pour Adèle, pour oser me livrer avec tant de confiance au plaisir de vous parler d'elle.

LETTRE LXI.

La Baronne à Madame d'Ostalis.

JE conçois bien, ma chère fille, que vous ayez eu un peu d'humeur d'être obligée de rester deux jours de plus à Versailles, uniquement pour des affaires fort ennuyeuses; mais votre mari est absent, & vous devez sur-tout alors vous occuper de ses intérêts : d'ailleurs, souvenez-vous de cet excellent conseil de Madame de Lambert [1].

» Pendant que vous êtes jeunes, formez
» votre réputation, augmentez votre cré-
» dit, arrangez vos affaires; dans un autre
» âge, vous aurez plus de peine. Dans la
» jeunesse, tout vous aide, tout s'offre
» à vous; les jeunes personnes dominent
» sans y penser : dans un âge plus avan-
» cé, vous n'êtes secourue de rien, vous

---

[1] Avis d'une Mère à sa fille.

» n'avez plus en vous ce charme séduisant
» qui se répand sur tout, vous n'avez
» plus pour vous que la raison & la vé-
» rité, qui ordinairement ne gouvernent
» pas le monde.»

J'ai passé hier une délicieuse soirée chez Madame de Limours; l'Ambassadeur de.... que je ne connoissois pas, y est arrivé, &, presque en entrant, a demandé si vous étiez revenue de Versailles; alors vous êtes devenue le sujet de la conversation générale; chacun a vanté avec enthousiasme votre conduite, vos talens, votre figure, votre douceur, & cette gaieté franche & naturelle qui vous sied si bien & vous rend si aimable. O, qu'il est doux pour le cœur, & satisfaisant pour l'amour-propre, d'entendre louer sa fille, son ouvrage, celle qui vous doit ses principes, ses vertus, ses agrémens & sa réputation ! Et l'on n'est pas obligé de dissimuler cette espèce d'orgueil ; au contraire, on peut l'avouer, & même se glorifier ouvertement d'en être susceptible. De tous les éloges qu'on vous a donnés, il n'en est point qui m'ayent autant flattée que ceux de l'Ambassadeur de...

parce qu'il ne me connoissoit pas, & ne pouvoit soupçonner l'intérêt extrême que je prenois à cette conversation.

Oui, ma chère fille, je vois arriver avec un grand plaisir le moment de retourner en Languedoc. Que pourrois-je regretter à Paris, puisque pour cette fois je vous emmène avec moi ?.... Je crois que nous n'irons pas directement à B..... Notre projet est d'aller d'abord passer un mois en Bretagne, je vous dirai pourquoi ; c'est une longue histoire, & qui sûrement vous intéressera. Adieu, ma chère enfant, je compte sur vous pour samedi,

LETTRE LXII.

Madame de Valcé à M. de Creni.

Vous me demandez une explication ; vous voyez bien que je suis mécontente ; *en vain vous en cherchez le sujet* ; puisque vous n'êtes ni assez pénétrant ni assez délicat pour le deviner, je vais donc vous l'apprendre. Vous m'aimez, je n'en doute pas, mais c'est d'une manière qui ne me convient nullement : incapable de feindre, détestant l'art & la contrainte, je n'ai pu déguiser ni cacher le penchant qui m'entraînoit vers vous ; personne ne l'ignore ; vous devriez du moins, par votre conduite, tâcher de justifier la préférence que vous avez obtenue, mais vous suivez une route absolument opposée. Quand nous sommes seuls, vous ne me parlez que de votre amour, de l'excès de votre passion, ce qui forme un entretien fort peu varié, & qui, au bout d'un an, pourroit conduire à l'ennui la femme la plus sensible : sûre de votre cœur, toutes ces protestations sont inutiles, leur monotonie m'importune. Le sentiment vous porte à la tristesse; quand vous me peignez votre bonheur, c'est avec un ton si lamentable, que véritablement à votre air, & aux inflexions de votre voix, on vous croiroit désespéré : de grâce, variez-vous davantage, car je n'y puis plus tenir. Mais en revanche, quand nous sommes dans le monde, vous prenez de petites manières dégagées qui me sont encore plus insupportables; à peine me regardez-vous; alors tout vous occupe, tout paroît vous plaire, excepté moi : dans les conversations générales, selon vous, l'amour n'est qu'une illusion, qu'une folie, vous en parlez avec une légèreté qui doit convaincre que vous n'y croyez pas, & vous appelez cette ridicule affectation, de la discrétion, de la prudence, & moi je la trouve intolérable. On sait que je vous aime, & l'on se persuade, d'après vos discours, que je n'ai cédé qu'à une fantaisie ; ainsi, vous m'ôtez la seule excuse que je puisse avoir, celle de partager une passion violente & véritable. Je vous déclare que je ne puis supporter cette opinion ; mon cœur & mon orgueil en sont également blessés : je veux qu'à tous les yeux vous ayez l'air de m'aimer, de me préférer à tout ; en même-temps, je vous défends à jamais tout ce qui peut porter l'empreinte de l'aisance ou de la familiarité, & ces petits soins qui n'appartiennent qu'à la galanterie, & dont je dédaigne d'être l'objet ; soyez occupé de moi, respectueux & réservé, voilà votre rôle en public ; tête à tête, soyez, si vous pouvez, léger, inconséquent, & sur-tout un peu plus gai ; vous ne m'alarmerez point, & vous m'en conviendrez beaucoup mieux. Adieu : je vous fais connoître mes sentimens & mon caractère ; d'après cela, vous voyez qu'il faut suivre exactement le plan que je vous trace, si vous voulez me conserver.

# LETTRE LXIII.

La Baronne à Madame de Valmont.

IL est vrai, Madame, que nous sommes décidés à aller en Bretagne avant de retourner en Languedoc ; & ce qui nous y détermine, est le desir de voir deux personnes aussi intéressantes qu'extraordinaires, M. & Madame de Lagaraye ; voici leur histoire. M. le Marquis de Lagaraye [1] passoit pour l'homme le plus heureux de la Bretagne ; chéri d'une femme aimable, considéré dans sa Province par son mérite personnel, sa naissance & sa fortune, il rassembloit dans son château toute la bonne compagnie des environs ; on y jouoit la Comédie, on y donnoit des Bals,

---

[1] Cette Histoire est très-vraie, & l'Auteur en tient les détails d'une personne qui a eu le bonheur de connoître particulièrement M. & Madame de Lagaraye, qui ne sont morts que vers 1751.

& chaque jour amenoit une fête nouvelle. Madame de Lagaraye partageoit les goûts de son mari, & tous les deux croyoient avoir fixé le bonheur, quand tout à-coup, au milieu d'une fête, la mort subite & extraordinaire de la fille unique [1] de M. & de Madame de Lagaraye produisit dans le cœur du malheureux père une révolution aussi singulière qu'imprévue. Le dégoût du monde, le détachement de ses biens frivoles le conduisirent bientôt à la dévotion la plus sublime, & en même-temps lui inspirèrent un dessein qui n'a peut-être jamais eu d'exemple. M. de Lagaraye communique à sa femme & ses idées & ses projets, & rien n'en retarde l'exécution. Ils partent pour Montpellier, ils y passent deux ans, uniquement occupés à s'instruire de tout ce qui peut avoir rapport à la Chirurgie; ils font plusieurs cours d'Anatomie, de Chimie [2],

---

[1] Toutes ces circonstances sont vraies, à l'exception que cette personne, qui mourut subitement, n'étoit que parente de M. de Lagaraye, qui n'a jamais eu d'enfant.

[2] M. de Lagaraye a même fait sur la Chimie quel-

apprennent à saigner, à panser des plaies ; & réunissant, pour ce genre d'étude, toute l'application que peuvent donner de grands motifs & un véritable enthousiasme, ils font l'un & l'autre les plus étonnans progrès. Pendant ce temps, on travaille par leur ordre au château de Lagaraye, qu'on transforme en un vaste hôpital contenant deux corps-de-logis, l'un pour les hommes, & l'autre pour les femmes ; & ce séjour où régnoient jadis les plaisirs, le faste & la mollesse, est devenu le temple le plus auguste de la religion & de l'humanité. Cependant, M. & Madame de Lagaraye partent de Montpellier, & arrivent dans leur Terre ; M. de Lagaraye, alors âgé de quarante-cinq ans, se met à la tête de l'hôpital des hommes, & consacre sa vie & sa fortune à servir les pauvres dont sa maison est l'asyle. Madame de Lagaraye, plus jeune

---

ques Ouvrages très-estimés, & plusieurs découvertes utiles. C'est lui qui a découvert les propriétés & donné son nom au sel de *Lagaraye*, improprement nommé *Sel* ; car ce n'est que l'extrait sec de Quinquina.

que son mari de dix ans, s'impose les mêmes devoirs dans l'hôpital des femmes ; belle & jeune encore, elle quitte avec transport les riches parures de la vanité, pour prendre le modeste vêtement d'une humble hospitalière. Cet établissement, cet exemple de toutes les vertus, au-dessus peut-être de tout ce qu'on a jamais vu de digne d'être admiré, subsiste encore & dure depuis dix ans. Voilà, Madame, ce que nous voulons voir. Adèle & Théodore doivent faire leur première communion dans six mois, & je ne puis les y préparer mieux qu'en leur faisant faire le voyage de Lagaraye. Il est si doux d'admirer de près la vertu ! L'hommage qu'on lui rend est un premier pas vers elle.

Madame d'Ostalis part avec nous pour la Bretagne, & viendra même en Languedoc passer trois mois : ainsi, je ne laisserai à Paris que Madame de Limours, que j'y puisse regretter.

Vous me demandez quelques détails sur l'aimable enfant qui doit être un jour ma belle-fille (si son cœur n'y met point d'obstacle) ; elle est en effet charmante par sa figure & son caractère; Théodore la trouve *bien douce & bien jolie*, & Adèle l'aime passionnément; Constance n'aura pas autant de talens qu'Adèle, mais elle est raisonnable, sensible, égale & obligeante. Madame de Limours l'élève bien & ne lui a donné que d'excellens principes: cependant, cette enfant a un excès de sensibilité & une disposition à la mélancolie, qui, par la suite, si l'on n'y prend garde, pourroient faire son malheur. Adieu, Madame; nous partons demain pour Lagaraye, nous y resterons trois semaines, ensuite nous reviendrons passer quelques jours à Paris: ainsi, dans six semaines à-peu-près, j'aurai le bonheur de vous revoir, & je me flatte que vous ne doutez pas de l'impatience avec laquelle j'attends l'instant qui doit nous réunir.

Fin du Tome premier.

www.ingramcontent.com/pod-product-compliance
Lightning Source LLC
Chambersburg PA
CBHW051409230426
43669CB00011B/1824